重識美國霸權

SECOND THOUGHTS ON
AMERICAN HEGEMONY

高瑞東 著

責任編輯	江其信	
書籍設計	a＿kun	
書籍排版	楊　錄	

書　　名	重識美國霸權
著　　者	高瑞東
出　　版	三聯書店（香港）有限公司
	香港北角英皇道 499 號北角工業大廈 20 樓
	Joint Publishing (H.K.) Co., Ltd.
	20/F., North Point Industrial Building,
	499 King's Road, North Point, Hong Kong
香港發行	香港聯合書刊物流有限公司
	香港新界荃灣德士古道 220-248 號 16 樓
印　　刷	寶華數碼印刷有限公司
	香港柴灣吉勝街 45 號 4 樓 A 室
版　　次	2024 年 7 月香港第 1 版第 1 次印刷
規　　格	16 開（170 × 240 mm）336 面
國際書號	ISBN 978-962-04-5464-6

目錄

vi　自序　重塑

★★

001　第一章　科技霸權：大國博弈的前沿陣地

　　一、科技霸權的真相：科技領先主宰世界　　　　　　　　002

　　二、美國科技霸權的建立：從科技引領到守城突圍　　　　005

　　三、美國科技霸權的鞏固："技術—金融—市場"三板斧　022

　　四、美國科技霸權的影響：技術聯盟閉環、全球產業鏈危機　033

★★

045　第二章　美國金融霸權如何攫取全球財富？

　　一、緣起：美國金融霸權的權力基礎　　　　　　　　　　046

　　二、行權：美國行使金融霸權的三條路徑　　　　　　　　058

　　三、案例：俄烏衝突是美國維持金融霸權地位的生動體現　069

★★

077　第三章　為石油而戰：美國石油霸權還能走多遠？

　　一、美國石油霸權的真相　　　　　　　　　　　　　　　078

　　二、美國石油霸權如何構建和維繫？　　　　　　　　　　082

　　三、現如今，美國石油霸權正遭遇逆風　　　　　　　　　104

★★★★★★★★★★★★★★★★★★★★★★★★★★★★★★★★★★★★★★★

115   第四章　從美國糧食霸權到全球糧食危機

一、美國糧食霸權是如何形成的？　　　　　　　　116

二、美國糧食霸權如何運轉？　　　　　　　　　　132

三、美國如何從糧食危機獲利？　　　　　　　　　142

★★★★★★★★★★★★★★★★★★★★★★★★★★★★★★★★★★★★★★★

153   第五章　美國貿易霸權：從全球化到安全化

一、美國貿易霸權如何形成？　　　　　　　　　　154

二、"美國優先"的霸權秩序如何建立？　　　　　158

三、中美貿易摩擦回溯　　　　　　　　　　　　　172

四、日美貿易摩擦回溯　　　　　　　　　　　　　177

★★★★★★★★★★★★★★★★★★★★★★★★★★★★★★★★★★★★★★★

187   第六章　黃油與大炮：美國如何構造軍事霸權？

一、美國軍事力量全貌 —— 人、錢、權　　　　188

二、美國軍事力量如何"霸權"全球　　　　　　201

三、技術研發：軍用技術兼顧市場效率　　　　　219

四、美國頂尖軍民融合科技公司代表　　　　　　230

★★★★★★★★★★★★★★★★★★★★★★★★★★★★★★★★★★★★★★★

243   第七章　爭霸蔚藍：海洋霸權孕育的世界霸主

一、美國海軍力量概覽　　　　　　　　　　　　　244

二、美國海洋霸權霸在何處？　　　　　　　　　　248

三、兼顧黃油與大炮，實現軍事與經濟並重　　　254

四、案例分析：中國台灣地區　　　　　　　　　　260

★★★

269　第八章　權力的聲音：美國如何操控全球輿論喉舌？

　一、美國如何建立輿論霸權？　　　　　　　　　　　　　270

　二、美國輿論霸權怎樣具體運轉？　　　　　　　　　　　278

　三、美國輿論霸權霸在何處？　　　　　　　　　　　　　285

　四、美國踐行輿論霸權的代表　　　　　　　　　　　　　292

★★★

301　第九章　金錢永不眠：遊說如何影響美國政治？

　一、美國政壇無形之手：遊說制度總覽　　　　　　　　　302

　二、案例：遊說如何影響美國政壇決策　　　　　　　　　311

自序　重塑

　　當前，我們正面臨百年未有之大變局，世界之變、時代之變、歷史之變正以前所未有的方式展開。中美在科技、貿易、金融、地緣等各個維度激烈交鋒，讓大到國家，小到企業、家庭和個體，都感受到了巨大的衝擊和震動。

　　了解美國、預測美國，在於理解美國的霸權邏輯、政治版圖和黨派利益。尤其美國的國家霸權，是建立在軍事霸權、美元霸權、能源霸權、糧食霸權等各種基礎之上。本書的思路，亦圍繞這一時代背景展開。

科技霸權：大國博弈的前沿陣地

　　歷史證明，科技領先的國家將主宰世界，科技地位決定其全球經濟地位。科技霸權不僅是美國全球戰略的核心，也是支撐美國其他霸權的基礎。近年來，美國在科技霸權方面的種種動作，對全球科技合作與供應鏈佈局產生了深遠影響。通過"技術聯盟"體系，美國計劃築起技術領域的"小院高牆"，試圖填補技術與地緣政治競爭中的真空地帶，確立基於技術權力的新科技霸權體系。

　　在"小院高牆"的科技戰略下，美國既在非核心技術領域對我國釋放緩和信號，又頻頻聯合盟友在供應鏈上搞封閉圈子，啟動所謂的"印太經濟框架"，意圖在核心領域加大對中國的技術封鎖，逐步在關鍵供應鏈和產業鏈實現"去中國化"。面對挑戰，我們既要冷靜沉著，又要積極行動，強化發展新質生產力的科技支撐。

美國金融霸權如何攫取全球財富？

俄烏衝突是美國維持金融霸權地位的生動體現。俄烏衝突爆發後，美國主導並與歐洲各國聯手，將部分俄羅斯銀行剔除出 SWIFT 國際結算系統；美聯儲持續加息推高美債利率不斷吸納國際資金，美國藉助金融霸權撥弄全球政治經濟形勢的序幕再度拉開。

通過煽動俄烏衝突，美國在歐洲造成緊張局勢，讓歐洲經濟相對美國大幅走弱，以提振美元指數，對抗通貨膨脹。伴隨美元的不斷升值，美元在全球支付貨幣中的地位亦逐步提升，市場加大了對以美元計價的權益資產與美債的需求，不僅減輕了美聯儲加息對美國金融市場的消極影響，也推動全球資本流向美國本土，加快了美國製造業復甦的進程。

為石油而戰：美國石油霸權還能走多遠？

石油是當今世界最為重要的戰略資源之一，其需求的高度依賴性與供給的不平衡性賦予其濃厚的地緣政治屬性。歷史上，各國對石油資源和定價權的爭奪從未止步。二戰後，美國憑藉著軍事、政治、經濟等一系列綜合實力的崛起，深刻影響著全球石油供給、需求、運輸、交易等各個環節。可以說，石油霸權，是強國屬性的綜合映射。

美國建立石油霸權的目的，不僅僅是保障本國能源安全，更重要的是通過對石油資源和定價權的掌控，間接控制歐盟、日本和印度等石油消費國，藉助低油價打壓石油生產國，遏制他國經濟發展，維護美元霸權地位，確保霸權機制持續運轉，實現更為廣泛的霸權外溢。

從美國糧食霸權到全球糧食危機

美國前國務卿基辛格曾經提出："誰控制了石油，誰就控制了所有國家；誰控制了糧食，誰就控制了人類；誰掌握了貨幣發行權，誰就掌握了世界。"糧食安全的重要性不言而喻，在糧食短缺或糧食危機時，誰擁有糧食及糧食銷售的控制權，佔據世界糧食市場的壟斷地位，誰就掌控了世界經濟體系的主導權和領導世界的主動權。

美國長期依賴美元霸權收益，提供巨額農業補貼，培育並依靠全球壟斷性農業集團，藉助全球化和自由貿易的名義進行糧食交易，控制多國，尤其是發展中國家的糧食生產、銷售、加工等環節。最後，美國在金融資本的助力下，徹底掌握全球糧食定價權。糧食對外依存度較高的發展中國家，不得不承受因糧價波動和糧食危機而引發的嚴重社會動盪。

美國貿易霸權：從全球化到安全化

所謂的貿易霸權，是指通過所謂的標準和條約等制度手段，藉自由貿易之名干涉他國主權，並在國家間逐步形成固定的分工和利益分配格局，從而影響本國及他國的經濟發展、產業模式，甚至社會結構。美國藉助強大的消費市場和先發制人的優勢，主導全球產業鏈佈局，打壓潛在競爭對手，以實現"美國利益"最大化。

特朗普時期，中美發生激烈貿易摩擦，美國從初期的小步試探，到中期的反覆橫跳，再到後期的瘋狂加稅，不斷擠壓中方極限。每一個階段的做法，都服務於特朗普當下的政治利益訴求。後疫情和後全球化時代，拜登政府對於中美競爭實力的差異化，認識得更為務實和清晰，而其選取的"小院高牆"戰略，也給中國產業升級和經濟轉型帶來更大的挑戰。

黃油與大炮：美國如何構造軍事霸權？

是安分守己地生產黃油，還是建造大炮用於掠奪資源？從大航海時代到全球化，無數國家曾經面對這一難題。作為本世紀最大的軍事霸權國家，美國似乎已經選擇了答案——靠戰爭起家，靠戰爭發展，靠戰爭轉移矛盾，靠戰爭守衛霸權。

雖然戰爭威懾和軍事"肌肉"是美國發展的前奏，卻並非是其發展的主旋律——美國並非不要黃油、只要大炮。在其軍事霸權的構造中，市場導向和經濟效率始終是至關重要的考量標準，美國做到了"黃油與大炮兼備，霸權與金錢齊飛"。

縱觀俄烏衝突，美國作為一個實際的得利者，雖然沒有直接介入戰爭，但事前持續"拱火"，事後推波助瀾，不僅成功做空歐洲，推動國際資金回流美國，抬升美元指數，而且推動俄歐關係進一步走向對立，使得歐洲在軍事安全和能源安全上更加依賴美國。

爭霸蔚藍：海洋霸權孕育的世界霸主

海洋是人類賴以生存和發展的重要資源，隨著人類活動大規模向海洋拓展，海洋在國家發展中的重要性日漸凸顯，並且深刻地影響著國際秩序的演進。自第二次世界大戰結束，崛起的美國迅速取代英國成為新的世界霸權國，同時也成為新的海上霸權國，主導海洋規則的制訂。

在構建海洋霸權的過程中，海洋軍事力量是海洋秩序的決定因素之一。美國海權的內涵和外延由過去以政治軍事為主，逐漸轉為軍事和經濟並重，且不斷通過完善海洋政策、發展海洋科技以及控制海洋貿易，攫取海洋經濟利益。

輿論霸權：美國如何操控全球輿論喉舌？

輿論霸權是美國操控全球意志為己服務的重要工具。在輿論霸權體系之下，美國傳媒奉 "新聞自由" 之圭臬，製造大量假新聞、假民意，賦予美國霸權行為道德上的合理性，成為美國干預和顛覆其他政權的輿論工具、政治武器。在中美競爭的路線圖中，雙方在輿論戰、信息戰等新戰場的對抗色彩也將逐步加重。

美國對輿論的管控和引導，有兩個非常明確的行動主體——美國政府和美國媒體，二者相互聯合、緊密配合。美國政府是美國全球輿論戰略的制訂者和佈局者，運用輿論來影響和控制其他國家，服務於其利益訴求；而美國媒體則接受來自美國政府及社會資本的資助，在議題設置、話語設計等方面，配合國家的外交戰略，扮演美國對外輿論戰的 "急先鋒" 和 "看家犬" 的角色。

金錢永不眠：遊說如何影響美國政治？

遊說，作為一種古老的政治活動，曾經出現在各國的內政和外交舞臺上。遊說一詞的英文 Lobby，其本意為輝煌的大廳、大堂，其 "遊說" 含義最早出現於 1215 年頒發《自由大憲章》的英國。美國建國後，首府定於華盛頓，不少議員下榻於希拉德飯店，飯店大廳也因而成為各路人馬見縫插針對議員進行遊說的場所。

對於遊說活動這一政治領域的灰色地帶，美國政府用了半個多世紀對遊說法條修修補補，為遊說活動劃定了明確的界限，但終沒有給出有力的配套監管和懲罰措施。法律和監管的缺失，也使得日益強大的美國利益集團通過遊說，與政客結成了巨大的利益共同體，遊走在美國政壇的暗處，並給美國的內政外交帶來巨大影響。

應大國氣象，立研究本心

霸權不是目的，而是手段。美國依賴經過兩次世界大戰建立起來的領先優勢，歷經幾十年，打造集科技、金融、人才、輿論、軍事等為一體的複合霸權體系。當前，美國的國際外交、財稅制度、貨幣體系、軍火工業、新聞輿論等系統均以全球霸主的身份進行設計，並且通過大量發行美元、對外銷售軍火、把持全球產業鏈高附加值生產區間、把持全球新聞自由等方式，掌握全球生產力。

當今世界處在百年大變局的歷史轉折期，動盪、變換、重塑、危機成為描述國際局勢的關鍵詞。在債務危機、經濟失衡、通脹高企的背景下，全球經濟治理體系無序化和碎片化更加凸顯，大國關係中競爭擠壓合作，烽火四起。中美能否，又該如何以"不衝突、不對抗、互相尊重、合作共贏"為原則，構建新型大國關係，令人矚目。

本書從選題到定稿，歷時兩年多最終完成，特別感謝趙格格、王佳雯、劉星辰、查惠俐、周欣平的貢獻。"應大國氣象，立研究本心。"我們努力立足全球視野，研究中大膽假設、小心求證，努力為強國之路建言獻策。人心齊，泰山移，中華民族凝聚團結、一心奮進，中國一定能夠跨越多重障礙，走出一條高品質、可持續、和平發展的強國之路。藉以本書，將中美關係和美國霸權體系的研究與各位讀者分享，希望可以提供新的思考、認知和感悟，也希望能夠得到全國讀者的批評指正意見，疏漏之處爭取有機會再版時改正。

第一章

科技霸權：
大國博弈的前沿陣地

歷史證明，科技領先的國家將主宰世界。科技霸權不僅是美國全球戰略的核心，也是支撐美國其他霸權的基礎。近年來，美國在科技霸權方面的種種動作，對全球科技合作與供應鏈佈局產生了深遠影響。通過聯合盟友，美國在核心科技領域逐步構築起 "小院高牆"，試圖填補技術與地緣政治競爭中的真空地帶，確立基於技術權力的新科技霸權體系。

　　在 "小院高牆" 科技戰略下，美國既在非核心技術領域對我國釋放緩和信號，包括向華為和中芯國際供貨、推出關稅排除清單，又頻頻聯合盟友在供應鏈上搞封閉圈子，啟動所謂的 "印太經濟框架"，意圖在核心領域上加大對中國的技術封鎖，逐步在關鍵供應鏈和產業鏈實現 "去中國化"。

一、科技霸權的真相：科技領先主宰世界

　　歷史證明，科技領先的國家將主宰世界，科技地位決定了其全球經濟地位。第一次工業革命以前，荷蘭是世界的霸主，人均 GDP 居全球首位，並通過掌控全球資源來促進科技和金融經濟進步，成立世界第一家上市公司和股票交易所。第一次工業革命後（18 世紀 60 年代），英國憑藉蒸汽機的誕生與使用，確立了世界的統治地位，很快超越荷蘭成為世界霸主。

　　第二次工業革命中（19 世紀中期），電器與內燃機的創新使用推動了美、德、英、法、日等國的發展，爭奪市場經濟和世界霸權的鬥爭愈發激烈。第三次工業革命中（20 世紀中期），美國憑藉原子能、計算機和生物

技術的發明與應用，逐漸掌控全球科技制高點，奠定其全球科技霸權的
基礎。

圖 1-1　1800─1950 年主要歐美國家人均 GDP 變化情況

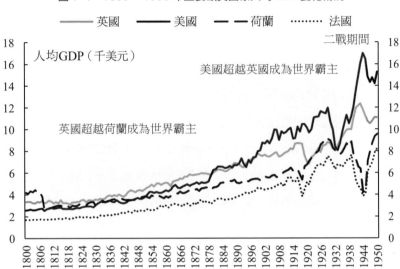

資料來源：Our World in Data（數據截至 1950 年）

圖 1-2　1950─2018 年主要國家人均 GDP 變化情況

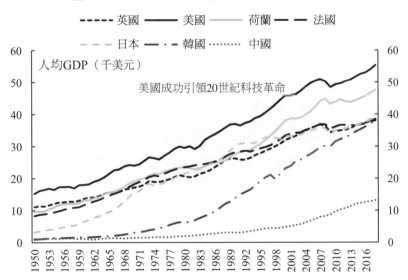

資料來源：Our World in Data（數據截至 2018 年）

　　科技霸權是美國全球戰略的核心，也是支撐其他霸權的基礎。科技創
新能力是一個國家坐穩霸主地位的基礎。科學技術是第一生產力，索洛模

型顯示，資本的積累既不能解釋人均產量隨時間的大幅持續增長，也不能解釋人均產量在不同地區的差異，僅有技術進步能夠對其作出解釋。二戰後，美國長期掌握著世界科技的霸權，並引領了 20 世紀全球科技革命，這讓其從全球化的經濟體系中積累了大量的財富，以不斷鞏固全球政治與經濟的地位。

美國科技霸權的建立，一方面是通過科技創新體系不斷提升其科技能力；另一方面是通過多方面手段打壓其他國家的科技崛起。在科技發展初期，美國通過科學隊伍建制化、走軍民科技一體化發展道路、高度重視科技人才、打造全球科創中心等方式，不斷提升其科技創新能力；20 世紀末期以來，隨著技術進步速度放緩，美國經濟增速也逐步下滑，為維護其科技霸權低位，美國開始將遏制其他國家科技崛起作為其科技戰略的重要組成部分。

近年來，我們正面臨著美國在科技領域的遏制與競爭。2020 年 5 月 7 日，由美國國會眾議院領袖凱文・麥卡錫牽頭、15 名眾議院議員組成的 "中國工作組" 正式成立。該工作組於 2020 年 9 月發佈《遇見中國挑戰 —— 美國最新技術競爭戰略》報告，主張從基礎研究、5G 技術、人工智能、生物技術等四個方面提出應對中國挑戰的競爭戰略及建議。

2021 年 3 月，拜登簽署發佈《重塑美國優勢 —— 國家安全戰略臨時指南》，報告指出中國是美國當前面對的有能力利用經濟、外交、軍事和技術手段 "長期挑戰" 現有國際秩序的唯一競爭對手；4 月 21 日，美國參議院外交關係委員會通過《2021 年戰略競爭法案》，要求美國政府採取與中國進行全面 "戰略競爭" 政策，建議動員美國所有戰略、經濟和外交手段來制定 "印太" 戰略，使華盛頓能夠真正面對 "中國對美國國家和經濟安全構成的挑戰"。

因此，面對這樣一個戰略對手，我們在尋求短板突破的同時，還須進一步深究：美國為什麼能在大半個世紀中成為世界科技領域的霸主？究竟是哪些原因成就了美國的科技發展和綜合國力？美國如何鞏固和維護其科技霸權？美國科技霸權對全球戰略合作和產業鏈分佈產生了什麼影響？

二、美國科技霸權的建立：從科技引領到守城突圍

美國科技霸權，是依託於政府、企業、資本、盟友等多重力量，通過政府主導科技發展、重視基礎研究、重視科技人才、促進科技成果轉化等方式，藉助技術出口管制、投資審查、限制進入市場等手段，一步步建立起來的。

（一）形成期：二戰期間美國科技突飛猛進

美國南北統一之前，便開啟了工業化進程，並抓住第二次工業革命的機遇成功實現科技趕超。兩次世界大戰奠定了美國科技強國的地位，冷戰促使其成為世界唯一的超級大國，至今科技實力仍保持全球第一。

第一階段：南北戰爭以前美國開啟工業化進程（1776—1865 年）。

19 世紀上半葉，美國依次通過第二次對英戰爭（1812—1815 年）、美墨戰爭（1846—1848 年）擺脫了"外患"，不僅獲得了大片土地，還推動了資本主義經濟的發展，這為美國工業化進程開創了良好的外部條件。

這時期美國的科技發展注重實用主義，通過利用歐洲的基礎研究成果，發展短平快的工業化產業。美國通過頒佈專利法、成立專利局、重金誘惑等方式，不斷從英國等歐洲國家引進技術、招募技術人才，鼓勵本國人民在吸收利用的基礎上進行改良並發明新專利。這一時期，藉由技術改進，蒸汽船、收割機、電報機、印刷機、縫紉機、升降機、伐木機等實用發明源源不斷地在美國產生，使美國人以"熱衷於搞小玩意兒"而聞名於世。這種不斷引進和改良技術的做法，為美國從農業國家向工業化國家轉變提供了技術支撐。

第二階段：第二次工業革命時期美國實現經濟趕超（1866—1913 年）。

1865 年南北戰爭後美國實現統一，確保了工業資本主義在美國的統治地位，由此開啟了美國經濟的高速發展期。19 世紀 70 年代開始，第二次工業革命開啟，主要發生在美國的電力技術革命帶來了電燈、電話、電車、電焊機等重要發明，此後電力被廣泛應用於各生產部門，推動了美國各行各業的技術改造。

20 世紀初到一戰之前，工業"流水線"的發明使大規模生產成為現

實，美國社會生產力得到極大提升。電力革命促進了美國經濟的騰飛，使其成為世界頭號經濟大國，美國 GDP 在 1894 年首次超越英國成為全球第一。

第三階段：兩次世界大戰期間美國完成科技全面趕超（1914—1945 年）。

一戰時期（1914—1918 年），美國雖然參戰較晚且歷時較短，但仍有遠見地發展軍事科技，建立國家航空諮詢委員會（即後來的 NASA）和海軍諮詢委員會，用以開發航空技術和保障國家安全。

二戰期間（1939—1945 年），在國家安全的壓力下，美國不斷加大軍事研發支出，大規模組織動員國內科技力量，大搞軍事開發，並從德國等地挖掘科技人才，許多對後世產生重要影響的科技成果均是在這個時期誕生的。戰爭結束之時，美國已在科技實力上超越歐洲國家，奪得科技領域的全球領先地位。[1]

第二次世界大戰對美國科學技術發展產生了深遠的影響，二戰期間美國取得的科學研究的組織和管理經驗，為戰後科技政策的設計提供了基礎。在二戰之前，美國政府基本上不承擔支持科學發展的職責。戰爭期間，美國政府開始重點支持科技發展。1940 年 6 月，羅斯福總統下令成立國防科研委員會，組織軍事科技工作。1941 年 6 月，又建立政府科學研究與開發辦公室，作為中央機構全面強化戰時科技領導工作。由此美國在二戰期間建立了一個全國的創新體系，把實驗室研究、大規模生產、戰場上的戰術和指揮部的戰略結合到了一起，助力美國取得了戰爭的全面勝利。

1　秦錚：〈美國建設世界科技國的經驗及對我國的啟示〉，《創新科技》，2022 年。

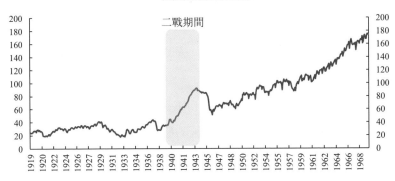

圖 1-3　二戰期間，美國製造業發展迅速

——美國製造業生產指數

資料來源：NBER Macrohistory Database（數據截至 1968 年 12 月）

（二）引領期：美國如何引領 20 世紀科技革命？

政策基礎：1945 年，范內瓦·布什的報告《科學：無盡的前沿》，為二戰後至今美國的科技政策發展奠定了基礎，加速了美國現代科技創新體系的形成與發展。

二戰後，美國聯邦政府成為支持科學技術發展的主要角色，並加速了美國現代科技創新體系的形成與發展。二戰接近尾聲時，時任美國總統羅斯福給美國首席科學顧問范內瓦·布什[2] 秘密下達了一項任務，請他拿出一個建議規劃，主要圍繞如何將戰爭期間取得的科學研究組織和管理經驗借鑒到和平時期，以改善國民健康、提高國民生活水平以及帶來新的就業機會。

1945 年 7 月，范內瓦·布什在諮詢美國數百位科學家後，向時任總統杜魯門（羅斯福總統於 1945 年 4 月 12 日因腦溢血病逝）提交了報告《科學：無盡的前沿》，這份報告成為美國國家創新體系最經典的指導方針和最重要的理論基礎，被譽為"美國科學政策的開山之作"，並因此推動了美國後續幾十年驚人的科學進步，范內瓦·布什也被譽為奠定美國科技霸

2　Vannevar Bush（1890.3.11-1974.6.28）是美國工程師和科學管理者，是美國發展原子彈的曼哈頓計劃的主要組織者。在二戰及其後的冷戰時期，Vannevar Bush 是著名的政策制定者和公共智囊，並擔任首任美國總統科學顧問，在任期間形成了美國科學發展的重要報告 *Science, the Endless Frontier*。

權的預言家。

《科學：無盡的前沿》報告主要包含幾個基本思想：

（1）科學進步對於保證人民健康、國家安全和公共福利是不可少的；

（2）基礎研究是一切知識的源泉，基礎研究的發展必然會為社會帶來廣泛的利益；

（3）科學共同體需要保持相對的自主性和探索的自由，以免受到政治和其他利益集團的壓力，促進科學技術的發展。

（4）聯邦政府應該承擔起保持科學知識進步和培養新生科學力量的職責，政府要有統一的機構來制定和執行國家層面的科技政策。

圖 1-4　美國現代科技創新體系

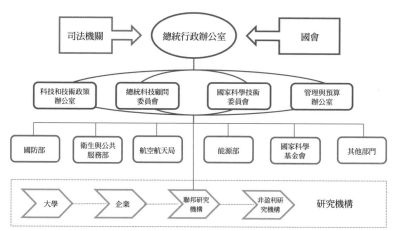

資料來源：美國白宮

第一，組織基礎：1950 年，美國國家科學基金會成立，成為美國聯邦政府支持基礎科學研究最重要的機構。

基於范內瓦‧布什的報告，美國國會批准建立了美國國家科學基金會，成為美國聯邦政府支持基礎科學研究最重要的機構。范內瓦‧布什在報告中強調基礎研究對於美國科學未來發展的重要意義，並呼籲聯邦政府提高在這一領域的資助，為此報告建議設立一個國家研究基金組織，其主要任務是為科學研究和科學教育提供資金制度等方面的保障。

1950 年 5 月 10 日，在范內瓦‧布什等多位科學家的努力之下，通過與國會、總統多輪周旋，杜魯門總統終於簽署通過了創建國家科學基金會的法案，即 S.247 號提案。該法案規定國家科學委員會由二十四名兼職成員和一名董事擔任首席執行官，全部由總統任命。

美國國家科學基金會（NSF）的主要任務是推進科學發展，提高國家的衛生、經濟和生活水平以及保衛國防，並在基礎研究和教育方面發揮全球領導作用。國家科學基金會支持有助於推動未來經濟增長、增強國家安全和全球競爭力的研究和勞動力發展項目，並尋求高風險、具有潛在變革潛力的研究。

在 NSF 創立的初期，美國政府並沒有對該機構產生足夠的重視。從 1951 年創立至 1953 年，政府給予的撥款數額限制在 1500 萬美元，只撥款足夠的資金讓該機構開始行政運作，這和此前范內瓦·布什計劃的第一年預算 3350 萬美元（第五年漲到 12250 萬美元）相比甚少。1957 年，蘇聯成功發射世界上第一顆人造衛星"斯普特尼克一號"（Sputnik 1），這一事件大幅提升了美國對基礎科學研究的支持。在此期間，NSF 的預算資金大幅增加，在 1958 財年，NSF 的撥款達到 4000 萬美元。到 1968 年，預算接近 5 億美元。至此，NSF 可以為更多基礎研究項目和推動未來經濟增長的計劃提供支持。

圖 1-5　美國國家科學基金會的資金使用規模的變化（2000 年以來）

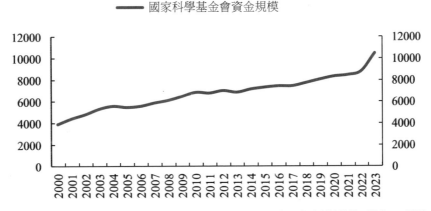

—— 國家科學基金會資金規模

資料來源：美國 NSF（2000—2022 年為實際批准數據，2023 年為申請預算數據。單位：百萬美元）

第二，立法基礎：1980 年，《拜杜法案》等系列法案的推出，促進了研究成果的轉化，增進了政府部門和私營部門的產學研合作。

　　20 世紀 50 年代以來，基礎研究在美國方興未艾，但是並未帶來美國技術的蓬勃發展。究其原因，主要是聯邦政府所資助研究產生的發明專利權的歸屬問題，阻礙了技術的商業化。例如，美國國家航空航天局的報告指出，在 1978 年，政府主導的研究總共有 31357 項的發明，但授予合同方所有權的只有 1254 件，佔比不到 4%。

　　《拜杜法案》（又稱《《貝赫—多爾法案》》）的頒佈，極大促進了科學研究成果的轉化，增進了政府與企業之間的產學研合作。在《拜杜法案》出現之前，關於怎麼處置政府出資的研究所產生的知識產權問題，美國聯邦政府並未制定統一的政策，通常做法是聯邦政府成為事實上的專利擁有者與轉化實施的主導者，在這樣的專利政策下，聯邦政府資助的研究很少能轉化成產品和服務。

　　1980 年，《拜杜法案》進入美國國會審議，1981 年 7 月法案正式生效。《拜杜法案》允許小企業和非營利性機構在絕大多數的情況下保留執行政府合同所產生發明的專利權，政府只保留一種介入權。依照該法案，研究單位向工業界轉讓政府資助項目產生發明的過程中，可以得到一定比例專利費，這極大促進了美國研究單位和發明人的積極性。

　　此外，伴隨《拜杜法案》推出的《史蒂文森—懷特勒創新法》《小企業技術創新發展法》，及與之配套的＂小企業技術轉讓＂（STTR）計劃等，進一步創建了有利於聯邦政府和私營部門互相合作的技術生態系統。

圖 1-6　美國家庭對科技創新的應用擴散速度越來越快

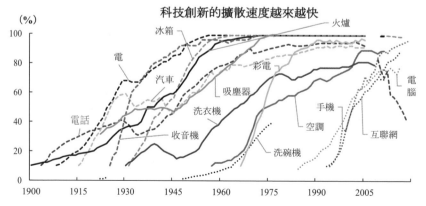

資料來源：Our World in Data（圖中數據為美國家庭使用相關設備的佔比，數據截至 2021 年）

第三，技術爆炸：制定跨世紀關鍵技術發展戰略，確定關鍵技術，給予重點扶持。

1991 年 3 月，美國政府公佈了一份長達 127 頁的國家關鍵技術報告。這份報告確定 6 大關鍵技術領域與 22 項國家關鍵技術，是美國跨世紀戰略性高技術的前沿，並給予重點扶持。這些技術的特點，都是面向 21 世紀，同時又緊貼當前實際需要，對美國迎接跨世紀挑戰具有舉足輕重的意義，可以稱美國繼 1990 年國防部 20 項國防關鍵技術和商業部 12 項重大新興技術之後又一次重大抉擇。

美國政府提出的 6 大關鍵技術領域分別是：材料技術、製造技術、信息與通訊技術、生物技術與生命科學、航空與地面運輸，以及能源與環境技術。報告提到，美國如果能抓住機會大力開發這些關鍵技術，並迅速轉化為巨大的經濟效益和軍事實力，就可能在高技術競爭中立於不敗之地；如果放過這一時機，美國就可能在不遠的將來喪失科技大國的地位。下文列舉了美國近年來科技發展優勢較為明顯的五大技術領域：

（1）生物技術：起步早，擁有世界最先進的技術水平和技術成果儲備。

在生物技術方面，美國起步比較早，發展也比較完善，已經具備了全球最先進的技術水平以及最多的技術成果儲備，產業鏈完整，人力資源充足。自 20 世紀 70 年代以基因重組技術和單克隆抗體技術為標誌的生物技術誕生以來，在艾滋病、克隆、幹細胞、人類基因組和人類蛋白組等研究領域，美國作為科技和經濟大國均佔據了領先地位，各種生物技術產品被廣泛應用於醫療、工業、農業、海洋和國防等領域。

美國生物技術的飛速發展與政府和社會的支持密切相關。早在二戰期間，美國就意識到生物技術的重要性。二戰期間，青黴素的量產使用使得美國戰爭死亡率大大降低。從美國在生物技術方面的投入來看，美國歷任總統和歷屆國會均致力於推動生物技術研究產業的發展，美國國家衛生研究院的科研經費一直佔政府科研預算的大頭，2023 財政年度預算達到 490 億美元。2021 全球十大生物製藥廠商中，美國佔據 5 席，總營收約為 3264 億美元。

圖 1-7　2005—2023 財年國家衛生研究院科研預算

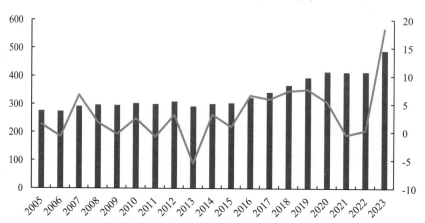

資料來源：NIH（2005—2022 年為實際數據，2023 年為預算數據，左軸單位：億美元，右軸單位：%）

表 1—1　2021 年全球十大生物製藥廠商

排名	公司	國家	2021 年收入
1	強生	美國	937.7
2	輝瑞	美國	812.9
3	羅氏	瑞士	687
4	艾伯維	美國	562
5	諾華	瑞士	516.3
6	默沙東	美國	487
7	百時美施貴寶	美國	464
8	葛蘭素史克	英國	459.8
9	賽諾菲	法國	446.7
10	阿斯利康	英國	374.2

資料來源：FiercePharma（單位：億美元）

（2）航空航天技術：二戰後一躍成為世界航空技術之巔。

在航空領域，美國是飛機的誕生地，但航空技術曾長期落後於歐洲，直到二戰後才一躍成為世界航空技術之巔。在第一次世界大戰中，美軍的飛機大多由歐洲設計。1920年至1930年，歐洲航空技術繼續領先，以英國和德國為突出，美國雖然成立了國家航空諮詢委員會（NACA），但在戰鬥機領域仍然比較落後。二戰期間，美國航空工業更多以量取勝，技術上依然沒有達到世界前沿。

二戰後到20世紀50年代末是美國航空技術發展最為迅速的年代。戰爭期間的訂單為美國企業積累了眾多財富，加之受到德國航空技術的帶動，美國航空企業的科研進展開始加速，短短幾年就突破了很多先進技術。進入超音速時代後，美國在航空領域已經遠遠領先於歐洲，站在世界航空技術的前沿。

在航天領域，1957年，蘇聯人造衛星的發射讓美國感覺到前所未有的威脅，開始迅速展開航天領域的研究，加速人才儲備。1957年10月，蘇聯成功發射世界上第一顆人造衛星"斯普特尼克一號"，正式開啟美蘇太空競賽。受該事件影響，美國迅速成立組織機構，如將國家航空諮詢委員會（NACA）與三個國家實驗室整合為國家航空航天局（NASA），成立高級研究計劃局（ARPA）等；1958年，美國國會頒佈《國防教育法》（NDEA）等法案，以促進新一代科學家和工程師的培養。

在載人航天方面，美國於1961年開始實施登月計劃，並於1969年7月首次把兩名航天員（阿姆斯特朗與奧爾德林）成功送上月球並且安全返回；1972年開始，美國航空航天的重點轉向了開發近地空間，並開始航天飛機研究；1982年11月，美國航天飛機首次進行了以商業為目的的飛行，截至1984年底已經飛行了14次；1984開始，美國NASA又開始著手研究起永久性的載人航天站。

（3）半導體技術：誕生於美國，並通過三次產業轉移，逐步擴散到世界各地。

半導體技術誕生在美國，並通過三次產業轉移，逐步擴散到世界各地，形成當今全球分工的產業格局。資本及技術積累使美國迅速成為全球半導體產業鏈的主導，並憑藉技術先發優勢鞏固其產業權力。

20世紀50—70年代，美國實現半導體技術的原始積累，在此基礎上誕生了早期半導體公司。1947年，美國貝爾實驗室在晶體管技術領域率先取得突破，為技術創新奠定基礎。1958 年，美國德州儀器公司首創集成電路，半導體技術革命由此開始。隨著資金與人才的結合，波士頓、矽谷順次成為世界半導體技術及生產中心。1968 年，英特爾公司成立，憑藉其技術優勢成為微處理器領域龍頭，至今難以撼動。

20 世紀 80 年代，日本通過產官學合作迅速實現技術"彎道超車"。東芝、日立等日本半導體企業強勢崛起，在 DRAM 領域一騎絕塵，並於 1985 年實現芯片市佔率超越美國。受日本高速發展的威脅，美國自 1985 年起對日發動半導體貿易戰，並極力扶持韓國及中國台灣，引導半導體產業向韓國及中國台灣擴散，日本逐步喪失中心地位。

20 世紀 90 年代，韓國及中國台灣企業抓住機遇，分別在 DRAM 領域及晶圓代工領域佔據市場主導地位，並逐步實現全產業鏈發展。21 世紀以來，我國大陸地區承接偏向勞動密集型的芯片代工和封測環節，並在芯片設計與製造領域逐步發力。自此，半導體產業轉移到世界各地，形成較為明確的國際分工。

圖 1-8　全球半導體產業轉移過程

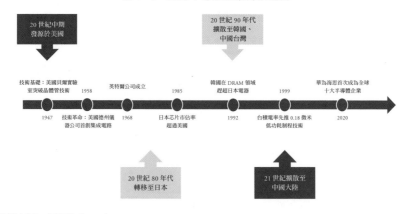

資料來源：李巍等（2022）

（4）納米技術：研發投入穩步增長，取得豐碩的研究成果。

在納米科技方面，早在 1996 年至 1998 年間，美國政府就委託 Loyola 學院對美國在全球納米技術領域所處的地位進行評估，結果顯示，美國在全球納米領域尚未佔有絕對的領先地位。2000 年 2 月，美國宣佈實施《國家納米技術計劃》，並且持續增加研發投入，2003 年美國納米科技委員會的年度預算達到了 7.1 億美元，相比上一年增加了 17.5%，2004 年預算達到 8.5 億美元。

2003 年 12 月，時任總統布什簽署《21 世紀納米技術研究開發法案》。新法案批准，從 2005 年財年開始的未來四年中，美國政府在納米技術領域的投入將達到 37 億美元，以強化美國在該領域的國際領先地位。

2021 年 10 月，美國白宮科技政策辦公室和國家納米技術協調辦公室發佈《美國國家納米技術行動戰略規劃》。該戰略規劃為推進美國納米技術研發和在消費電子、水淨化、基礎設施、醫學、能源、太空探索和農業等領域的應用，以及輔助量子計算和人工智能等新技術提供了框架。

（5）信息通訊技術：技術創新水平居於首位，非常注重掌控標準的制高點。

在信息技術層面，美國的官、產、學和媒體一致認為，現代信息技術拯救了美國。1999 年初，美國總統信息技術諮詢委提供了一份規劃，標題是《信息技術研究：投資我們的未來》；同時，美國國家科學技術委員會也提出一份報告：《21 世紀的信息技術：大膽投資美國的未來》。兩份報告得出的結論一致：21 世紀的發展主要以信息科技的發展為基礎，信息科技的領先將保證美國在世界上的主導地位。

美國是世界上制定國家信息產業戰略最早、頒佈國家信息產業政策最多的國家。美國於 1991 年頒佈了《高性能計算法案》，並據此在 1992 年至 1996 年間實施了《高性能計算與通信計劃》（HPCC）。該計劃的目標主要是擴大美國在高性能計算與通信技術方面的領先優勢，並為信息基礎設施建設提供支撐技術和應用軟件。

美國的信息產業發展的特點是產業競爭力在全球領先，技術創新水平居於首位，並且在發展中非常注重掌控標準的制高點。1987 年美國勸服了 ISO 和 IEC 兩大國際組織，成立了"信息技術國際標準第一屆聯合委員會"，為美國在國際信息技術標準制訂中贏得了優勢地位。

矽谷的崛起是美國信息產業發展的標誌。美國矽谷地區目前仍被稱為世界上最大、最密集、最具創造性的高科技產業集群。在矽谷，集聚了上萬家高科技企業，其中 60% 以上為信息技術企業，比如思科、太陽微系

統、惠普、網景、英特爾等世界最著名公司。矽谷信息產業奇蹟般的發展
與美國政府有著密切的關係 —— 政府通過各種手段保護和調動創業者的
積極性，比如放寬支持政策、明確產權允許技術入股等，起到了催化劑和
潤滑劑的作用。

圖1-9　20世紀90年代，美國信息技術高速發展，
私人研發投資加速增長

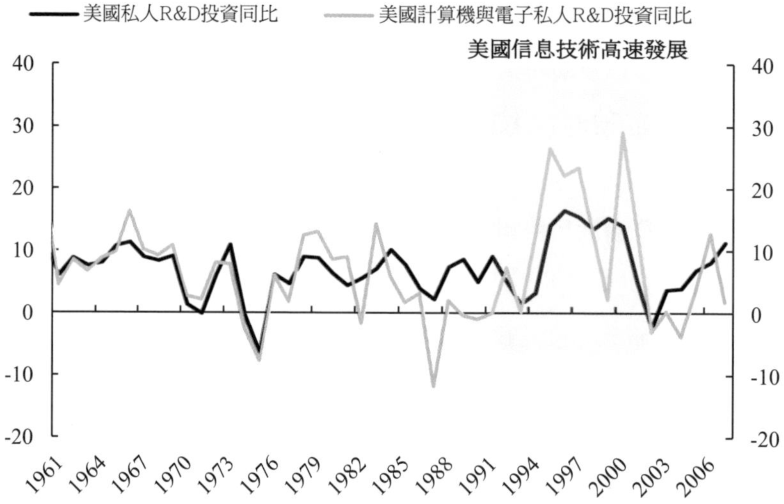

資料來源：WIND（單位：%，數據更新至 2007 年）

（三）守成期：政府直接干預、技術封鎖、"小院高牆"

階段一：冷戰期間，為對抗蘇聯技術威脅，大幅增加科研投入，發展
航天技術。

蘇聯可以說是人類航天史上的先驅者，在美蘇冷戰期間，蘇聯的航天
技術長期位居世界第一。在 1957 年 10 月 4 日，蘇聯發射了人類歷史上第
一顆人造衛星 "斯普特尼克一號"，標誌著美蘇太空競賽的正式開始。在
1961 年 4 月 12 日，蘇聯的宇航員加加林乘坐蘇聯研製的 "東方一號" 進
入地球軌道，成為第一位進入太空的人類。在 1971 年 4 月 19 日，蘇聯發
射了世界第一座空間站 "禮炮 1 號"，表明人類太空飛行進入了一個新的
階段。

　　蘇聯航天技術的發展極大刺激了美國，美蘇冷戰期間，美國科研投入也大幅增加，成立國家航空航天局（NASA），頒佈《國防教育法》（NDEA）等法案，以促進新一代科學家和工程師的培養。美國國家科學基金會（NSF）的預算資金開始大幅增加，為更多基礎研究項目和推動未來經濟增長的計劃提供更多支持。1958 財年 NSF 的撥款為 4000 萬美元，1959 財年的預算增加了兩倍多達到 1.34 億美元，1968 財年的預算已接近 5 億美元。

　　階段二：為應對日本科技崛起，發起對日貿易戰，並直接干預關鍵技術。

　　基於半導體元件所設計的集成電路是由美國德州儀器公司在二戰後發明的，直到 20 世紀 80 年代，美國一直處於半導體產業的全球領先位置。20 世紀 70 年代日本政府看中這一產業的發展潛力，隨後開始實施"超大規模集成電路計劃（VLSI）"計劃，日本通商產業省（MITI）組織日立、日本電氣股份有限公司（NEC）、富士通、三菱和東芝等五家公司，通過大規模產學研合作實現快速的技術積累，並在此基礎上實行產業化。

　　到 20 世紀八十年代初，日本半導體產業的技術實力已經可以和美國企業相抗衡，美國企業面臨日本企業的強力競爭，感到巨大的壓力。由此，美國著手對日本進行針對性打擊，壓制日本的科技趕超之勢。

　　為了打擊日本半導體產業的發展，美國開始採取一系列舉措，包括啟動"301"調查，通過多邊協議為雙邊談判製造籌碼等。1985 年 11 月，美國國際貿易委員會發佈了一項裁定，認為日本企業不正當做法損害了美國產業的利益。1985 年 12 月，美國總統正式批准"301 調查"。1986 年 7 月 30 日，美日兩國政府達成半導體協議。[3] 1987 年 3 月 27 日，美國認定日本企業未能遵守協議條款，因此宣佈制裁措施，對價值 3 億美元的日本電器產品徵收 100% 的報復性關稅，這一制裁措施一直持續到 1991 年。1991 年，美國以暫停制裁作為交換條件，逼迫日本重新簽署了一份有效期

3　在這一協議中，日本同意根據每家芯片生產商的生產成本來為其分配一個"外國市場價值"，從而判定本國企業的傾銷程度。同時，在具體操作層面，日本通商產業省同意建立一個半導體產業向美國市場和第三國家市場出口的成本和價格監督機制，並向美國商務部定期報告。

至 1996 年的五年協議。[4]

圖 1-10　美國對日半導體貿易戰

1982-1983：前期談判	面臨日本半導體高速發展的局面，美國企業認定日本存在貿易不公平競爭。日美分別於 1982 年及 1983 年進行談判，並簽訂相關條約，對日本「傾銷」及「國內保護主義」行為進行控制
1985:301 調查	1985 年 6 月，美國半導體產業協會遞交「301 審查」請願書。同年 11 月，美國國際貿易委員會認定日本不正當做法損害美國利益，12 月，美國總統批准「301 調查」
1986 年初：談判推進	1986 年初美國推進與日本的傾銷及市場准入談判，並威脅若談判不利，將會把日本列為不公平貿易者並進行制裁
1986.7: 美日半導體協議達成	1986 年 7 月，美日談判獲得進展，第三項半導體協議達成。日本被迫對美及第三方國家建立成本及價格監督機制。並定期向美商務部報告
1987: 美對日展開制裁	1987 年 3 月，美國經濟政策委員會認定日本違反協議，並展開制裁，宣佈對日徵收報復性關稅，制裁持續至 1991 年
1991: 日美簽訂新的五年協議	1991 年，美國以停止制裁為條件逼迫日本簽訂新的五年協議，保障美國在日份額，並提供成本與價格數據供美方調查

資料來源：任星欣等（2021）

美國政府的相關行動從 20 世紀 80 年代一直持續到 90 年代後期，對日本半導體產業起到了非常明顯的打擊效果，在美國的打壓下，日本企業幾乎完全退出了全球半導體產業的競爭。當時參與 “超大規模集成電路計劃（VLSI）” 的日立、NEC、富士通、三菱和東芝等企業在此期間大都逐步退出半導體產業的相關業務，日本核心競爭力逐步萎縮，技術實力快速下滑。在全球十大半導體廠商排名中，日本由 1985 年獨佔 5 席的絕對壟斷地位，到 2005 年僅佔 2 席，且總營收大幅落後於美國及韓國的相關廠商，再到 2021 年逐步退出前十名的爭奪，半導體行業發展遭遇極大挫折。

在發動對日本貿易戰的同時，美國政府通過直接干預協調的方式參與到關鍵技術的研發中，並於 1997 年重新奪回了美國半導體產業在全球的市場份額。80 年代中期，為與日本進行半導體技術競爭，美國政府向半導體製造技術戰略聯盟（SEMATECH）投入近 8.7 億美元資助，並組織建立了協調機構，便於美國半導體行業的技術設備標準化。美國半導體產業的市場份額於 1997 年重回 50% 水平，此後一直維持同等壟斷水平的市場份額。2021 年，美國半導體產業份額市佔率為 46%，其他國家中除韓國達到 20% 水平外，均位於 10% 以下。

4　在 1991 年的協議中，日本為了換取美方暫停制裁，再次確認將致力於保證美國企業佔有日本國內 20% 市場份額，並且同意日本企業向美方提供成本與價格數據以進行的反傾銷調查。

表 1-2　1985—2021 年全球十大半導體廠商半導體銷售額情況

排名	1985			2005			2021		
	公司	國家或地區	收入	公司	國家或地區	收入	公司	國家或地區	收入
1	NEC	日本	2.1	英特爾	美國	35.4	三星	韓國	83.1
2	德州儀器	美國	1.8	三星	韓國	17.8	英特爾	美國	75.6
3	摩托羅拉	美國	1.8	德州儀器	美國	11.3	台積電	中國台灣	56.6
4	日立	日本	1.7	東芝	日本	9.1	海力士	韓國	37.2
5	東芝	日本	1.5	意法	瑞士	8.9	美光	美國	30.1
6	富士通	日本	1.1	瑞薩	日本	8.3	高通	美國	29.1
7	飛利浦	荷蘭	1	台積電	中國台灣	8.2	英偉達	美國	23
8	英特爾	美國	1	恩智浦	荷蘭	5.7	博通	美國	21
9	國家半導體	美國	1	海力士	韓國	5.6	聯發科技	中國台灣	17.6
10	松下	日本	0.9	飛思卡爾	美國	5.6	德州儀器	美國	16.9

排名	1995			2015		
	公司	國家或地區	收入	公司	國家或地區	收入
1	英特爾	美國	13.6	英特爾	美國	50.3
2	NEC	日本	12.2	三星	韓國	41.6
3	東芝	日本	10.6	台積電	中國台灣	26.6
4	日立	日本	9.8	海力士	韓國	16.9
5	摩托羅拉	美國	8.6	高通	美國	15.6
6	三星	韓國	8.4	美光	美國	14.8
7	德州儀器	美國	7.9	德州儀器	美國	12.1
8	IBM	美國	5.7	東芝	日本	9.7
9	三菱	日本	5.1	博通	美國	8.4
10	現代	韓國	4.4	安華高科技	美國／新加坡	6.9

資料來源：IC Insights（收入單位：十億美元，數據截至 2021 年）

　　階段三：應對中國崛起，打壓中國高科技企業，不斷加大技術出口管制。

　　2018 年以來，在中美貿易摩擦不斷升級背景下，美國不斷強化對中國科技創新和高新技術產業發展的壓制態勢。其中核心措施之一，即是對中國高新技術企業進行輪番打擊。拜登政府明確表示，在諸多事務上強化與中國合作的同時，很多領域仍舊視中國為潛在威脅和競爭對手，科技創新即是重中之重。因此，美國壓制中國科技發展的政策烈度，可能會偶爾跟隨美國政治週期而波動，但長期政策決心不會改變。在此背景下，中美之間圍繞高新技術產業發展呈現出持久博弈的明確趨勢。

　　2018 年 1 月，美國四大運營商中的 AT&T、Verizon 先後終止了與華為的智能手機銷售合作。在通信領域，中國從 "2G 陪跑" 到 "3G 跟跑"，再到 "4G 並跑"，現在逐漸走向 "5G 領跑"。在 2018 年全球五大電信設備製造商的排名中，華為佔據了全球電信運營設備商收入總數的 28% 左右，幾乎相當於諾基亞與愛立信公司的總和。加之華為的 5G 技術走在市場的前列，為中國制定通訊標準、掌握 5G 標準的話語權奠定了基礎。然而，華為的崛起觸及到了美國在 5G 領域的核心利益，5G 標準的制定更將顯著影響到美國的 "國家安全" 問題，因此引發了美國對來自中國企業挑戰的擔憂。

表 1-3　美國打擊華為的具體進程

時間	事件
2018.0—2018.06	華為開始失去美國市場：美國四大運營商中的 AT&T、Verizon 先後終止了與華為的智能手機銷售合作，隨後華為手機失去了零售商百思買的支持。
2018.08—2019.04	美國通過各種方式阻止華為與其它國家進行 5G 領域合作，如威脅德國必須禁用華為，否則將限制與德國的情報分享。
2019.05.15	特朗普簽署 "緊急狀態" 行政令，授權商務部將華為列入 "實體清單"，要求斷供華為美國技術比重超過 25% 的產品與服務。
2019.05—2019.11	美國三次暫緩對華為的貿易禁令。
2019.12.23	美商務部計劃將斷供華為的產品與服務的美國技術比重要求從不超過 25% 調降至不超過 10%，全力阻斷台積電等企業對華為供貨。

時間	事件
2020.0—2020.03	美國又兩次暫緩對華為的貿易禁令。
2020.05.15	美商務部要求任何企業向華為供貨含有美國技術的半導體產品必須先取得美國政府的出口許可,明確該禁令將 120 天後執行。
2020.06	美國提出"清潔網絡計劃"。
2020.09.15	美國對華為的貿易禁令正式生效。
2020.10—2020.12	多個國家和地區加入美國"清潔網絡計劃"。
2021.04.07	美國商務部部長確認華為將被繼續保留在實體清單上。

資料來源:任星欣等(2021)

　　與制裁日本半導體企業的手段一致,美國也主要通過技術封鎖與市場壓縮的方式對華為、中興等企業發動制裁。美國對日本半導體產業的打擊以傾銷和市場壁壘為藉口,以"市場壓縮"為實質;美國對華為的打擊則是其升級版,通過"設備安全問題""國家安全"和"清潔網絡"等議題不斷尋找藉口,實質上則採取"技術限制協同下的市場壓縮",通過多種手段的協同試圖不斷壓縮華為的市場空間,以此破壞華為產業鏈和其積累的技術實力,最大程度打擊我國的科技創新和高新技術產業發展。

　　目前來看,美國對華為的海外市場壓縮產生了一定成效。在美國的打壓干預下,華為 5G 設備的全球市場份額快速下降。2018 年,由於華為相對其他競爭者擁有巨大的技術優勢與成本優勢,其在 5G 合同數量上遙遙領先,佔據壓倒性的市場份額。但從 2019 年開始,在美國的持續行動之下,華為在市場份額上的壓倒性優勢迅速喪失,而愛立信和諾基亞在技術劣勢並未改變的情況下開始了驚人的逆勢反超,先後超越華為。與 5G 設備全球市場相類似,華為智能手機的海外市場份額從 2018 年年底開始經歷快速而持續的下降。在 2018—2020 年短短兩年時間裏,華為智能手機出貨量的海外市場份額從 8.1% 快速下降至 3.5%,業績受到嚴重影響。

圖 1-11　華為與競爭廠商全球 5G 合同數量年際變化趨勢

■ 華為　■ 諾基亞　■ 愛立信

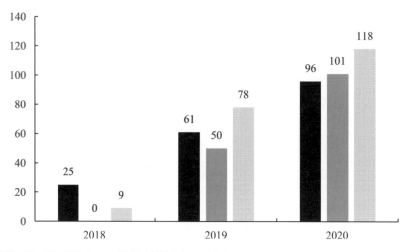

資料來源：任星欣等（2021）整理（數據截至 2020 年）

圖 1-12　華為智能手機海外出貨量及市場份額變化趨勢

海外出貨量　—— 海外市場份額（右）

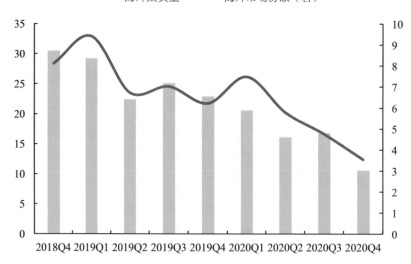

資料來源：任星欣等（2021）整理（左軸單位：百萬台，右軸單位：%，數據截至 2020 年 Q4）

三、美國科技霸權的鞏固：“技術 — 金融 — 市場”三板斧

　　美國科技霸權的鞏固主要依賴技術控制、金融控制、市場控制三大手段實現。美國通過掌控技術關鍵環節、實行技術出口管制獲取技術鏈權

力，藉助投資科技企業、把控融資渠道、發起投資審查實現金融控制，採用限制進入、聯合盟友施壓手段完成市場壓縮。利用"技術—金融—市場"三板斧，美國實現對競爭實體供給端到需求端的全面打擊，以此維持其科技霸主地位。

（一）技術控制：掌控技術關鍵環節、技術出口管制

美國實現技術控制的手段主要有兩個：一是掌控技術鏈關鍵環節，二是技術出口管制。美國在產業鏈轉移過程中依然牢牢把控技術核心環節，並利用出口管制強化壁壘，進而鞏固技術霸權。

第一，美國在對外技術轉移的過程中仍對技術關鍵環節進行掌控，並利用既有優勢擴大技術差距，以此鞏固科技霸權。20 世紀 80 年代以來，日本、韓國、中國台灣半導體均曾先後藉助美國技術輸出實現快速發展，但仍高度依賴美國多環節關鍵技術，恐懼因技術斷供帶來的產業鏈崩潰。美國對核心技術的封鎖使得其利用技術壁壘鞏固科技霸權的野心得以實現。

以半導體產業為例，美國在 EDA 及 IP 核領域具有難以撼動的技術壟斷地位，從而對下游的芯片設計環節產生"一劍封喉"的控制效果。在芯片設計領域，美國掌控 CPU、GPU、及 FPGA 的核心技術。在半導體設備領域，美國亦高度壟斷表面沉積設備、刻蝕設備相關關鍵技術。依賴其在供應鏈核心環節的壟斷地位，美國在半導體產業價值鏈中佔據近 40% 的比重，高度控制半導體技術鏈及產業鏈的運轉，並利用技術創新的"馬太效應"不斷擴大技術優勢，維護科技霸權。

圖 1-13　全球半導體產業鏈技術環節市佔率

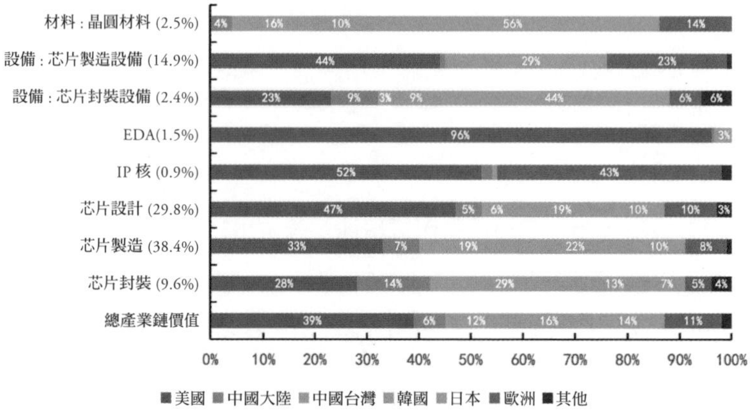

技術環節	美國	中國大陸	中國台灣	韓國	日本	歐洲	其他
材料：晶圓材料 (2.5%)	4%	16%			10%	56%	14%
設備：芯片製造設備 (14.9%)	44%				29%	23%	
設備：芯片封裝設備 (2.4%)	23%	9%	3%	9%	44%	6%	6%
EDA (1.5%)	96%						3%
IP 核 (0.9%)	52%					43%	
芯片設計 (29.8%)	47%	5%	6%	19%	10%	10%	3%
芯片製造 (38.4%)	33%	7%	19%		22%	10%	8%
芯片封裝 (9.6%)	28%	14%	29%	13%	7%	5%	4%
總產業鏈價值	39%	6%	12%	16%	14%		11%

■美國　■中國大陸　■中國台灣　■韓國　■日本　■歐洲　■其他

資料來源：Saif Khan（2021），李巍等（2022）（數據截至 2021 年）

　　第二，技術出口管制逐漸成為美國遏制他國科技發展的主要手段。技術出口管制政策體系的形成可追溯至第一次世界大戰期間，並不斷變化調整。從 1917 年到現在，美國出口管制政策體系不斷演變，從《敵國貿易法》到“巴黎統籌委員會”、《瓦森納協議》，再到《1979 年出口管理法》（EAA）、《出口管制條例》（EAR），政策不斷修訂，技術出口管制的針對對象與涉及範圍不斷調整變化，但是服務於美國國家戰略、防止先進技術擴散、防止其他國家技術進步的初衷並沒有改變。

　　2018 年以來，美國不斷加強對我國的技術封鎖。1999 年至 2017 年，列入美國“實體清單”的中國機構數目增長緩慢。而 2018 年至 2020 年，美國對華出口管制呈現出範圍擴大化、措施金融化的特點，分別有 63 家、151 家和 237 家中國主體被納入“實體清單”，並添加了大量的電子通訊、信息安全、互聯網等具備廣泛產業化應用前景的高技術機構。

　　2018 年 8 月，美國通過了《出口管制改革法案》，以“實體清單”的方式收錄 14 大類新興技術，目的在於限制對我國技術出口。[5] 2019 年 5 月，美國商務部以“國家安全”為由將華為及其關聯公司等 68 家企業列入實體清單，並且嚴禁供應商向華為出售美國商品和技術；2020 年 5 月，

5　基本涵蓋了中國製造業具有發展潛力的“十大領域”：新一代信息技術、高檔數控機床和機器人、航空航天裝備、海洋工程裝備及高技術船舶、先進軌道交通裝備、節能與新能源汽車、電力裝備、新材料、生物醫藥及高性能醫療器械、農業機械裝備。

制裁進一步升級，要求境外廠商向華為及其相關公司出售美國商業管制清單中的軟件、技術及半導體芯片組等產品時，必須得到美國的出口許可。

在美國的施壓下，全球最大的芯片代工企業 —— 台積電於 2020 年 9 月終止了對華為的供貨。同時，荷蘭阿斯麥爾公司與中芯國際簽訂了合同，但是美國以阿斯麥爾的 EUV 光刻機使用美國技術為由向荷蘭施壓，禁止其向中芯國際供貨，使得中荷雙方的採購合同至今無法履行。2020 年 10 月，美國商務部工業與安全局（BIS）發佈規則稱，要對六項"新興技術"[6] 實施新的多邊管制，聲稱這些新興技術對美國的國家安全至關重要，且在未來二十年會產生重大作用。

2021 年以來，拜登政府上台後，繼續加大對我國企業的技術封鎖力度。2021 年 5 月，拜登總統宣佈延續前總統特朗普的行政禁令，繼續全面封殺對華為的芯片出口。6 月，以應對中國軍工企業威脅為由，拜登總統陸續將 57 家相關實體加入出口管制清單，包括燕京電子、亨通光電、中天科技等。

表 1-4　2019 年以來美國對華出口管制情況

時間	涉及實體	新增數量	原因
2019.5.15	華為及其關聯公司	68	國家安全
2019.6.21	中科曙光、天津海光等 5 家公司	5	違背美國國家安全和外交政策利益
2019.8.15	中國廣核等	4	防止核能技術轉為軍事用途
2019.8.19	華為子公司	46	國家安全
2019.10.7	海康威視、科大訊飛等科技企業及部分涉疆實體	28	參與或有能力對美國政府的海外利益相左
2020.5.23	奇虎 360、雲從科技、北京雲計算中心、哈工大等科技企業及研究中心	33	為中國軍方使用的物品採購提供支持
2020.7.20	合肥美菱、碳元科技等	11	人權問題

6　六項技術包括混合增材製造（AM）/ 計算機數控（CNC）工具，設計用於製造極紫外（EUV）掩模的計算光刻軟件，用於 5nm 生產的晶圓精加工技術，繞過計算機（或計算機設備）上的身份驗證或授權控制並提取原始數據的數字取證工具，用於監視和分析的，通過切換接口從電信服務提供商處獲取的通信和元數據的軟件、亞軌道飛行器。

時間	涉及實體	新增數量	原因
2020.8.17	華為子公司	38	國家安全
2020.8.26	中交疏浚、常州國光、中國電子科技集團等	24	幫助中國軍方在南海修建人工島
2020.12.18	中芯國際、北京理工大學、中國船舶工業集團等	60	違反美國國家安全或外交利益
2020.12.21	中國航空工業集團、中國航空發動機集團下屬實體、國家衛星氣象中心等	71	避免中國利用美國技術和物項增強自身軍事實力
2021.1.4	中微半導體、小米公司、中國航空集團等	11	威脅美國國家安全
2021.4.8	天津飛騰、國家超級計算中心等	7	違反美國國家安全或外交利益
2021.7.9	燕京電子、中國電子科學研究院及部分涉疆實體	23	應對中國軍工企業威脅，人權
2021.11.24	中科微、國科微、國盾量子等通信實體	12	從事軍事領域應用的量子計算工作
2021.12.17	中天科技、亨通光電、華海通信等	34	應對中國軍工企業威脅

資料來源：BIS

圖 1-14　美國對華為 "階梯式" 技術出口管制

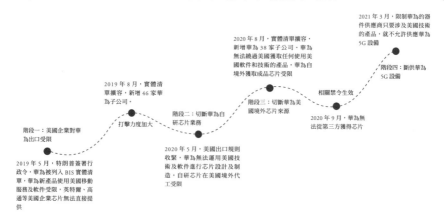

資料來源：李巍等（2021）整理

（二）金融控制：投資科技企業、把控融資渠道，發起投資審查

　　美國利用金融控制方式鞏固科技霸權的方式有三種：一是藉助投資機

構的雄厚實力，通過控股、參股或合作的方式進行科技企業投資；二是利用其完善的金融市場體系，把控主要科技企業的融資渠道，從而實現技術控制與合作；三是通過投資審查限制相關國家及企業對美高科技投資。

第一，美國金融機構掌控著較為豐富的金融資源，通過多年佈局，已直接或間接通過資本控制，獲得相應高科技企業的股東權利，從而實現技術鏈與產業鏈控制。

在全球主要科技公司中，都有著美國的身影。中國台灣台積電、韓國三星集團、荷蘭阿斯麥爾等半導體龍頭企業均有相當程度美國股權參與，甚至出現近半股權為美國資本掌控的情況。三星的美國股東股權佔比接近30%，台積電及阿斯麥爾近 50% 股權歸屬美國投資者，美國成為上述公司的實際話事人。

美國主要通過投資機構向世界高科技企業持續輸出資本。以世界排名第一的資產管理公司貝萊德的世界科技基金為例，其投資範圍涉及亞太、歐洲的主要國家及地區，2021 年其對軟件及服務、半導體及半導體設備等領域的投資覆蓋率達到 65%。根據荷蘭阿斯麥爾 2021 年財報，其主要股東中，美國資本集團及貝萊德公司分別佔據 15.81% 及 7.95% 的份額，僅二者便為美國爭取到接近 1/4 的決議權，使美國擁有半導體行業上游技術與產業鏈控制的極大權力。

圖 1-15　貝萊德世界科技基金主要投資方向

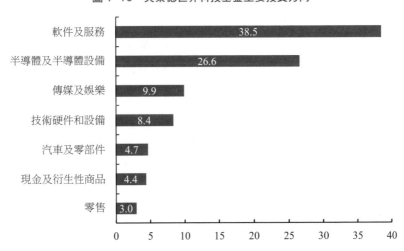

資料來源：貝萊德（單位：%，數據更新至 2021 年）

圖 1-16　荷蘭阿斯麥爾公司股權分佈情況

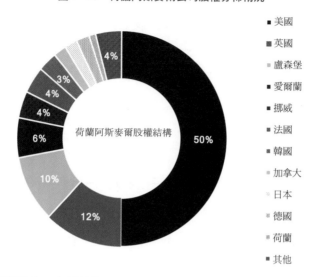

荷蘭阿斯麥爾股權結構

- 美國
- 英國
- 盧森堡
- 愛爾蘭
- 挪威
- 法國
- 韓國
- 加拿大
- 日本
- 德國
- 荷蘭
- 其他

資料來源：李巍等（2022）（數據截至 2021 年 12 月）

　　第二，美國藉助其金融武器，通過切斷高科技企業融資渠道對相關企業進行控制、打擊。高科技企業普遍具有資本密集型特徵，需要穩定的融資渠道以及不斷增長的資本支出及研發費用來支撐其發展。

　　美國擁有世界最發達的金融市場，在吸引全球高科技企業赴美上市的同時，也扼住了相關企業的資本命脈。全球高科技企業中，截至 2021 年，有 83 家半導體公司及 110 家軟件公司藉助美國資本市場進行融資。美國納斯達克市場成為世界科技巨頭的孵化器。

　　美國融資控制手段極大影響相關科技企業決策。以台積電為例，其赴美建廠及交出機密商業數據的妥協背後，便有對美國資本威懾的考慮。台積電高度依賴美國金融市場，以支撐其不斷攀升的資本及研發費用。2021 年，其在花旗銀行的存託股權比例高達 20.52%，同年，其資本支出達 300 億美元，2022 年或將達到 440 億美元，資金籌集大幅依賴美國股權融資渠道。

　　此外，美國通過行政手段建立 "中國涉軍企業投資禁令清單"，禁止美國投資者對相關企業進行投資交易。清單涉及航空航天、人工智能、半導體、信息通訊等高科技領域，較之實體清單制裁力度更甚，限制相關中國企業獲取美國資金支持，以此實現對中國高科技企業的打擊。

　　2020 年 11 月 12 日，特朗普政府發佈政令，推出"非 SDN—中國軍事企業清單"，對中國高新技術企業實行投資禁令，自 2021 年 1 月起實施。清單涉及華為、海康威視、中國移動、中國航天、中國廣核等多家公司。2021 年 1 月，美國紐約證券交易所對中國移動、中國聯通及中國電信進行摘牌退市處理。

　　2021 年 6 月，拜登政府在前款政令基礎上，進一步收緊投資禁令，對相關制裁企業進行修改、補充，推出"非 SDN—中國軍事綜合體企業清單"。此次清單令華為及其子公司、中國電子、中國海洋、中國移動、中芯國際等 59 家中國企業受到影響。2021 年 12 月，商湯科技赴港上市期間被加入投資禁令名單，隨後大疆、雲從科技、曠視科技等 8 家企業被列入投資制裁名單。目前已有 68 家企業進入美國"中國涉軍企業投資禁令清單"，融資活動受到影響。

圖 1-17　全球高科技公司在美上市情況（部分領域）

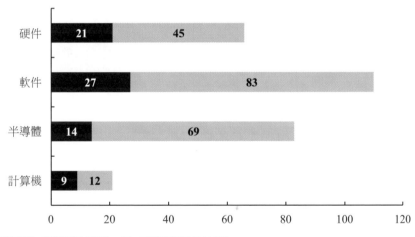

資料來源：新浪財經（單位：個，數據更新至 2021 年）

表 1-4　美國對我國 "涉軍企業" 投資禁令清單

時間	涉及企業	說明
2020.11.12	華為、海康威視、浪潮集團、熊貓電子、中國移動、中國航天、中國廣核、中國化工、中國交通等 31 家企業	特朗普政府第《13939 號行政令》，推出 "非 SDN——中國軍事企業清單"，對中國高新技術企業實施投資禁令
2021.6.3	中國航天、中國電子、中國廣核、中國海洋、中國兵器、華為及其子公司、中國移動、中芯國際等 59 家企業	拜登政府《第 14032 號行政命令》，推出 "非 SDN——中國軍事綜合體企業清單"，修改、擴充前款，投資禁令趨嚴
2021.12.10	商湯科技	赴港上市期間被加入投資禁令名單
2021.12.17	大疆、雲從科技、曠視科技等 8 家企業	被認定為中國軍工複合體企業

資料來源：美國白宮，界面新聞

　　第三，美國以投資審查的方式限制我國高科技企業在美投資，並聯合其盟友一起，抬高我國企業對其投資的門檻。2018 年 8 月，《外國投資風險評估現代化法案》（FIRRMA）作為 2019 財年國防授權法案的一部分，由特朗普總統簽署成法，表明美國從戰略層面加大了對外國投資美國相關項目的審查。該法案擴大了美國外國投資委員會（CFIUS）的審批權限，凡是涉及到 "關鍵技術"[7]、"關鍵基礎設施" 和 "敏感個人數據" 的外國投資都需要強制申報。此舉實際上切斷了我國對美國的關鍵技術諸如人工智能、大數據及互聯網等方面的投資渠道。歐盟和日本也跟隨美國的步伐，抬高對我國企業對其投資的門檻。

　　2019 年 4 月，歐盟《外國投資審查框架》生效，擴大歸類為 "關鍵基礎設施" 的行業清單，提高篩選過程的時間和嚴格程度的最低標準，限制外資對關鍵領域的併購，防止關鍵領域的技術外流。同年 10 月，日本財務省向內閣提交並獲內閣通過《外匯及對外貿易法》修正案，列出了 IT、電信技術製造、軟件開發和基礎設施建設等需進行外商投資審查的行業，防止關鍵技術洩露到國外。

7　飛機製造、飛機引擎和零部件製造、電腦存儲設備、電子計算機製造、廣播電視和無線通信設備以及生物技術研發、半導體和相關設備製造等 27 項 "關鍵技術領域"。

（三）市場控制：限制進入、聯合盟友施壓

美國政府通過一系列市場壓縮行為，在收入端打擊對其具有技術威脅的高科技企業，以限制其技術發展。在國內市場，美國多利用輿論、行政法案等進行市場絞殺，也會在必要時採取"301 調查"、加徵關稅等方式構築貿易壁壘，對相關國家及企業進行市場打擊；對於國外市場，美國則通過外交遊說、結盟甚至是威脅的方式進行管轄。

國內市場方面，美國主要通過前期輿論造勢，中期政府施壓，後期法案約束的方式，對相關實體實現市場全面絞殺。以美國對華為市場封鎖為例，美國前期通過輿論造勢，令華為、中興等企業陷入危害美國國家安全的指控，為後期採取制裁措施做好輿論準備。隨後，美國通過政府施壓，令國內相關實體被迫取消與華為的業務合作。2018 年，在美國政府政治壓力下，華為與美國運營商、零售商等的多個智能手機銷售合作計劃被迫終止，華為亦在 AT&T 的 5G 設備招標中落選，華為消費者業務及運營商業務均受到一定影響。

此後，美國相關法案落地，對華為制裁力度進一步加大。2019 年 5 月，特朗普簽署《確保信息通信技術與服務供應鏈安全》行政令，禁止美國企業交易威脅國家安全的外國信息技術與服務。2020 年 3 月，特朗普政府通過《2019 安全和可信通信網絡法案》，防止威脅國家安全的通信設備或服務進入美國網絡，移除目前正在使用的任何此類設備或服務。藉助相關行政管制措施，美國逐步實現對華為在美市場的全面限制，並對華為5G 市場拓展造成了極大打擊。2020 年華為在美銷售額僅為 397 億元，同比下降 24.4%，2021 年更進一步下降至 292 億元，在美市場持續壓縮。

此外，美國還多次通過"301 調查"方式，對中國進行制裁。2017 年8 月，美國以"中國侵犯知識產權"為由啟動第 6 次對中"301 調查"，並於 2018 年 3 月起先後展開 4 輪共計 5500 億美元商品的關稅徵收。高科技行業中，通信設備、計算機及其他電子設備行業加徵關稅額度達到 229 億美元，相關貿易管制對我國高技術企業的市場擴展帶來較大影響。

圖 1-18　2014—2022 年華為在海外主要地區銷售額

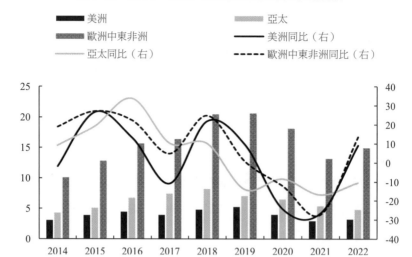

資料來源：華為（左軸單位：百億元，右軸單位：%）

圖 1-19　2014—2022 年華為銷售收入及淨利潤

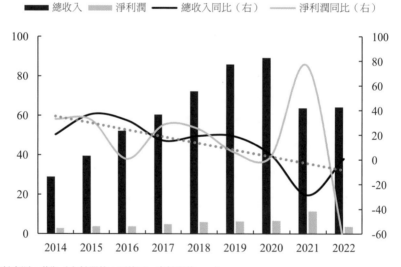

資料來源：華為（左軸單位：百億元，右軸單位：%）

　　美國對國外市場亦可實現較大範圍的管轄。通過外交遊說、結盟甚至威脅，美國實現了對相關實體國外市場的有效控制，進一步壓縮對手市場空間。

　　以美國對華為的制裁為例。美國曾多次在外交場合遊說、施壓其他國家拒絕華為 5G 設備，以此壓縮華為的海外市場。如推出“布拉格提案”，公開孤立華為，聯合"五眼聯盟"封殺華為等，甚至採用經濟激勵方式誘使各國放棄華為 5G 服務，激起了國際社會對華為 5G 的負面態度。

此外，美國更通過"清潔網絡"計劃結盟的方式公開排擠中國 5G 供應企業。2020 年 6 月，美國推出"清潔網絡"計劃，內容包括制訂清潔網絡名單，保護美國公民的隱私和公司敏感信息免受中國等"惡意行為者"的侵擾。2020 年 8 月，時任美國國務卿蓬佩奧宣佈擴大"清潔網絡"計劃，在運營商、應用程序、應用商店、雲端及電纜等 5 個領域對華為的 5G 佈局進行對抗，同時遊說相關國家及企業加入"清潔聯盟"。截至 2020 年 11 月 10 日，已有近 50 個國家及 170 餘家電信公司加入美國"清潔網絡"計劃。

美國外交手段對華為海外市場產生較大影響。2019 年至 2021 年，華為海外主要地區銷售額均呈下降趨勢。亞太地區年銷售額由 2019 年的 705 億元下降至 2021 年的 537 億元，降幅接近 24%。同期歐洲、中東、非洲地區的銷售額降幅更是達到 36%。華為海外市場受到進一步壓縮。

四、美國科技霸權的影響：技術聯盟閉環、全球產業鏈危機

第一，在美國科技霸權影響下，全球國際科技與產業合作水平明顯降低，科技戰略突出"競爭與保護"，美國試圖在全球形成"技術聯盟"閉環。

近年來，全球科技創新受政治裹挾現象愈加普遍，以美國為首的部分發達國家通過限制在科學研究、技術研發、人員交流、市場應用等方面的合作，來對本國領先技術進行保護，同時達到遏制他國科技發展的目標。在此背景下，"科學無國界"的神話被打破，一系列技術制裁引起的科研封閉趨勢持續醞釀和傳播，未來，科學研究受政治脅迫可能成為一種新的世界現象。

從美國科技競爭戰略的主張和政策來看，總體以強調"美國優先"為主，突出"競爭"，多次採取單邊措施維護自身國家利益。2019 年 6 月 7 日，在第二十三屆聖彼得堡國際經濟論壇全會上，俄羅斯總統普京指出，世界經濟的結構性問題尚未得到根本性解決，一些西方仍在通過金融、經濟和貿易手段打壓新興市場國家的正常發展，歸根到底是不希望自身霸權

地位受到挑戰。

在美國科技霸權影響下，全球國際科技與產業合作水平明顯降低，美國試圖在全球形成“技術聯盟”閉環，逐步建成技術領域的“小院高牆”。

特朗普執政時期，美方對華的科技戰略是“全面封鎖”。在特朗普執政時期，對華科技打壓方式較為直接，由美國政府出台相關措施，阻礙中美兩國的技術交流，具體包括以下三個方面：一是出口管制，禁止向中國出售科技和技術附加值高的軟硬件產品；二是投資管控，限制中資企業在美國技術領域的投資與收購活動；三是採用人才封鎖令，限制人才交流。

拜登執政時期，對華科技戰略更具精細化，以“新華盛頓共識”為指導思想，一方面在核心領域加強管控，非核心領域合作，建起“小院高牆”；另一方面注重盟友合作，啟動“印太經濟框架”等新機制，並藉助“去風險”加強美歐對華政策協調。

2018 年 10 月，“新美國”智庫高級研究員薩姆·薩克斯第一次提出“小院高牆”策略。所謂的“小院高牆”，是指美國需要確定某些特定的技術和研究領域，即“小院”，對這些領域需要制定戰略邊界，即“高牆”。對於“小院”內核心技術，美方將大力封鎖，而“小院”之外其他領域，則可以重新開放。

2021 年 1 月 13 日，新美國安全中心（CNAS）發表文章：《掌舵：應對中國挑戰的國家技術戰略》（*Taking the Helm: A National Technology Strategy to Meet the China Challenge*）。報告認為，美國正與中國進行長期的、多方面的地緣戰略競爭，其中技術作為經濟、政治和軍事力量的關鍵推動因素，在這場競爭中居於前沿和中心地位。

報告同時指出，在這一技術競爭中，美國對中國擁有無可比擬的戰略優勢：一個由盟友和夥伴組成的全球網絡。利用這一網絡進行多邊合作對國家技術戰略至關重要。通過與其他技術領先的國家合作，美國及其盟友和夥伴能夠在這場競爭中提供的財力和人力資源，要遠遠超過中國單個國家的能力。至此，美國“小院高牆”科技戰略逐步形成，並加快啟動“技術聯盟”合作新框架。通過“技術聯盟”體系，美國試圖填補技術與地緣政治競爭中的真空地帶，確立基於技術權力的新科技霸權體系。

2023 年 4 月，美國國家安全顧問沙利文就 "新華盛頓共識" 發表專題演講，對拜登政府執政期間的對華科技競爭戰略方針，及其在實踐過程中取得的進展進行了系統總結。具體來看，所謂 "新華盛頓共識" 的五大支柱和目前進展如下：

第一步，確立現代美國工業戰略，對美國國家安全、科技創新相關領域進行有針對性的長期公共投資，以彌補私人投資的不足，確保美國經濟長期的競爭能力。

實際進展：《削減通脹法案》，向美國清潔能源領域提供 3690 億美元資金支持；《芯片和科學法案》，向美國半導體研發、製造以及勞動力發展提供 527 億美元資金支持，向美國人工智能、量子計算等領域提供約 2000 億美元資金支持。

第二步，在清潔能源及核心礦物、半導體方面加強盟友合作，達到產業協同，並構築一個彈性、安全的供應鏈系統。

第三步，打造有別於低關稅和低貿易壁壘的傳統貿易關係，發展以產業協同為核心的新型貿易夥伴關係。

實際進展：舉行多輪美國—歐盟貿易和技術委員會（TTC）部長級會議；推出印太經濟框架（IPEF）；建立 "可持續關鍵礦物聯盟" 和 "礦產安全夥伴關係"；建立 "芯片四方聯盟"（CHIP 4 alliance）；加強美日韓三方協調機制。

第四步，動員數千億美元的投資進入新興經濟體，用於能源、衛生、數字等領域，並解決債務國的債務問題。

實際進展：推出全球基礎設施和投資夥伴關係（PGII），承諾五年內籌集 6000 億美元，用於發展中國家的基礎設施建設；推出 "印度—中東—歐洲經濟走廊"（IMEC），計劃建設大型鐵路和航運走廊，促進各國數據、能源和貨物的貿易。

第五步，繼續利用對華封鎖 "小院高牆"，保護美國的基礎核心技術。

實際進展：2022 年下半年以來，美國商務部在先進半導體領域，建立了從邏輯芯片到存儲芯片，包括設計軟件、生產設備、人員支持等在內的全方面對華封鎖；拜登政府發佈行政命令，禁止美國對華先進半導體、人工智能、量子計算領域投資；2023 年 1 月，美國與日本、荷蘭達成一致，共同升級對華半導體出口管制。

圖 1-20　2021 年 1 月拜登政府上任以來，持續加大對華封鎖和競爭力度

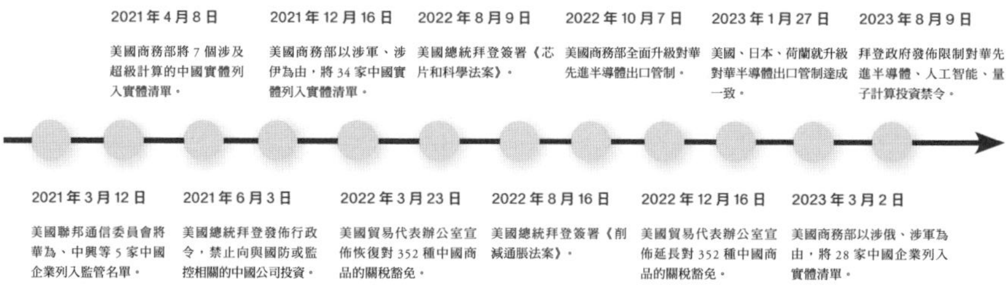

2021 年 4 月 8 日	2021 年 12 月 16 日	2022 年 8 月 9 日	2022 年 10 月 7 日	2023 年 1 月 27 日	2023 年 8 月 9 日
美國商務部將 7 個涉及超級計算的中國實體列入實體清單。	美國商務部以涉軍、涉伊為由，將 34 家中國實體列入實體清單。	美國總統拜登簽署《芯片和科學法案》。	美國商務部全面升級對華先進半導體出口管制。	美國、日本、荷蘭就升級對華半導體出口管制達成一致。	拜登政府發佈限制對華先進半導體、人工智能、量子計算投資禁令。

2021 年 3 月 12 日	2021 年 6 月 3 日	2022 年 3 月 23 日	2022 年 8 月 16 日	2022 年 12 月 16 日	2023 年 3 月 2 日
美國聯邦通信委員會將華為、中興等 5 家中國企業列入監管名單。	美國總統拜登發佈行政令，禁止向國防或監控相關的中國公司投資。	美國貿易代表辦公室宣佈恢復對 352 種中國商品的關稅豁免。	美國總統拜登簽署《削減通脹法案》。	美國貿易代表辦公室宣佈延長對 352 種中國商品的關稅豁免。	美國商務部以涉俄、涉軍為由，將 28 家中國企業列入實體清單。

資料來源：China Briefing，新華社

　　此外，拜登政府還積極呼應 2023 年 3 月，歐盟委員會主席馮德萊恩所提出的 "去風險" 概念，其目的是在對華敘事方式上與歐盟保持一致，藉此加強美歐對華政策協調。

　　具體來看，"去風險" 這一概念相比於此前的 "脫鈎"，一方面在措辭上明顯軟化，並向對華強硬政策注入更多道德合法性，有助於爭取各方支持。另一方面，"去風險" 有意避免對風險進行明確界定，通過保留政策靈活性，擱置矛盾與爭議，以滿足不同群體訴求。因此，"去風險" 相比於 "脫鈎"，能夠更好地作為凝聚各方共識，推動美歐新一輪對華政策協調的有效抓手。

　　從 "去風險" 的實際進展來看，在拜登政府大力推動下，2023 年 4 月以來相繼推出的美國 "新華盛頓共識"、七國集團《關於經濟韌性和經濟安全的聲明》以及《歐洲經濟安全戰略》，在推進自主可控、增進盟友合作和加強技術封鎖等方面高度趨同，表明以 "去風險" 為手段，協調各方立場和利益，推動對華經貿政策安全化的嘗試，已取得一定成效。

　　與此同時，2023 年下半年以來，歐盟及其成員國也進一步效仿美國，加速推出對華強硬議程。歐盟層面，2023 年 6 月《歐洲經濟安全戰略》《反脅迫工具法案》相繼通過審議；2023 年 10 月，歐盟委員會宣佈正式啟動對華電動車反補貼調查。德國方面，6 月發佈的首份《德國國家安全戰略》中指出，"近年來，德國與中國之間競爭和對抗的成分在不斷增加"。7 月

發佈的《德國對華戰略》中，則明確提出將大力減少對中國商品的依賴，加強出口管制和對外投資審查。

表 1–5　"去風險" 概念提出後，美歐各國對華政策立場進一步趨同，
經貿政策安全化傾向明顯

美國 "新華盛頓共識"（2023 年 4 月）	七國集團關於經濟韌性和經濟安全的聲明（2023 年 5 月）	歐洲經濟安全戰略（2023 年 6 月）
推進自主可控： 確立現代美國工業戰略，對半導體、關鍵礦物、清潔能源等關鍵領域，進行有針對性的公共投資，以加強國內產能建設。 增進盟友合作： 在關鍵領域加強與盟友合作，增進產業協同，以實現構築彈性、安全的供應鏈系統的目標。 有別於低關稅和低貿易壁壘的傳統貿易關係，轉向發展以產業協同為核心的新型貿易夥伴關係。 以多邊開發銀行和全球基礎設施夥伴關係等為抓手，動員數千億美元投資進入全球新興經濟體。 加強技術封鎖： 繼續加強 "小院高牆"，保護基礎性的核心技術。	推進自主可控： 增強全球經濟彈性，包括建立有彈性的供應鏈，以及建設有彈性的關鍵基礎設施。 增進盟友合作： 應對有損國際秩序和規則的行為，包括應對非市場政策和行為，保障全球經濟彈性；解決經濟脅迫問題，打擊數字領域的有害做法；合作制定國際標準。 加強技術封鎖： 解決對全球和平和安全威脅的共同關切，重點防止關鍵技術和新興技術的洩露。	推進自主可控： 增強歐盟經濟和供應鏈彈性，強化創新和工業能力，提升歐盟自身的競爭力，維護市場經濟體系。 加強技術封鎖： 運用包括貿易防禦、反補貼和出口管制等在內的工具和手段，保護歐洲免受經濟安全風險影響，對抗經濟脅迫，並在此基礎上不斷豐富歐盟現有工具包。 增進盟友合作： 與有共同利益的國家建立廣泛的合作關係，增強經濟安全，培育有彈性和可持續的價值鏈，加強國際規則的經濟秩序和多邊機構。

資料來源：美國白宮，歐洲議會

　　第二，美國動用科技霸權頻頻施壓，迫使關鍵產業鏈回流美國，一定程度加劇了全球產業鏈的不穩定，進而可能引發全球產業鏈危機。

　　自美國總統拜登上台以來，美國對供應鏈安全的重視與日俱增。2021年 2 月 24 日，拜登簽署了第 14017 號行政令，指示集合全政府力量對國內關鍵供應鏈進行全面審查，識別風險，彌補漏洞，評估美國關鍵供應鏈的脆弱性並制定相應戰略加強其彈性。

　　2021 年 6 月 8 日，美國白宮發佈了一份名為《構建彈性供應鏈、重振

美國製造業及促進廣泛增長》的評估報告。該報告針對半導體製造和先進封裝、大容量電池、關鍵礦產與原材料、藥品與原料藥四大首批最受關注的關鍵領域進行了全面審查，分析了各產品供應鏈的潛在風險。同時，美國政府組建了歷史上首個供應鏈中斷工作組（SCDTF），希望通過國內加大投資、國外增加合作的雙線程方式對現有供應鏈進行"優化"，創造"排中"供應鏈新環境。

表 1-6　2021 年以來，美方在供應鏈安全方面的動作

時間	內容
2021 年 2 月	美國總統拜登簽署 14017 號行政令，要求美國聯邦政府部門和機構對四類關鍵產品和行業的供應鏈風險進行全面評估，解決美國供應鏈的脆弱性和面臨的風險。
2021 年 6 月	拜登政府發佈根據第 14017 號行政令對 "美國的供應鏈" 進行短期審查的結果報告《建立彈性供應鏈、重振美國製造業、促進廣泛增長》，包括對 4 類關鍵產品（半導體製造和先進封裝、大容量電池、關鍵礦物和材料，以及醫療用品和原料藥）供應鏈的綜合評估結果。拜登政府表示將針對中國成立新的 "突擊工作組"，以打擊不公平的貿易行為。
2021 年 9 月	美國商務部產業安全局根據 1962 年《貿易擴展法》第 232 條修正案發起調查，以確定進口釹鐵硼永久磁鐵對美國國家安全的影響。此舉意在針對中國對美國的釹鐵硼供應。
2021 年 10 月	拜登在 G20 峰會上發言，"供應鏈問題並非某個國家單方面採取措施就是能解決的問題。其核心在於同盟國之間的協調。如果不想依靠也許會失敗的單日供應源，我們就要實現供應鏈多元化"。意在呼籲各國加強供應鏈合作降低對中國的依賴度。
2022 年 1 月	拜登發表關於擴大半導體供應講話，並聲稱中國正努力佔領半導體市場並將半導體技術軍用。
2022 年 2 月	拜登政府宣佈對關鍵礦物和材料的國內生產進行重大投資，以擴大國內關鍵礦產的供應鏈，打破對中國的依賴。
2022 年 6 月	美國和加拿大、澳大利亞、英國和法國、日本和韓國以及歐盟等主要夥伴國家建立礦產安全夥伴關係（MSP）。
2022 年 12 月	美國、加拿大、澳大利亞、法國、德國、日本、英國等 7 個國家聯合發起可持續關鍵礦物聯盟。
2023 年 5 月	印太經濟框架（IPEF）供應鏈安全協議率先落地。

資料來源：澎湃新聞，觀察者網，白宮

　　在供應鏈安全指引下，美國動用科技霸權頻頻施壓，迫使關鍵產業鏈

回流美國。美國儲能電池技術相對落後，因此積極與世界領先的日韓電池製造企業合資，推動新工廠在美落地。在光伏領域，一方面美國與日本建立清潔能源夥伴關係，促進兩國新能源技術合作；另一方面，儘管美國尚不能擺脫對光伏產品進口的嚴重依賴，仍將繼續使用稅收工具保護本土企業。

在半導體產業領域，美國在研發設計環節佔據領先優勢，但本土產能嚴重不足。自 2021 年起，美國通過給半導體企業提供補貼的形式，誘壓全球半導體企業在美建廠，融入美半導體生態。迄今為止，三星、台積電等均承諾在美設廠，美企英特爾牽頭成立的產業聯盟"通用芯片互連快車"也進展順利。

供應鏈回流趨勢下，美國國內製造業投資持續增加。2020 年 4 月以來，美國製造業逐漸復甦，用於投資的資本品投入持續增加。與此同時，隨著消費者需求的增長以及全球供應鏈的持續緊張，製造商開始加大對機器人和自動化技術的投資，以提高國內製造的成本效率，克服勞動力和技能缺口帶來的挑戰。根據美國自動化推進協會的數據，2020—2021 年，美國機器人採購訂單增長 67%，其中一半以上來自非汽車行業，如塑料、半導體、電子、金屬等。

從結果來看，美國在供應鏈方面採取的行動將會迫使全球供應鏈進行調整，這種調整形成了對現有的高效全球供應鏈的破壞，必然會損失全球經濟效率。美國在供應鏈方面的做法勢必影響以市場為基礎的國際分工合作，使區域產業分工"碎片化"，破壞了全球現有產業鏈佈局，從而導致全球產業鏈危機。在美國主導下，全球半導體供應鏈結構從以前的"多極結構"向聯盟主導的"單極結構"快速演變，高端半導體創新要素和產品將僅限於聯盟內部流動，聯盟通過多邊出口管制措施阻止其向其他國家擴散，從而高築起半導體創新壁壘。

2021 年以來，受疫情影響，疊加美國對他國半導體製造企業進行無理的制裁和打壓，全球半導體供應鏈遭受了嚴重衝擊。2021 年全球集成電路製造產能持續緊張，各行業都陸續面臨著"缺芯"問題，對產業發展造成了較大影響。此外，美國的製造業回流也帶來了他國利益的損失。以歐盟為例，2022 年 2 月俄烏衝突發生以來，在美國產業政策發力、能源價格高企等內外部因素衝擊下，歐盟對全球資本的吸引力明顯下滑。2022 年二季度至四季度，歐盟 FDI 流入額持續為負，且負增長規模由 2022 年二季度的 50 億美元，快速擴大至 2022 年四季度的 1878 億美元，而同期美國 FDI 流入額，則始終保持在 700 億美元以上。

圖 1-21　美國製造業回流加速，資本品新訂單快速增加

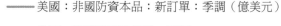

資料來源：WIND（數據更新至 2023 年 10 月）

圖 1-22　俄烏衝突發生以來，歐盟資本外流壓力明顯加大

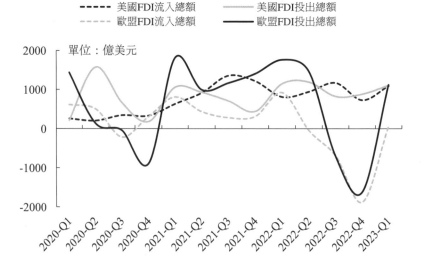

資料來源：OECD（數據更新至 2023 年一季度）

綜合來看，美國近年來奉行霸權主義，一直試圖建立新的市場規則，重塑供應鏈體系，特別是在關鍵戰略產品方面想方設法擺脫自身對中、俄等國的依賴。從美國近兩年官方表態和一些政策導向看，美國對於供應鏈安全的強調不僅僅局限在"自主"層面，而是更強調"可控"，即將美國認為的潛在對手堅決踢出自己的供應鏈序列，不惜捨棄巨大市場和經濟利益，轉而通過向本土或盟友國家投資，建立更符合自身利益的供應鏈體系。

目前，美國已將中國視為最主要的戰略競爭對手，擬在中美間建立一種以科技為核心的新型大國競爭範式。面對加速演進的世界大變局和複雜激烈的技術政治戰略博弈，全球科技創新網絡正在深度重組，或出現不斷擴大的"創新梯度"或"創新鴻溝"，創新要素流動的壁壘將嚴重阻礙全球發展，特別是廣大發展中國家在疫情下的經濟復甦和創新發展都將受到阻滯。

中美兩國的這場世紀競爭，不僅考驗兩國的科技戰略制定能力，更考驗兩國的科技戰略執行能力。對於中國而言，在認清現實的基礎上，需要更加重視基礎科研和原始創新，利用好得天獨厚的市場優勢，避免陷入未來更大的供應鏈危機中。科技部的一般公共預算顯示，2021 年我國基礎科學研究預算比 2020 年增加了 64.6%，主要用於國家科技創新基地等方面支出。這說明基礎科學研究在我國得到了切實的、越來越多的重視。

美國在科技領域的種種動作，對於我國既是挑戰，也是機會。2021 年 3 月 16 日，《求是》雜誌發表了習近平總書記的署名文章《努力成為世界主要科學中心和創新高地》。文章指出，進入 21 世紀以來，全球科技創新進入空前密集活躍的時期，新一輪科技革命和產業變革正在重構全球創新版圖、重塑全球經濟結構。科學技術從來沒有像今天這樣深刻影響著國家前途命運，從來沒有像今天這樣深刻影響著人民生活福祉。中國要強盛、要復興，就一定要大力發展科學技術，努力成為世界主要科學中心和創新高地。

參考文獻

[1]　〔美〕范內瓦·布什：《科學：無盡的前沿》，中信出版社，2021 年。

[2]　〔美〕喬納森·格魯伯：《美國創新簡史》，中信出版社，2021 年。

[3]　李巍、李璟譯：〈解析美國的半導體產業霸權：產業權力的政治經濟學分析〉，《外交評論》，2022 年。

[4]　李巍、李璟譯：〈解析美國對華為的"戰爭"——跨國供應鏈的政治經濟學〉，《當代亞太》，2021 年。

[5]　任星欣、余嘉俊：〈持久博弈背景下美國對外科技打擊的策略辨析 —— 日本半導體產業與華為的案例比較〉，《當代亞太》，2021 年。

[6]　袁劍琴：〈數字經濟背景下我國半導體產業鏈安全研究〉，《信息安全研究》，2021 年。

[7]　高喬：〈美國芯片霸權危害全球產業鏈安全〉，《人民日報海外版》，2022 年。

[8]　新美國安全中心：《掌舵：迎接中國挑戰的國家技術戰略》，2021 年。

[9]　美國國家反情報與安全中心：《保護美國關鍵和新興技術，免受外來威脅》，2021 年。

[10]　美國國家科學基金會：《美國國家科學基金會：簡史》，http://news.nsf.gov/about/history。

[11]　美國國會服務局：《拜登政府在供應鏈方面的部分行動概述》，2022 年。

[12]　美國半導體協會：《2022 年美國半導體行業概況》，2022 年。

[13]　波士頓顧問公司、美國半導體協會：《強化不確定時代下的全球半導體供應鏈》，2021 年。

[14]　美國半導體協會：《2021 年美國半導體行業報告》，2021 年。

[15]　樊春良：〈美國是怎樣成為世界科技強國的〉，國家自然科學基金委員會科學傳播中心，2017 年。

[16]　肖志夫：〈誰搶佔了科技戰略"制高點"，誰主宰世界〉，昆侖策研究院，2022 年。

[17]　黃嘉瑜：〈美國對華技術出口管制：戰略化傾向日漸明顯〉，國際網，2021 年。

[18]　董汀：《拜登政府科技政策新範式》，清華大學戰略與安全研究中心，2022 年。

[19]　秦錚、丁明磊：〈全球科技新博弈：科技創新呈現大趨勢〉，《黨員文摘》，2022 年。

[20]　周寧南：〈半導體開啟產業政策競爭新階段〉，新華社，2022 年。

[21]　唐新華：〈西方技術聯盟衝擊〉，《瞭望》，2022 年。

[22]　賀曉青、周鵬遠：〈美國製造業在加速回流嗎？〉，搜狐網，2022 年。

第二章

美國金融霸權
如何攫取全球財富？

俄烏衝突爆發後，美國主導、美歐聯手將部分俄羅斯銀行剔除出 SWIFT 國際結算系統；美聯儲持續加息推高美債利率不斷吸納國際資金，美國藉助金融霸權撥弄全球政治經濟形勢的序幕再度拉開。

在此背景下，本章節嘗試回答以下幾個問題：第一，美國的金融霸權是如何建立起來的，其賴以生存的權力基礎有哪些？第二，美國是如何利用金融霸權攪動全球金融市場，達成本國全球政治經濟意圖？

一、緣起：美國金融霸權的權力基礎

金融霸權是美國利用其在國際結算和金融基礎設施中的特殊地位，攫取其他國家經濟發展成果，在危機時轉嫁自身風險，並強迫他國服務自身意志的特權。任何特權的建立都需要一定的權力基礎，美國金融霸權的權力基礎可以概括為四個主要部分：美元計價、主導定價、操縱規則與控制輿論。

（一）美元計價：建立以美元為核心的國際貨幣體系

美元是當前國際貨幣體系中的核心貨幣。作為大宗商品定價、國際貿易結算以及最主要的外匯儲備貨幣，美元在全球範圍內充當著計價單位、交換媒介和價值儲藏的全球貨幣功能。根據 IMF、BIS 和 FED 等組織數據，美元主導著全球貨幣金融體系的方方面面，截至 2023 年三季度，約 95% 的全球大宗商品計價，59% 的全球外匯儲備，47% 的國際支付均與美元掛鉤。[8]

美元並非從誕生開始就扮演者全球貨幣的角色,在兩次世界大戰前,美元的全球影響力遠遠低於英鎊、法郎等歐洲貨幣。經過兩次世界大戰和石油危機對全球政治經濟秩序的重鑄,美國先後通過美元與黃金和石油綁定,將美元推到了全球貨幣體系的中心位置。

第一階段:布雷頓體系時代,美元與黃金掛鉤。

在布雷頓森林體系確立以前的兩次世界大戰期間,國際貨幣體系主要由三個相互割裂和競爭的貨幣集團所把控,分別是英鎊、法郎和美元,並且各個貨幣體系和國家貨幣之間採取的是浮動匯率制,而非固定匯率制度。在這樣的貨幣體系之下,為了解決自身的國際收支和國內失業問題,各國競相通過貨幣貶值以擴大出口和限制進口,部分國家還採取了較為激進的外匯監管和貿易保護主義等措施,使得國際貿易體量持續萎縮,資本流動近乎停頓。

兩次世界大戰使歐洲傳統強國和美國之間的實力對比發生了顯著的變化。德國、意大利和日本作為戰敗國,不僅國民經濟基礎破壞殆盡,而且還要承擔巨額的戰爭賠償責任;英國和法國雖然是戰勝國,但在戰爭期間均受到了巨大創傷,工業生產體系明顯收縮,戰後重建也需要大量的國際貸款。

一戰前的 1901 年,英國、德國和法國的國民生產總值分別約佔美國的 46%、37% 和 27%,但等到 1945 年二戰結束,這一比值則分別下行至 24%、7% 和 21%。同時,兩次世界大戰中,英國和法國黃金儲備因籌備戰爭物資不斷流失,二戰結束時的 1945 年,英國和法國黃金儲備分別僅剩 1773 噸和 1378 噸,並且英國約欠有 120 億美元的對外債務;而美國則根據 "租借法案" 向同盟國提供了價值約 500 億美元的物資,換來了源源流入的黃金,1945 年美國黃金儲備達到了 1.78 萬噸,約佔全球官方黃金儲備的 63%。[9]

在此背景下,二戰結束前夕,同盟國在布雷頓森林召開會議商討戰後

---

8 數據來源於 RICI 指數編制手冊、MF 和 SWIFT。

9 數據來源於孔祥毅等人編著的《世界金融史論綱》。

國際貨幣體系，代表美國利益的 "懷特方案" 和代表英國利益的 "凱恩斯方案"，成為主要的談判焦點。由於兩次世界大戰顯著逆轉了英美的政治、經濟和軍事實力，並且英國在黃金儲備大量流失的同時，對美國負有大量政府間債務。因而，同盟國最終商定以 "懷特方案" 為藍本構築《布雷頓森林協議》。

圖 2-1　兩次世界大戰拉開了美歐的經濟差距

資料來源：世界銀行（數據截至 1989 年）

圖 2-2　兩次世界大戰驅動全球黃金儲備流向美國

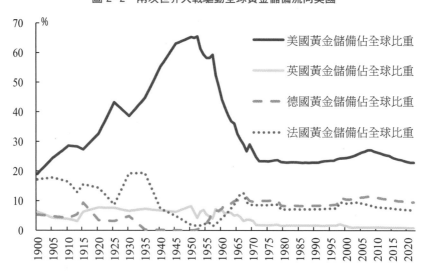

資料來源：FRS（數據截至 2022 年）

在布雷頓森林體系時代，美國承諾根據黃金儲備規模發行美元，並通過"馬歇爾計劃"、購買其他國家商品等方式對外輸出美元，而其他國家則通過儲備美元用於國際貿易結算和債務清償。同時，為了確保美元保值增值，美國要求各國將儲備的美元投資於美債等美國金融市場，以促進美元回流。基於此，一個關於美元發行、儲備、流通和回流的閉環體系便被確立下來，美元也正式取代英鎊成為了新的國際結算貨幣。

第二階段：牙買加體系時代，美元與石油掛鈎。

布雷頓森林體系建立後，美國對外債務規模不斷激增，而朝鮮戰爭和越南戰爭又消耗了大量黃金儲備，黃金儲備開始越來越難以償付到期債務，最終導致布雷頓森林體系於 1971 年解體，而後進入了主張自由浮動匯率的牙買加體系時代。但在布雷頓森林體系解體，美元與黃金解除掛鈎後，美國並沒有放棄美元的國際結算貨幣地位，而是以強大的軍事實力的依託，將目光投向了大宗商品之王石油。

隨著經濟的發展，理論上各國對石油的需求將不斷增長，在美元與黃金脫鈎後，如果將美元與石油綁定，那麼隨著各國對石油需求的不斷增長，對用於購買石油的結算貨幣的需求也將不斷增長，這樣就可以繼續維持美元的國際計價、結算和儲備貨幣地位。

因而，美國藉助中東地區的阿以矛盾，以及二戰後與沙特形成的同盟關係，在中東地區展開了數輪"穿梭外交"，率先與沙特阿拉伯達成了用美元進行石油結算的協議，並利用沙特在歐佩克的影響力，於 1975 年讓歐佩克認定美元為國際原油貿易的唯一計價和結算貨幣，並且隨著美國頁岩油開採技術的進步，美國逐漸由石油進口國轉為全球最大的石油出口國，進一步增強了石油美元的綁定關係。

在石油美元體系下，美國通過發行美元進口商品向海外輸出美元，然後與主要石油產出國簽訂協議，約定協約國出口石油獲取美元後，通過購買美債、美股等金融產品的方式促進美元回流美國。在美元與石油掛鈎後，一方面，由於各國經濟發展高度依賴原油，美元作為國際儲備貨幣份額的下滑態勢得到了抑制，重新取得了國際社會對美元作為國際儲備和結算貨幣的信任。另一方面，美元與石油的掛鈎，使得美元發行徹底擺脫了黃金儲備的約束，美國不再需要擔心黃金儲備無法償付對外債務，便開始更加沒有節制的發行貨幣，通過鑄幣稅掠奪海外財富。

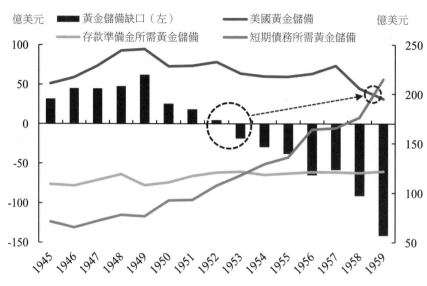

圖 2-3　美國黃金儲備逐漸難以償付對外債務

資料來源：IMF，The Gold Flow，數據截至 1959 年

　　伊拉克戰爭是美國對 "石油美元" 挑戰者強硬的軍事威懾。1999 年歐元誕生，由於歐盟擁有巨大的經濟實力和較為統一的市場，並且具備非常完備的商品和服務生產供應能力。因而，在歐元誕生後便開始迅速擠佔美元的國際結算份額，並逐漸成為僅次於美元的國際結算和儲備貨幣。歐元相對美元的差距，被迅速拉近為由 "石油美元" 切換為 "石油美元—石油歐元" 的一步之遙。

　　2000 年 11 月，伊拉克宣佈將使用歐元替代美元對其石油儲備進行重新定價，用歐元取代美元進行石油計價結算，是與美國意識形態相左的產油國試圖擺脫美國控制的關鍵舉措。然而，如果所有產油國或者大多數產油國都決定接受歐元作為石油貿易結算貨幣，以美元為核心的國際貨幣體系將會受到巨大衝擊。

　　美國面對全球政治經濟戰略意圖受到的挑戰，於 2003 年 3 月以擁有大規模殺傷性武器為掩飾，聯合英國對伊拉克發動了大規模軍事行動，並在推翻了薩達姆政權後，立即宣佈美元是伊拉克石油國際貿易的唯一結算貨幣。曾執掌美聯儲十八年的前主席格林斯潘在 2007 年 9 月出版的《動盪時代：新世界的冒險》一書中，對此評論到，"政治上很難承認一個人人都明白的事實：伊拉克戰爭主要是為了石油"。

在伊拉克嘗試擺脫 "石油美元" 的束縛失敗後，伊朗、委內瑞拉和俄羅斯均曾試圖動搖美元的石油貿易結算貨幣地位，但是美國建立 "石油美元" 幕後真正的依託是綜合霸權體系，而非表面政治上的外交辭令。每當有主權國家試圖動搖美元石油結算體系，都會受到來自美國軍事、金融、產業等複合霸權體系的彈壓。

（二）主導定價：助力金融機構取得全球資產定價主導權

美元通過先後綁定黃金和石油，取代英鎊和法郎，成為了全球最重要的儲備和結算貨幣，全球絕大多數的大宗商品定價、國際貿易結算以及外匯儲備均需依賴美元。但僅僅取得商品的標價權或者說計價權，並不足以使得美國肆意收割全球財富。通過金融改革等措施，美國進一步幫助本國金融機構取得了國際金融市場的定價主導權。

金融中介：金融監管改革與兼併重組催生出具有國際競爭力的大型中介機構。

1863 年美國通過《國民銀行法》，賦予聯邦政府設立全國範圍國民銀行的權力，美國正式進入了國民銀行時代。進入 20 世紀後，美國開始大力發展銀行業，銀行業進入蓬勃發展期，1920 年全國銀行數量達到 3 萬餘家。[10] 寬鬆的監管環境雖然促使美國銀行數量快速增長，但是惡性自由競爭也使得美國銀行盈利能力薄弱，危機頻繁發生。

為了改善銀行經營質量，美國政府於 1933 年頒佈了《格拉斯—斯蒂格爾法案》，該法案明確規定將商業銀行和投資銀行分離。分業經營下，商業銀行和投資銀行可以更加專注於自己的主營業務，提升盈利空間，同時壓降風險。但是經過三十餘年的發展後，分業經營的弊端開始逐漸顯露出來，分業經營圈定了不同類別金融機構的經營範圍，不利於金融機構根

---

10 數據源於聯邦存款保險公司。

據經濟發展合理確定經營的業務種類，限制了銀行國際綜合競爭能力的提升。

1980 年，美國國會通過了《存款機構放鬆管制的貨幣控制法》，標誌著美國再次拉開了金融自由化的浪潮，金融機構的經營界限被逐漸打破。1994 年，美國國會通過了《里格尼爾銀行跨州經營與跨州設立分行效率法》，允許銀行跨州經營，為銀行兼併重組清除了法律障礙。1999 年，美國國會通過了《金融服務現代化法案》，允許商業銀行、投資銀行和保險公司等金融機構之間聯合經營，美國再次正式進入混業經營時代。

20 世紀 80 年代後，為了應對混業經營和海外機構的挑戰，美國銀行業開始了一場規模浩大的兼併重組浪潮。公開資料顯示，在 20 世紀 30 年代至 70 年代，美國有記錄的銀行業併購僅有 6 宗，但是 80 年代美國年均發生 437 宗銀行業併購，90 年代年均發生 379 宗銀行業併購，美國銀行數量也開始在非金融危機時期呈現出大幅下行。[11] 在兼併重組潮開啟前的 1979 年末，美國註冊的商業銀行數量為 14364 家，經過 20 世界 80 年代和 90 年代的大規模兼併重組，1999 年末美國註冊的商業銀行數量已經下降到了 8452 家。

圖 2-4　美國為提升銀行業競爭力出台了多項政策措施

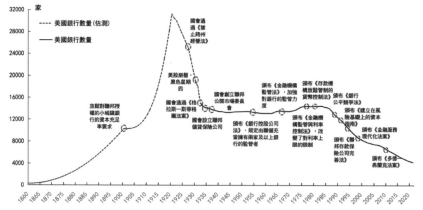

資料來源：世界銀行，聯邦存款保險公司，《美國銀行業：一個世紀的變遷》（趙錫軍）
數據說明：1932 年以前的美國銀行數量數據為作者根據部分年份的可得數據進行的數據估算，1933 年以來的數據為世界銀行等機構的數據，數據截至 2022 年

---

11 *Fitch: US Community Banks Stepping Up M&A Activity*，羅思平著作的《美國銀行業併購趨勢及其啟示》，以及吳清揚編纂的《美國儲貸危機及商業銀行併購史》。

　　美國銀行業在經歷長期兼併和破產重組的優勝劣汰後，湧現出了摩根大通、美國銀行、花旗銀行和富國銀行等具有全球競爭力的商業銀行。根據英國《銀行家》雜誌社從 1970 年以來的跟蹤數據，在國際金融機構競爭日益激烈的背景下，美國的銀行在全球前十大銀行中基本均佔有一席之地。根據巴塞爾委員會評定的全球系統重要性銀行，2023 年上榜的 29 家銀行中，美國佔有 8 家。[12]

　　美國銀行業在具備較強的國際競爭力之後，往往會在美國政府要求他國開放金融市場的背景下，迅速進入發展中國家的金融服務領域，利用其資金、管理和人才等絕對優勢與該國金融機構爭奪市場，並最終取得市場主導權，影響該國金融市場定價並為資本外流提供渠道。

圖 2-5　全球前十大商業銀行排名基本均有美國銀行的一席之地

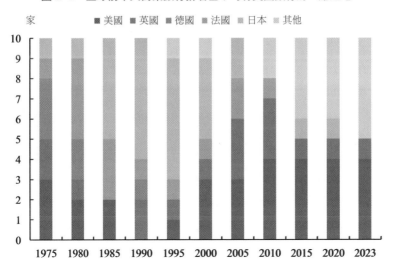

資料來源：英國《銀行家》雜誌社，數據截至 2023 年

　　資本市場：培育高效率、多層次、國際化的交易基礎設施。

　　美蘇冷戰結束後，在"華盛頓共識"的推動下，全球經濟一體化和金融自由化逐步加速，國際資本流動的嚴格限制被逐步取消，不同資本市場間的資金加速流動。在這個過程中，由於美國沒有資本流動管制，資金可以自由進出美國，政策又鼓勵外國公司參與美國市場的投資行為，美國政

12 摩根大通、美國銀行、花旗集團、高盛集團、紐約梅隆銀行、摩根士丹利、道富公司、富國銀行等 8 家銀行為總部在美國的銀行。

府逐步主導建立了極具國際競爭力的多層次資本市場，包括股票市場、債券市場、銀行貸款和抵押市場等。

完善透明的監管制度，是美國資本市場形成國際競爭力的主導因素。在美國資本市場形成並成為吸引國際資本重鎮的過程中，美國政府扮演了積極的角色。

一是強調資本市場的信息透明度。美國通過立法不斷完善信息披露制度，1933 年的《證券法》和 1934 年的《證券交易法》，分別對信息的初次披露和持續披露做出了明確的立法規定。並且，由於投資者一般難以從證券交易所提供的複雜信息中找到對自己有價值的信息，美國證監會於 1998 年規定發行人在招股說明書的封面和風險披露部分，要使用通俗易懂的文字來表達，不得使用法律和商業術語。另外，在 2000 年美國證監會再次針對選擇性披露問題，確立了信息公平披露規則。在安然、世通、施樂等公司爆出財務醜聞後，美國政府於 2002 年頒佈了《公眾公司會計改革和投資者保護法案》，再次從法律層面提高信披透明度。

二是減少不必要的金融管制。美國證監會對擬上市公司的非必要管制非常少，沒有國籍、所有制、行業等歧視性限制，對於上市公司的規模和業績要求也較為寬鬆。上市公司可以隨時發行新股融資，發行時間與頻率沒有限制，通常由董事會決定，並向監管部門上報，監管部門必須在 30 天內給予上市公司回覆。

三是建立嚴格的淘汰制度。美國證券市場實行寬進嚴出制度，建立了嚴格的上市公司摘牌規定。紐約證券交易所平均每年都會有 1% 的上市公司退出。[13] 如果上市公司的財務狀況和經營業績欠佳、信息披露履行不佳、公司內部治理不健全等達不到交易所上市規定的現象出現，均會被交易所強制退市。根據 WIND 統計，在 2009—2022 年期間，美國上市公司退市數量達 5757 家。

13 劉澄：《中國如何拆解美國金融霸權》，廣東經濟出版社，2014 年。

圖 2-6 美國 2009 年至今上市公司退市情況

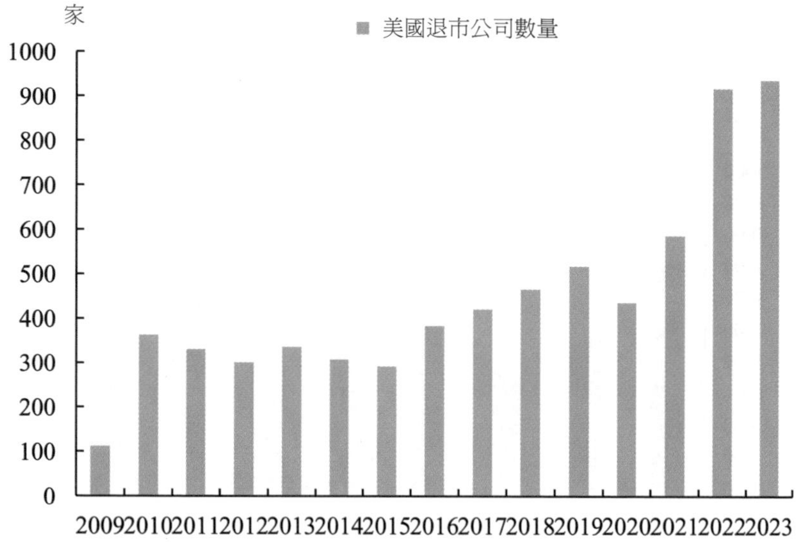

資料來源：美國證監會；數據截至 2023 年 12 月

表 2-1　A 股 2000 年以來上市公司退市情況

區間	強制退市	股價低於面值
2001—2007	57	0
2008—2012	17	0
2013—2018	25	0
2019—2020	25	1
2020—2023	91	20

資料來源：上海證券交易所，深圳證券交易所，WIND；單位：家

　　美國擁有全球規模最大、影響範圍最廣以及交易效率極高的多層次資本市場。經過美國政府和市場機構的持續完善，美國形成了全球上市發行和二級交易規模最大的資本市場，吸引了全球企業前往美國市場尋求融資。在全球主流證券交易所中，納斯達克證券交易所和紐約證券交易所海外上市公司的佔比更高。截至 2023 年 7 月，在納斯達克上市的 3525 家公司中，僅有 823 家公司總部在美國本土以外，佔比 18.9%。從市場成交來看，截至 2023 年 9 月，紐交所和納斯達克交易所股票電子訂單交易量

合計約佔全球前五大交易所的 61.6%，市值合計約佔全球前 5 大交易所的 71.1%。

圖 2-7　美國交易所更受海外擬上市公司的青睞

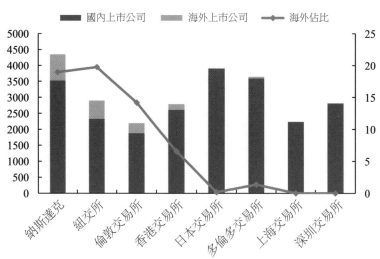

資料來源：Statista；數據說明：均為證券交易所，數據截至 2023 年 7 月

圖 2-8 美國交易所在全球佔有重要位置

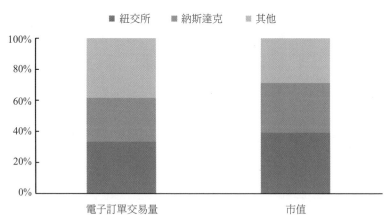

資料來源：Statista，數據截至 2023 年 9 月

（三）操縱規則：操縱國際組織和金融設施設定利己規則

通過加權投票制操縱世界銀行和國際貨幣基金組織等國際金融組織。

為了在國際金融競爭中構築本國的競爭優勢，美國通過份額投票權等方式，事實上控制了具有重要影響力的全球和區域性金融組織，進而構築起了國際貨幣金融體系的規則決定權，並通過國際組織對符合自身競爭優勢的金融規則進行宣導。

在國際貨幣基金組織中，每個成員國的投票權由其認繳份額決定，凡遇重大事項的決策，須經 85% 以上的投票權份額通過，而在截至 2023 年 12 月的投票權份額中，美國佔比約為 16.5%。因而，美國擁有國際貨幣基金組織事實上的一票否決權，凡是涉及關鍵的經濟決策、人事任免以及重大利害關係，通過與否在很大程度上取決於美國的意志。另外，國際貨幣基金組織的高級官員多來自於美國，日常決策運作也多體現美國意志。

世界銀行章程顯示，成員國必須是國際貨幣基金組織成員國，成員國在兩個組織中認繳股本份額一般是一致的，而投票權同樣與認繳股本相關聯，每個成員國有 250 票基本投票權，每認購 1 份股本增加 1 票。世界銀行規定包括修改章程在內的重大事項決策同樣需要 85% 以上的投票權份額通過，而截至 2023 年末的投票權份額中美國佔有 16.5%。同時，世界銀行成立至今的 14 任行長全部為美國人，高級別官員也多由美國人擔任。

在上述兩個重量級國際金融組織之外，美國在國際清算銀行、美洲開發銀行、歐洲投資銀行、亞洲開發銀行、歐洲復興開發銀行、非洲開發銀行等全球和區域性金融組織中，均佔有重要的投票權和影響力。

控制國際金融基礎設施影響全球資金流動。環球同業銀行金融電訊協會（SWIFT），作為全球主要的跨境銀行間支付信息交互設施，支持全球 90 多個支付系統的信息交互，覆蓋超過 200 多個國家的 11000 餘家銀行間金融機構，2022 年跨境支付報文日均處理量達到約 4480 萬條，是國際收付清算體系最重要的基礎設施。[14]

SWIFT 作為非官方協會組織，採用董事會主導的治理架構，董事會由不超過 25 位董事構成，其中 1 位為董事會主席。董事會董事的提名主要與股份數量掛鈎，持股數量前 6 名的國家可推選 12 名董事，7—16 名的國家可推選 10 名董事，其餘國家可推選不超過 3 名董事。2006 年以來，

---

14 數據源於 *SWIFT Annual Review 2022*。

SWIFT 董事會主席一直由美國會員單位選派，負責日常運營的 CEO 則由美國和歐洲國家輪流選派。

（四）控制輿論：掌控全球金融話語權宣揚美式金融觀

金融媒體：市場化驅動金融媒體淪為資本控制下披著自由獨立外衣的判官筆。

全球金融系統的話語權逐漸被少數美國資本集團所掌控。美國媒體的市場化源於 20 世紀初期，20 世紀 80 年代又出現了一輪美國財團針對新聞媒體的併購潮，目前，美國超過 90% 的媒體控制在六家傳媒集團手中。美國包括金融媒體在內的新聞媒體一貫標榜傳媒的自由與獨立，但在 90% 以上的國內新聞媒體，以及 71% 以上的全球金融信息市場份額被少數資本巨頭所掌控後，媒體開始越來越有選擇性和傾向性的進行新聞播報，並積極向發展中國家宣揚自由主義政策、金融自由化、擴大國內市場開放等美國普世價值觀。例如，2011 年 9 月發生的佔領華爾街運動，美國主流媒體鮮有報道。具體案例可以參考本書關於美國輿論霸權的論述，在此不做贅述。

二、行權：美國行使金融霸權的三條路徑

通過對國際貨幣體系、金融組織、基礎設施等基礎要素的把控，美國完成了對國際金融體系的掌控。隨後，美國便開始藉助美元的國際貨幣地位收取鑄幣稅；通過對國際組織和基礎設施的控制，脅迫他國服務美國的全球政治經濟意圖；通過影響全球流動性轉嫁本國危機成本。

（一）通過超發美元，掠取全球超過 300 億盎司黃金鑄幣稅

美國可以通過超發美元收取全球鑄幣稅。鑄幣稅是一國政府的貨幣發行部門通過壟斷發行的手段，從貨幣發行中獲得的隱性利潤。一般來講，一國政府所發行的主權貨幣僅能在國內流通，從而僅能收取國內鑄幣稅，但是由於美元還充當著國際儲備和結算貨幣的角色。因而，美國實際上還可以通過發行美元收取全球鑄幣稅。

一是美元作為國際貿易的主要結算貨幣，隨著經濟持續增長，美國需要源源不斷地向海外輸出足量美元用於貿易結算。在實際操作過程中，為了維持海外美元流動性體系處於充裕狀態，美國一般會通過維持貿易逆差向海外輸送美元流動性。因而，美國可以通過印發美元的形式，購買海外商品和服務，以及進行對外直接或間接投資。但購買海外商品和服務的這部分美元，主要被用於國際貿易結算，短期內並無需美國承擔清償責任，也不會引起美國國內通貨膨脹。

二是美元作為主要的國際儲備貨幣，美國可以通過超發貨幣推動美元貶值，進而緩解外債償還壓力。對於非國際儲備貨幣來講，本幣貶值意味著對外負債償還負擔加重；而對於國際儲備貨幣來講，本幣貶值則可以通過使其他國家的外匯儲備縮水的方式，緩解本國對外負債償還壓力。隨著美國貿易赤字和政府外債的積累，美國居民、企業和政府部門所需償付的外債規模和付息壓力不斷增大，成為隨時會威脅經濟增長的隱形負擔，而超發美元就可以導致國外債權的縮水和美國債務的減輕。

圖 2-10 布雷頓和牙買加體系下美元收取海外鑄幣稅的路徑

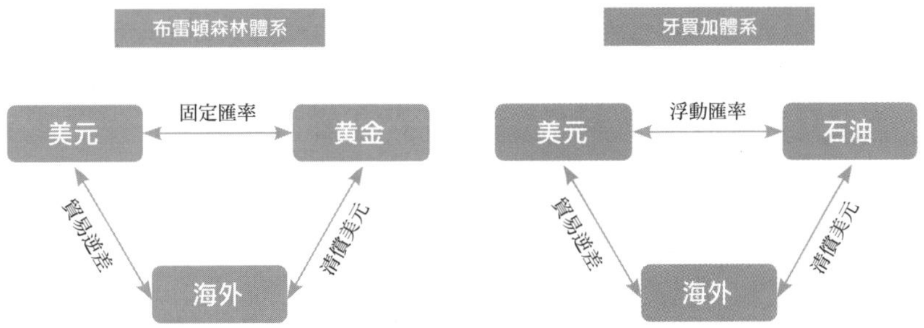

資料來源：作者繪製

布雷頓森林體系時代：美元與黃金脫鈎減記超過 42 億盎司黃金對外債務。

布雷頓森林體系成立初期，美元與黃金掛鈎並且維持固定兌換比率，美國通過國際貿易和對外投資向海外輸出美元，全球則將美元作為國際儲備和結算貨幣。在布雷頓森林體系之下，由於美元與黃金維持固定兌換比率，海外有權要求美國將富餘的美元兌換為黃金，美國政府對美元負債負有黃金清償責任。

在布雷頓森林體系成立後的十餘年間，由於美國黃金儲備足以承擔海外債務清償責任，該體系一直維持著正常運行。1950 年，美國對外短期債務（包括各國中央銀行、政府和銀行的短期負債）對黃金儲備的比例僅為 0.39。但是 20 世紀 60 年代後，隨著美國對外負債規模的日益增大，以及越南戰爭等對外作戰消耗了大量黃金儲備，美國的黃金儲備開始逐漸難以償付對外負債，1960 年美國對外短期債務對黃金儲備的比例提高到了 1.18，而 1970 年又進一步提高到了 4.24。

1960 年美國的對外短期債務首次超過了其黃金儲備，市場對美國清償美元債務的信心明顯動搖，海外國家紛紛拋售美元，搶購黃金和其他硬通貨。為了解決美元信任危機，在美國的要求下，國際社會採取了"互惠信貸協議"和"借款總安排"，設置"黃金總庫"等措施，使得美元首次信用危機得以暫時平復。

此後，美國貿易逆差繼續擴大並持續消耗黃金儲備，20 世紀 60 年代美元信任危機不斷上演。1971 年，美國幾乎完全喪失了向海外中央銀行兌付黃金的能力，時任美國總統尼克松宣佈美元與黃金脫鉤，"黃金美元"體系最終走向了崩潰。同時，海外美元的黃金清償責任也被一次性減記。

布雷頓森林體系解體前，美國對外負債規模約 1813 億美元，35 美元兌換 1 盎司黃金，布雷頓森林體系解體後三年內 1 盎司黃金升值至 183.85 美元，通過美元與黃金脫鉤，美國相當於變相收取了約 41.94 億盎司黃金的海外鑄幣稅。[15]

表 2-2　美國黃金儲備對對外債務的償付比率日益下降

項目	1950 年	1960 年	1961 年	1963 年	1965 年	1967 年	1970 年
黃金儲備（億美元）			169.5	156.0	144.5	120.7	110.7
對外短期債務（億美元）			229.4	263.3	291.3	356.7	469.6
對外短債 / 黃金儲備	0.39	1.18	1.35	1.69	2.02	2.96	4.24

資料來源：錢榮坤等著作的《國際金融專論》，孔祥毅等著作的《世界金融史論綱》

　15 41.94 = 1813/35 — 1813/183.85。

牙買加體系時代："石油美元"助力美國掠取了至少等價 259 億盎司黃金的海外鑄幣稅。

在布雷頓體系解體後的牙買加體系時代，美國通過"穿梭外交"等一系列手段又將美元與石油貿易結算掛鉤。隨著全球石油需求的不斷增長，海外對於美元儲備和結算的需求也在日益增加。因而，藉助海外對石油需求的日益增加，美國可以不斷推高對外負債的規模，但與布雷頓體系時期需要準備足額黃金儲備清償對外負債不同的是，美國對外負債的清償風險轉嫁給了石油輸出國。

在擺脫黃金儲備的硬性償債約束後，1971 年以來美國貿易逆差持續走闊，對外負債規模持續膨脹。根據美國財政部和美聯儲的數據，1971 年布雷頓森林體系解體以來（1972—2023H1），美國對外負債增加了 7.55 萬億美元，以黃金購買力平價來測算，相當於對外借入黃金 30.05 億盎司。[16]

圖 2-11　2023H1，美國國債持續膨脹到 32.33 萬億美元

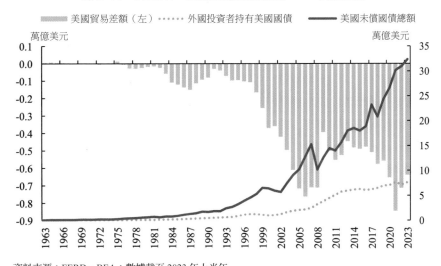

資料來源：FERD，BEA；數據截至 2023 年上半年

16 1972 年至 2021 年，以當年最後一個交易日倫敦金的收盤價衡量的當年新增負債。

圖 2-12　布雷頓體系解體以來美國購買力持續貶值

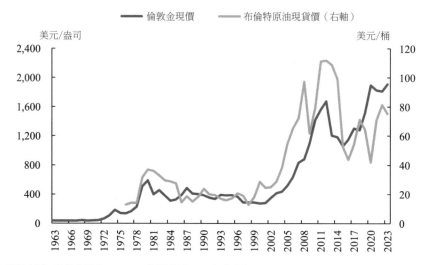

資料來源：倫敦交易所，WIND；數據截至 2023 年上半年

（二）控制國際組織脅迫他國服務美國全球政治經濟意圖

第一，通過國際金融組織施加附帶條款援助，以達成美國的全球政治經濟意圖。在控制了具有重要影響力的全球和區域性金融組織之後，美國便可以主導這些國際金融組織以便利國際資本流動為藉口，在與各國政府簽訂援助協議時，附帶對受援國金融市場開放、推行金融自由化、接受貨幣財政政策建議等要求。這樣一來，不僅可以通過政策建議使受援國經濟發展理念符合美國戰略，同時為美國金融資本滲透和投機減少了阻礙。

以 IMF 為例，其對外債務援助項目的附加性政策條款廣泛涉及金融自由化、國企私有化以及貿易自由化等非債務性領域。根據 Kentikelenis 等人在 *Review of International Political Economy* 發佈的統計數據來看，在 1985 年至 2014 年期間，國際貨幣基金組織向 131 個成員國，實施了 1550 個債務援助項目，附帶了 55465 項附加政策性條款。其中，有 13948 項涉及貨幣政策和中央銀行領域，包括要求將國有性質的金融機構私有化、進一步開放金融市場、採取加息等緊縮性貨幣政策；有 13756 項涉及財政稅收領域，包括增強財政透明度、實施緊縮性財政政策等；有 4885 項是涉及貿易和外匯政策領域，包括降低關稅便利貿易自由化、放開資本賬戶管制、放開外國直接投資管制等措施；另外，還有 3303 項附加性政策，專門針對非金融國有企業的私有化問題，要求將非金融國有企業轉為私有化企業，並減少針對特定行業的補貼。

圖 2-13　國際貨幣基金組織援助項目附加條款統計（1985—2014）

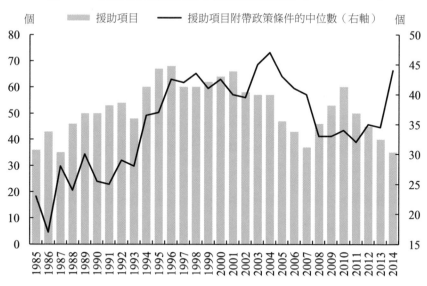

資料來源：根據 *Review of International Political Economy* 整理

　　第二，通過國際金融基礎設施，脅迫不同意識形態的國家服從美國意志。美國通過 SWIFT 系統對海外國家實施金融制裁一般主要通過兩種方式。一是藉助直接掌控的 CHIPS 系統，禁止被制裁國家使用 CHIPS 系統進行美元交易結算，從而阻斷被制裁國家進行任何官方的美元跨境支付和結算。二是藉助美國在 SWIFT 系統董事會的主導權，以及 SWIFT 系統對 CHIPS 系統的絕對依賴，要求 CHIPS 系統剔除受制裁國的會員資格，或者將受制裁國的指定金融機構剔除出會員名單，切斷受制裁國或者機構與全球金融機構的跨境支付和結算往來，直至受制裁國與美國達成和解協議。

　　美國自 2001 年 "9 · 11" 恐怖襲擊之後，開始動用 SWIFT 系統對海外發動金融制裁。2008 年後，因為核擴散問題，美國主導 SWIFT 系統先後切斷了伊朗和朝鮮的國際支付清算，導致朝鮮和伊朗的國際支付清算業務幾乎全面癱瘓。2014 年 "烏克蘭危機" 發生以來，美國曾多次威脅俄羅斯將其金融機構剔除 SWIFT 系統，但因歐洲多國處於能源安全考慮未能實施。2022 年在 "烏克蘭危機" 升級為 "俄烏衝突" 後，美國再次遊說歐洲成員國要求 SWIFT 系統對俄羅斯實施制裁，最終將俄羅斯部分金融機構踢出 SWIFT 系統。

（三）美元週期攪動全球金融市場轉嫁美國危機成本

美元週期放大了全球經濟週期波動，催生出區域性債務和貨幣危機。美元作為國際貨幣體系中最核心的貨幣，美元週期性波動會通過匯率、利率和大宗商品定價等途徑，影響全球流動性水平。美元週期則更多取決於美國經濟基本面影響下的貨幣政策，而非全球經濟基本面，因而，美元週期在與全球經濟週期背離時，便會放大全球經濟週期波動，催生出區域性債務和貨幣危機等一系列問題。

從匯率視角來看，在美元寬鬆週期中，如果非美貨幣國家貨幣寬鬆力度不及美國，則本國貨幣相對美元便會呈現升值趨勢，進而吸引全球流動性的被動流入，推高本國資產價格和槓桿水平。當美元轉入緊縮週期時，非美貨幣國家貨幣的升值趨勢將會逆轉為貶值趨勢，海外流動性傾向於回流美國。如果這些國家本身經濟基本面還存在不穩健因素，更可能會吸引國際金融巨頭的惡意做空，加速本國資本外流和金融市場崩潰，引發貨幣危機。

從利率視角來看，在美元寬鬆週期中，美國利率一般會持續下行或者維持低位，美聯儲超發的貨幣便傾向於在國際市場尋求高息資產，進而導致非美國家（尤其是新興市場國家）金融資產價格和槓桿水平在短期內被迅速推高。當美元轉為緊縮週期時，超發的美元流動性傾向於回流美國，全球流動性收緊導致非美國家金融資產價格急劇下跌。對於對外負債規模較高，而外匯儲備有限的新興市場國家，甚至存在槓桿難以為繼引發債務危機的風險。

從大宗商品視角來看，聯合國貿易和發展會議發佈的 81 種原材料價格序列中僅 5 種不是以美元計價，羅傑斯國際商品指數（RICI）覆蓋的 38 種商品期貨合約中 34 種為美元計價，權重佔比達 95%。在美元寬鬆週期中，美元指數走低推高大宗商品價格，巴西、阿根廷、俄羅斯等資源出口大國貿易順差將會走闊，但當美元轉為緊縮週期後，美元指數上行推動大宗商品價格回落，大宗商品主要出口國貿易順差將會快速收縮，在加劇本國金融市場波動的同時，也增加了平衡國際收支的潛在風險。而對於非資源出口國來說，大宗商品價格的大幅波動，則會明顯加劇國內通脹壓力。

基於美元週期對全球流動性的主導效應，美國在經濟遭遇危機時傾向於無節制的濫發貨幣，藉助於充裕的流動性水平刺激國內信貸和金融市場企穩，並在經濟企穩復甦後為了削弱通脹壓力，強力收緊貨幣政策回收美元流動性。在這個過程中，美國將化解危機的成本外溢至所有持有美元資產儲備的國家，並且埋下了新興市場金融市場動盪、貨幣和債務危機的種子。

1980 年以來，美元經歷了五輪完整的週期波動，期間催生了一系列或大或小的區域性貨幣和債務危機。其中，對全球影響比較比較深刻的是 1980 年和 1995 年開啟的兩輪超級緊縮週期，分別催生出了拉美債務危機和亞洲金融危機。

圖 2-14　美國週期與全球經濟週期相互交織

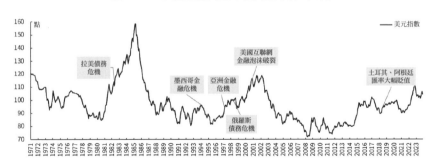

資料來源：WIND，世界銀行；數據截至 2023 年 11 月

1980 年代美元進入緊縮週期，拉美國家短期外債清償能力不足，催生了拉美債務危機。在度過第一次石油危機後，美聯儲接連下調了政策利率，全球美元流動性充裕。在此背景下，墨西哥、巴西、阿根廷等拉美國家為了彌補本國儲蓄不足的問題，在國際市場上大量融入外債支撐經濟發展，導致外債與外匯儲備的比例持續失衡，並且短期外債佔比快速提升。

1979 年伴隨著第二次石油危機，美聯儲開始持續提升政策利率，美元進入緊縮週期，拉美國家此前融入大量外債的還本付息壓力開始上升。同時，由於石油危機衝擊全球需求，美國、歐洲各國加強貿易保護主義，採取提高關稅、設置進口限額等各種非關稅壁壘的手段，導致拉丁美洲以貿易為主的外向型經濟結構國家賺取外匯的能力被進一步削弱。

　　最終，1982 年 8 月，墨西哥宣佈無限期關閉全部匯兌市場，暫停償付外債，拉開了拉美債務危機的序幕，隨後，巴西、委內瑞拉、阿根廷、秘魯和智利等國也相繼發生外債兌付問題。

　　1995 年開啟的美元緊縮週期，對泰國等東南亞國家的固定匯率制形成了顯著衝擊，進而演化為亞洲金融危機。20 世紀 90 年代以來，全球主要發達經濟體經濟增速持續低迷，而馬來西亞、泰國等東南亞國家經濟增速則持續維持高位，從而吸引了大量國際資本的流入，推高了本國金融資產價格。

圖 2-15　美元寬鬆時期拉美國家外債餘額陡峭攀升

待償國際債券餘額

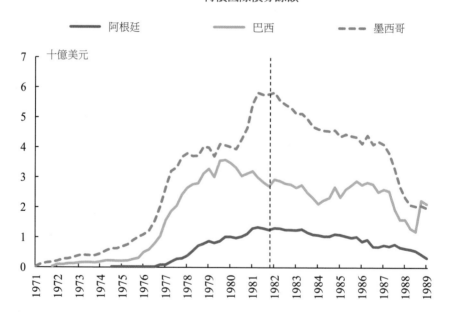

資料來源：國際清算銀行；數據截至 1989 年 12 月

圖 2-16　美元寬鬆時期拉美國家短期外債佔比快速上行

短期外債佔比

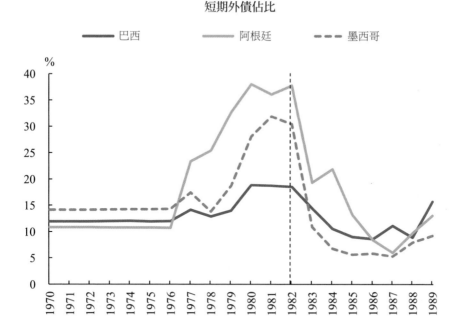

資料來源：世界銀行；數據截至 1989 年 12 月

　　1995 年 4 月西方七國在 "匯率變動有秩序反轉" 上達成一致，美日兩國對外匯市場進行聯合干預，美元走強、日元走弱。由於泰國、馬來西亞等國的出口結構對日本依賴性較強，本幣對日元升值導致泰國、馬來西亞等東南亞國家的出口受到明顯衝擊，貿易赤字開始走闊。為了彌補經常賬戶的惡化，泰國、馬來西亞等東南亞國家開始大量籌措短期外債。

　　隨著貿易赤字的進一步走闊，泰國等東南亞國家經濟增速開始出現下滑，疊加美元開啟緊縮週期後，外債償付能力不足削弱了海外資本信心，國際資本開始大量流出，本幣貶值壓力對固定匯率制形成衝擊。最後在國際資本的攻擊下，泰國宣佈放棄固定匯率制，股、債、匯市場大幅下跌，並向東南亞其他經濟體蔓延。

圖 2-17　美元寬鬆時期東南亞國家短期外債餘額陡峭攀升

待償國際債券餘額

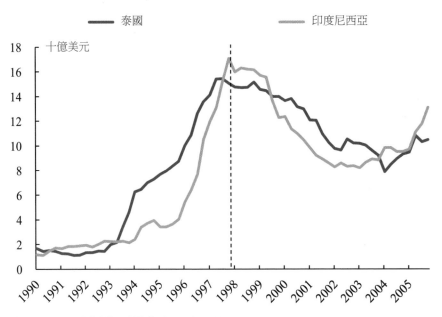

資料來源：國際清算銀行；數據截至 2005 年 12 月

圖 2-18　1997 年泰國資本項下資金由淨流入轉為淨流出

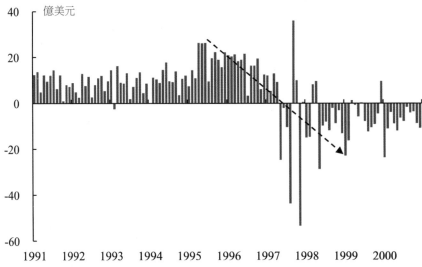

資料來源：泰國央行；數據截至 2000 年

三、案例：俄烏衝突是美國維持金融霸權地位的生動體現

2022 年 2 月 24 日，俄羅斯對烏克蘭發起"特別軍事行動"後，美國一方面聯合西方國家對俄羅斯訴諸大規模、高強度的經濟制裁，另一方面通過煽動俄烏衝突，促使避險資金回流，不但打擊了歐元在全球支付貨幣中的地位，還有助於對抗自身較高的通貨膨脹，提振國內的權益和國債市場，防止債務違約，維持美元霸權收割世界財富的循環。

（一）金融武器化，聯合歐洲對俄羅斯實施經濟和金融制裁

2014 年以來，俄羅斯持續遭受美國和歐洲等西方國家的多項制裁，特別是從 2022 年 2 月俄烏衝突爆發後，以美國為首的西方國家對俄羅斯啟動大規模、高強度的經濟制裁。目前，美國已經綜合國會法案，總統行政命令以及財政部條例等構築較為完備的經濟金融制裁體系。

在美國三權分立的體制下，行政部門主導對外政策的決策和實施，國會則通過立法、締約、監督等方式影響美國對外政策。自 2022 年以來，美國國會先後通過了禁止從俄羅斯進口能源產品的行政命令的《停止進口俄羅斯石油法》（Ending Importation of Russian Oil Act），暫停與俄羅斯和白俄羅斯的正常貿易關係的《暫停與俄羅斯和白俄羅斯正常貿易關係法》（Suspending Normal Trade Relations with Russia and Belarus Act），禁止財政部參與任何涉及俄羅斯或白俄羅斯持有的特別提款權（SDR）的交易並要求財政部採取行動反對向俄白兩國提供財政援助的《2022 年俄羅斯和白俄羅斯 SDR 交易禁令法案》（Russia and Belarus SDR Exchange Prohibition Act of 2022）等。前兩個法案雖然重點聚焦傳統貿易方面，但是由於能源產業在俄羅斯國際收支平衡、外匯儲備、經濟發展等方面的支柱作用，這些制裁也將從根本上破壞俄羅斯金融秩序的穩定性。

相較於國會法案，總統行政命令具有程序簡潔制定快速的特點，可以針對局勢變化做出及時回應。在對俄制裁實踐中，形成了行政命令和國會法案的輪動局面：行政命令先行，迅速為有關部門的具體制裁行動指明方向；國會法案滯後，以立法形式闡明國會立場和對未來總統與政府部門的行動期望。拜登政府在 2021 年的 14024 號行政命令大規模凍結俄聯邦政

府資產等的基礎上，自 2022 年 2 月起，總統命令中對俄金融制裁持續加碼升級。具體來看，拜登政府在 2022 年不但將禁止投資的範圍從俄羅斯能源業，拓展到整個俄羅斯經濟的多個部門，還希望從源頭上掐斷俄羅斯獲得美元的途徑。而 2023 年 12 月的 14114 號禁令則在 14024 號行政命令的基礎上，使用 "二級制裁" 手段，將制裁矛頭對準了和俄羅斯技術、國航和相關物資、建築、航空航天等關鍵領域由業務往來的金融機構。用美總統國家安全事務助理沙利文的話說，"我們在傳遞毫不含糊的信息：任何支持俄羅斯戰爭努力的人都將無法進入美國金融系統"。據英國《金融時報》2023 年 12 月 28 日報道，美國在建議 G7 成員探討如何沒收俄羅斯3000 億美元遭凍結資產，金融制裁可能在未來進一步加碼。

表 2-3　針對俄羅斯制裁的主要總統行政命令（2022 年 2 月起）

發佈時間	行政命令編號	金融制裁措施概況
2022.2.23	E.O.14065	禁止美國人在盧頓地區進行新投資；禁止美國境內或美國人為受禁止投資提供支持；凍結美國境內或美國人的盧頓地區相關資產。
2022.3.10	E.O.14066	禁止美國人對俄羅斯能源行業的新投資；禁止美國境內或美國人為受禁止交易提供支持。
2022.3.15	E.O.14068	禁止需要由國務卿與財政部長決定的美國人對俄羅斯聯邦的新投資；禁止美國或由美國人員向俄羅斯聯邦政府或位於俄羅斯聯邦的人員出口、再出口、銷售或供應美元計價票據；禁止美國境內或美國人為受禁止行為提供支持。
2022.4.8	E.O.14071	禁止美國人對俄羅斯聯邦的新投資
2023.12.26	E.O.14114	對在俄羅斯聯邦經濟關鍵領域進行或促成重大交易的金融機構將實行制裁，包括限制或禁止其在美開戶，凍結其在美資產等

資料來源：美國聯邦政府；截至 2023 年 12 月 28 日

在國會法案和總統行政命令提綱挈領地提出涉俄制裁的主要方向和領域後，美國財政部、商務部等行政部門則根據自身管轄範圍，負責擬定並執行具體的制裁計劃。其中，隸屬美國財政部的，負責根據美國外交政策和國家安全目標，對相關實體實施經濟和貿易制裁的海外資產控制辦公室（The Office of Foreign Assets Control，OFAC）是對俄金融制裁的主要執行機構。截至 2023 年 12 月，OFAC 主要管理運作兩個涉俄制裁項目：烏克蘭／俄羅斯相關制裁（Ukraine-/Russia-related Sanctions）和俄羅斯有害境外活動制裁（Russian Harmful Foreign Activities Sanctions）。此外 OFAC 還有《2017 年通過制裁反擊美國敵人法》（Countering America's Adversaries Through Sanctions Act of 2017）相關制裁和馬格尼茨基制裁（Magnitsky Sanctions）兩個涉俄制裁項目。

此外，為了增強金融制裁的精確性，OFAC 還管理以特別制定國民和被阻止人員名單（SDN 名單）為代表的多份制裁名單。進入 SDN 名單的個人、團體或實體的資產將被凍結，美國人通常被禁止與他們進行往來。根據 2023 年 12 月 20 日更新的 SDN 名單，被列入 SDN 名單的俄羅斯個體、團體或實體數量超過 3500 個。基於制裁項目和名單，OFAC 對銀行等金融機構加強監管，通過合規審查、現場檢查等方式大力查處非法交易，直接推動金融機構主動對自己的日常交易自查自糾，向 OFAC 提交自我報告，以規避處罰風險，形成了 OFAC 與金融機構雙方協調配合的局面，進一步強化了對俄金融制裁的效果。

在完備金融制裁體系的支持下，對俄制裁表現出明顯的國際外溢效果。由於美國在全球金融體系中具有特殊中心地位，一方面，美國在其主導的部分國際金融機構和國際組織中貫徹對俄制裁的立場，包括將部分俄羅斯金融機構踢出 SWIFT 系統以切斷俄跨境支付通道，聯合 G7 集團其他國家努力撤銷俄羅斯部分關鍵產品的最惠國待遇，並限制俄羅斯從 IMF、世界銀行和歐洲復興開發銀行等多邊金融機構獲得融資。另一方面，即使是不考慮 "二級制裁"，僅僅是通過對美國人或在美國境內的涉俄行為訴諸金融制裁的手段，就使得大量在美國有利益訴求和交易需求的歐洲個人、團體或實體在面對來自美國政府的警告函、民事處罰甚至刑事起訴等的後果時，不得不配合美國進行對俄制裁。

因此，美國的本輪對俄金融制裁具有壓力大、範圍廣等特點。從國家來看，永久中立國瑞士都加入到對俄金融制裁的行列；從行業來看，從銀行、證券交易所，到會計事務、諮詢公司、全球三大信用卡商都宣佈直接退出俄羅斯市場；從業務門類看，不僅是直接參與金融交易的眾多金融機構加入金融制裁，包括 MSCI、羅素指數以及穆迪、惠譽等也都旨在將俄羅斯踢出國際金融市場。

此外，美國在本輪金融制裁中重點關注了數字貨幣領域。數字貨幣的天然屬性使得其能夠有效繞開現有的以美元為核心的國際貨幣體系和美國主導的國際支付結算體系，削弱美國對俄金融制裁的有效性。因此，美國政府不斷在數字貨幣領域貫徹其對俄制裁立場，BitGo、BitPay、派安盈數字貨幣交易相關公司等因為涉俄業務遭到美國政府查處。而 2023 年 11 月 21 日，美國司法部官網宣佈，全球最大加密貨幣交易所幣安承認參與洗錢、無證匯款、違反制裁，與美國司法部達成認罪協議並將繳納 43 億美元巨額罰款。

（二）加息週期開啟，疊加地緣政治不確定性促使資本回流美國，攫取全球財富

2020 年疫情爆發後，美聯儲重啟 "零利率＋量化寬鬆" 組合，美國政府也先後採取多輪財政刺激政策，通過直接現金補貼、失業補貼和薪酬保護計劃（PPP）將補貼直達居民手中，刺激需求回暖，帶動國內經濟和金融市場復甦。但疫後美國財政和貨幣政策的雙寬鬆，在大幅推高財政赤字的同時，也帶來嚴重的通脹問題。相應美聯儲自 2022 年 3 月開始首次加息，收緊貨幣政策，回收美元流動性，收割世界財富，迫使資本回流美國，截至 2023 年 12 月，美聯儲已進行 11 次加息，幅度共計 525bp。其中，俄烏衝突是美國鞏固美元霸權的關鍵的一步，俄烏衝突造成的避險資金回流不但能對抗美國國內較高的通貨膨脹，還能提振股市和國債市場、防止債務違約，利好本國經濟，維持美元霸權收割世界財富的循環。

一是美國通過煽動俄烏衝突，在歐洲造成緊張局勢，打壓歐洲經濟，讓歐洲經濟相對美國大幅走弱，以提振美元指數，對抗進口型通貨膨脹。受俄烏衝突影響，歐洲經濟大幅承壓，根據 IMF 預測，2023 年歐元區實際 GDP 增速僅 0.7%，大幅低於美國的 2.1%。由於美元指數極大程度受到歐洲貨幣強弱的影響，美元指數中，歐元佔比約為 6 成左右，因此歐洲經濟相對美國大幅走弱，將導致歐元走弱，美元被動升值，有助於美國緩解進口型通貨膨脹。

圖 2-19　美元指數中歐元佔比 6 成，俄烏衝突後，歐元走弱，美元走強

　　—— 美元指數　　　—— 歐元兌美元，逆序

資料來源：WIND，數據截至 2023 年 11 月

　　二是受俄烏衝突影響，歐洲經濟大幅承壓，歐元在全球支付貨幣中的地位不斷下滑，而在地緣政治的不確定性下，美元成為全球商業交易的避風港，美元的全球霸權地位進一步鞏固。"環球銀行金融電信協會"（SWIFT）數據顯示，俄烏衝突後，美元在 SWIFT 交易中所佔份額的不斷增加，由 2022 年 2 月的 38.85% 大幅增至 2023 年 11 月的 47.08%，歐元使用量佔比則從 37.79% 驟降至 22.95%，跌至有記錄以來的最低水平，與美元的差距擴大到了 24 個百分點。可見俄烏衝突後，歐元作為全球支付貨幣的地位大幅下降，美元佔比不斷提升，將"歐元之危"變成了"美元之機"。

　　三是伴隨美元的不斷升值，以及在全球支付貨幣中地位的提升，加大了市場對以美元計價的權益資產與美債的需求，減輕了美聯儲加息對美國金融市場的消極影響。一方面，對於權益市場而言，在加息週期中，權益市場往往流動性收緊，股值承壓，但在本輪美聯儲加息週期中，儘管美聯儲大幅加息 525bp，美股卻表現良好，2022 年 3 月美聯儲首次加息後至 2023 年 12 月，道瓊斯工業平均指數、標準普爾 500 指數和納斯達克綜合指數累計漲幅分別為 11.11%、9.32% 和 9.80%。美股在加息背景下維持漲

幅的原因在於，受俄烏衝突影響，全球資本加速回流美國，美國金融市場流動性充沛，減少了加息收緊流動性的影響，維持了美股市場的繁榮。另一方面，截至 2023 年三季度，美國未償國債總額持續膨脹到 33.17 萬億美元，相比 2022 年年初增加了 3.55 萬億美元，在龐大的政府債務負擔下，美國急需靠著湧入美國的資金 "回血"，借新債還舊債，防止債務違約。

可以說，俄烏衝突促使的資本回流，有效提振了美國的股市和國債市場，對沖貨幣政策調整的成本，維持美國金融市場的穩健。但在這個過程中，隨著資本不斷從新興市場金融市場抽離，發展中國家持續面臨金融市場波動、貨幣貶值和債務危機的風險。例如，2022 年 5 月，印度洋島國斯里蘭卡爆發債務危機，國家在 4 月和 5 月連續兩次進入緊急狀態，該國央行行長 Nandalal Weerasinghe 也在 5 月宣佈出現主權債務違約，為其 1948 年脫離英國獨立以來首次。

四是，俄烏衝突帶來的地緣政治風險，推動全球資本流向美國本土，為拜登政府的製造業回流政策服務，進一步加快了製造業復甦進程。截至 2023 年 10 月，美國製造業實際建設支出同比達 71.2%，絕對值觸及歷史

圖 2-20　本輪美國製造業投資增速大幅上升的資金來源，除了直接財政補貼，還有外商對美直接投資上升

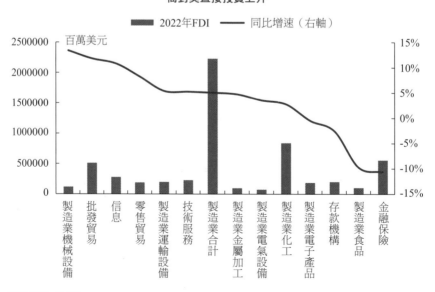

資料來源：WIND

最高水平，主要由計算機、電子和電氣設備行業拉動。值得注意的是，本輪美國製造業投資增速大幅上升的資金來源，除了拜登推動的《芯片與科學法案》與《通脹削減法案》中針對於製造業和基建投資的直接財政補貼，還有外商對美直接投資上升。在製造業回流進程中，美國通過煽動俄烏衝突，促使全球資本流向本土，並通過組建"芯片四邊聯盟"等，聯合歐日韓等盟友，以"去風險化"進行技術政策協調，鼓勵盟友的高新製造企業赴美建廠，讓美國吸引了大量對外投資，進一步加快了製造業復甦進程。

第三章

為石油而戰：美國石油霸權還能走多遠？

2022 年，俄烏衝突推升全球能源價格，推高各國通脹水平。美國也深受高通脹困擾，但受制於本國頁岩油產量恢復緩慢，美國總統拜登開啟中東之行，試圖敦促沙特等海灣產油國增產，以降低油價減緩國內通脹壓力，但成效甚微，最終 OPEC+ 僅以增產 10 萬桶／日作為回應。此後，隨著俄烏衝突影響減弱，石油需求增長放緩，國際油價自高位回落，OPEC+ 多次採取減產舉措，將布倫特油價維持在 70 美元／桶以上，遠高於疫情前 2015—2019 年均值 57 美元／桶。可見，OPEC+ 已經成為當今原油市場的關鍵定價者，這是否意味著美國石油霸權已經難以為繼？在此背景下，本章重點闡述美國建立和維繫石油霸權的關鍵機制，以幫助讀者更好地從地緣政治角度理解石油價格的運行邏輯。

一、美國石油霸權的真相

石油是當今世界最為重要的戰略資源之一，現代工業對石油的高度依賴性與石油供給的不平衡性，賦予其濃厚的地緣政治屬性。

圖 3-1 石油行業下游關聯產業眾多

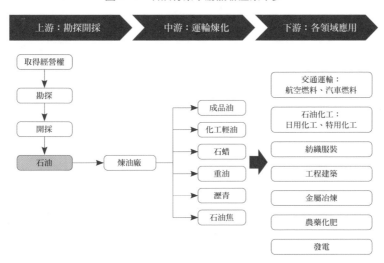

資料來源：BP

　　一方面，石油無論是作為燃料還是工業用途，都對世界各國的經濟增長與國防安全意義重大。時至今日，石油仍然是世界能源結構中佔比最大的燃料來源，在全球能源結構中佔比超過 40%。另一方面，石油在全球的分佈極不平衡，供給與需求的錯配強化了石油的戰略價值，使其帶有濃厚的地緣政治色彩。2020 年，中東地區石油探明儲量佔比達到全球的 48%，而原油需求最多的亞太地區，其探明儲量佔比僅為 2.6%。

圖 3-2 世界原油供給和消費存在明顯錯配

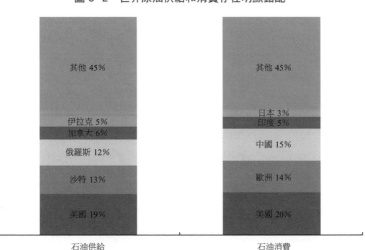

資料來源：BP 註：統計時間為 2022 年

圖 3-3　亞太地區和歐洲石油缺口大，中東和獨聯體石油產出遠遠大於需要

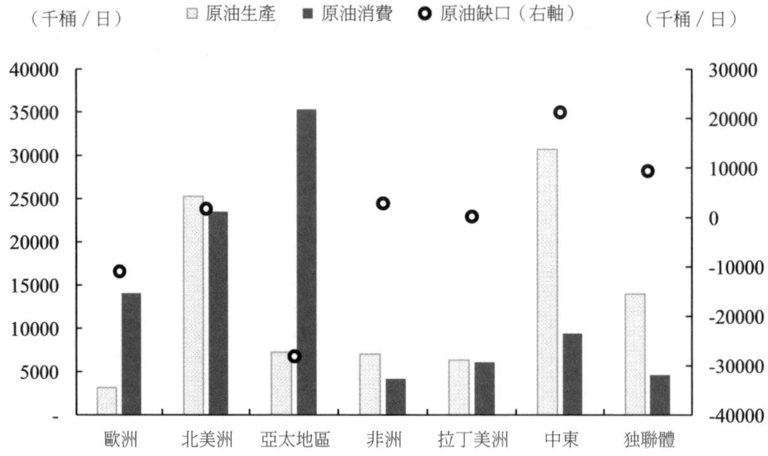

（千桶／日）　　□ 原油生產　■ 原油消費　○ 原油缺口（右軸）　　（千桶／日）

資料來源：BP　註：統計時間為 2022 年

　　歷史上，各國對石油資源和定價權的爭奪從未止步。二戰後，美國憑藉著其軍事、政治、經濟等一系列綜合實力的崛起，深刻影響著全球石油供給、需求、運輸、交易等各個環節。可以說，石油霸權，是強國屬性的綜合映射。

　　美國建立石油霸權的目的，不僅僅是保障本國能源安全，更重要的是通過對石油資源和定價權的掌控，間接控制石油消費國和生產國，實現更為廣泛的霸權外溢，持續鞏固美國的世界霸主地位。總體而言，經歷多年培育，美國建立的石油霸權，順利實現其四大政策訴求。

　　第一，保障本國能源安全。歷經多年發展，美國最終從石油進口國轉變為淨出口國。2022 年，美國能源消費結構中，石油佔一次能源消費比重達 37%，在交通運輸領域和工業領域佔比更是達到 89.5% 和 37.6%。可見美國經濟嚴重依賴石油消費，而本土資源供給不足。為了解決供需缺口，早期美國通過海外資源的壟斷、間接控制中東產油國，保障其源源不斷的能源供應。21 世紀後，藉助頁岩油革命，美國才得以順利擺脫外部能源約束。美國石油對外依存度在 2005 年達到 60.3%，此後持續下降，2020 年，美國石油出口首次大於進口，成為石油淨出口國。

　　第二，間接遏制歐盟、日本和印度等石油消費國。對於進口依賴度極高的石油消費國而言，控制其原油供給等於控制其國家命脈。美國石油霸

權的建立，使得其在國際關係中擁有更多運作的籌碼。歷史上看，二戰期間，日本出兵佔領了印度南部，美國為了制裁日本，對其實施了石油全面禁運，極大地削弱了日本的軍事實力。對於西歐國家，美國在軍事上通過北約保證其國家安全，在經濟上，以合理價格提供穩定的石油供應，保證其經濟發展。

第三，藉助低油價打壓石油生產國，遏制他國經濟發展。美蘇冷戰期間，石油出口是蘇聯獲取外匯的最主要途徑。1984 年蘇聯通過出口石油換取外匯 190 億美元，佔從西方獲得外匯收入的 67%。在里根政府授意下沙特、科威特等國持續增產，國際油價從 1984 年的 30 美元 / 桶下降到 1986 年的 11 美元 / 桶，直接導致蘇聯在此階段共計損失 400 億盧布，加劇了蘇聯的經濟困難。[17]

第四，維護美元霸權地位，確保霸權機制持續運轉。在布雷頓森林體系瓦解後，美國與沙特等國達成協議，美元成為了購買中東石油的唯一貨幣。利用"石油—美元—美元計價金融資產"循環，美國不僅通過美元波動間接影響油價，更重要的是通過石油這一絕對"剛需"的綁定，美元重新獲得了足夠有力的支撐，其硬通貨地位得以穩固。

圖 3-4　2022 年美國能源結構中，石油佔交通運輸能源需求的 90%，
在工業部門佔比接近 40%

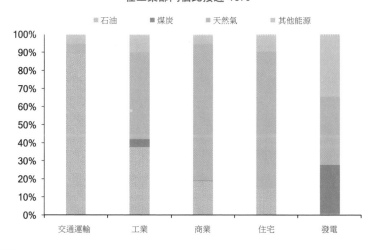

資料來源：EIA

---

17 中國石油天然氣股份有限公司：《國際油價毀掉了蘇聯？》，2017 年。

二、美國石油霸權如何構建和維繫？

1861 年以來，國際原油定價權的三次轉移，標誌著石油霸權的更替。自 1859 年，美國賓夕法尼亞州第一口油井成功開採後，石油正式登上歷史舞台。根據《BP 統計年鑒》披露的世界石油價格走勢，可以清晰看到在長達兩個世紀的時間裏，國際油價走勢跌宕起伏，其參考基準也不斷轉變。1861 年—1944 年，採用的是美國平均原油價格；1945 年—1983 年，採用的是阿拉伯輕質原油價格；1984 年至今，採用的是北大西洋北海布倫特現貨價格。其標誌著以美國為主的西方石油公司壟斷定價，到中東產油國定價，再轉向市場定價的三個歷史階段。

本質上而言，原油定價權的演變，即石油市場控制力的變遷，取決於世界政治經濟形勢的變化，包括世界石油生產和消費重心的轉變。在此期間，美國為了建立和鞏固石油霸權體系，不斷轉變其應對策略。我們將美國石油霸權體系的演變相應分為三個時期，包括壟斷期、衰落期和重塑期。

（一）壟斷期：搶佔中東油田、跨國公司壟斷定價

美國是最早的原油開採地，在 19 世紀半葉主導著世界石油生產與出口。1859 年，美國賓夕法尼亞州開採第一口油井後，社會迅速掀起 "黑金熱"，大量資本和人力湧入石油行業。在 1860 年至 1910 年間，美國生產了世界上超過 60% 的石油。[18]

二十世紀初，汽車工業的發展和一戰爆發，引發石油需求激增，推動美國石油業加速發展，壟斷情況初現。第一次世界大戰期間，石油在軍艦動力系統的應用使得歐洲石油需求大增。從 1914 年戰爭爆發到 1918 年戰爭結束，美國向協約國輸送石油近 1.33 億桶。[19] 高漲的石油需求催生出美國石油業巨頭：美國標準石油公司，其一度掌控全美 3/4 的石油提煉、4/5 的煤油銷售和超過 4/5 的煤油出口，控制美國石油市場的 90%。[20] 儘管標準石油公司發展前景良好，但在當時美國高漲的反托拉斯、反壟斷的情緒

---

18 王能全：《石油與當代國際經濟政治》，時事出版社，1993 年。

19 江紅：《為石油而戰 —— 美國石油霸權的歷史透視》，東方出版社，2002 年。

20 趙慶寺：《美國石油安全體系與外交（1941—1981）》，上海人民出版社，2009 年。

下，最高法院不得不於 1911 年將其解散，拆解後形成了美孚、雪佛龍等公司。此後，隨著世界多地勘出油田，美國行業地位受到威脅，高漲的石油需求與漸少的資源儲備，迫使美國尋求海外石油資源。

從石油供給來看，20 世紀初，諾貝爾家族在阿塞拜疆的石油開採幫助沙俄成為第二個石油生產國，其石油產量在 1900 年前後一度超過美國。與此同時，國際石油大公司的競爭格局初顯，英荷殼牌石油公司以及英波石油公司也開始活躍於國際原油市場。

從石油需求來看，1911 年至 1918 年間，美國的石油消費增長了 90%；1914 年至 1920 年，美國機動車從 180 萬輛猛增至 920 萬輛。[21] 美國政府開始擔心石油這一重要戰略資源供應不足的問題。在政府和石油界的共同利益驅動下，美國援引門戶開放政策，以支持本國公司獲取海外石油資源。自 20 世紀 20 年代，美國政府便開始在歐洲、俄國和中東等地區，與英國、荷蘭等國家爭奪石油資源。其中，最有代表性的就是由標準石油公司分拆出的新澤西標準石油公司（後更名為埃克森公司）與美孚公司合併而成的埃克森美孚公司。

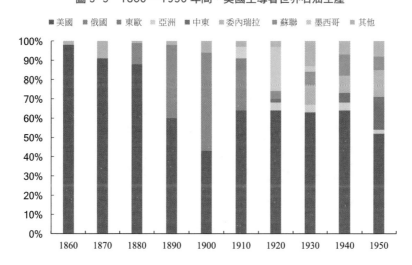

圖 3-5　1860—1950 年間，美國主導著世界石油生產

資料來源：《石油輸出國組織，其成員國和世界能源市場》

註：數據為世界石油產量的地區分佈比例

---

21 趙慶寺：《美國石油安全體系與外交（1941—1981）》，上海人民出版社，2009 年。

圖 3-6　標準石油公司拆分後的形成的公司

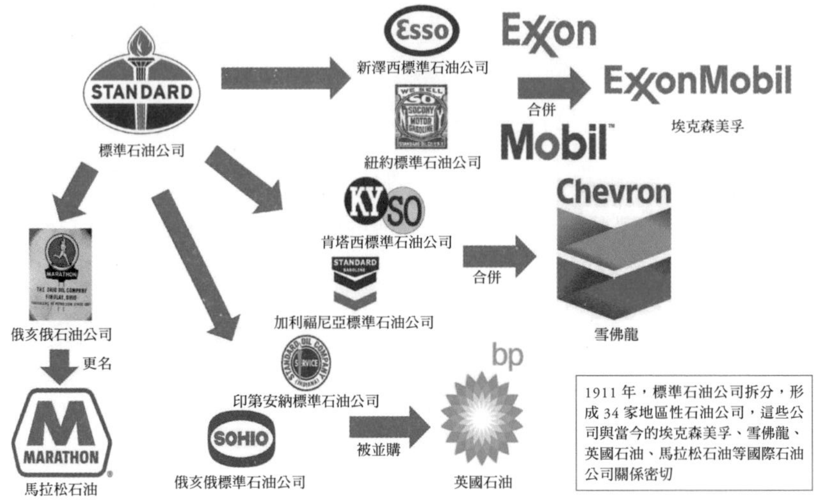

STANDARD
標準石油公司

新澤西標準石油公司
Esso
Exxon

紐約標準石油公司

ExxonMobil
合併
Mobil
埃克森美孚

俄亥俄石油公司
更名
MARATHON
馬拉松石油

肯塔西標準石油公司
KYSO
STANDARD

加利福尼亞標準石油公司

合併
Chevron
雪佛龍

印第安納標準石油公司

SOHIO
俄亥俄標準石油公司

被並購
bp
英國石油

1911 年，標準石油公司拆分，形成 34 家地區性石油公司，這些公司與當今的埃克森美孚、雪佛龍、英國石油、馬拉松石油等國際石油公司關係密切

資料來源：EIA

依託壟斷協定，"石油七姐妹"瓜分中東石油資源。

20 世紀初，英法荷等國已佔據海外大部分石油資源，均排斥美國公司的加入。美國石油公司多方斡旋，經過六年談判，最終於 1928 年 7 月 31 日，同英荷兩國的石油公司代表簽訂《紅線協定》，約定了伊拉克石油公司利潤分配，其中美國近東開發公司與其他各公司均佔 23.5%。此協定是美國構建石油霸權道路上的重要里程碑，標誌著美國開始介入中東石油開發。

同年 9 月，美國新澤西標準石油公司秘密聯合其他兩家英荷石油公司，簽署了《阿奇納卡里協定》，要求各方控制生產、相互幫助。同時，該協定確立了石油定價原則，幫助美國維持其高油價，形成壟斷價格。最終，來自美、英、荷的 7 家石油巨頭（其中美國公司佔 5 家）組成了卡特爾，也被稱為"石油七姐妹"。此後，在 1930 年至二戰前，美國通過設立加拿大全資子公司、提供更優惠的經濟條件甚至動用外交手段先後進駐巴林（1930 年）、沙特阿拉伯（1933 年）和科威特（1934 年）等國家進行石油勘採[22]。

---

22 Charles W. Hamilton, 1962, *Americans and Oil in the Middle East*; George W. Stocking, 1977, *Middle East Oil*.

　　二戰後，藉助兩次危機擺脫英法聯盟，美國正式主導中東油田。二戰期間，石油需求的飛速增長再次加重了美國對國內石油資源枯竭的憂慮，加速美資企業在中東地區的滲透。1946 年，美國推動解除了《紅線協定》，標誌著美國擺脫英法，逐步取得在中東的支配地位。1951 年，伊朗議院通過石油國有化方案，取消英伊石油公司開採權，導致伊朗石油危機發生。經過政局更迭與談判訴訟，1954 年伊朗妥協，同意美國等石油巨頭聯合開採、管理伊朗國內石油。1956 年，埃及發生蘇伊士運河危機，美國藉口反殖民主義，迫使英國勢力退出中東，英法就此失去了中東石油政治的主導權。

　　從兩次危機的最終結果來看，美國政府利用伊朗石油危機鞏固了美伊聯盟，同時藉助蘇伊士運河危機，掃清它在中東最大的兩個對手：英國與法國石油公司。1954 年，美國便已經成為中東石油的最大擁有者，控制了巴林和沙特石油資源的 100%、科威特的 50%、伊朗的 40% 和伊拉克的 25%。

　　至此，美國完成了早期石油霸權體系的構建：以中東為戰略支點、以跨國公司為載體、以全球佈局的軍事為保護的石油霸權體系。

圖 3-7　1954 年，美國在中東各國控制石油資源佔比

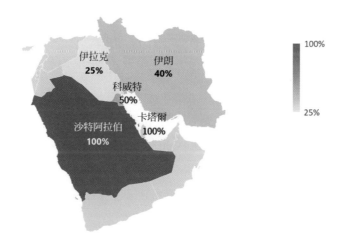

資料來源：*Middle East Oil Crises Since 1973*
註：數據為美國在中東各國控制的石油產量佔比

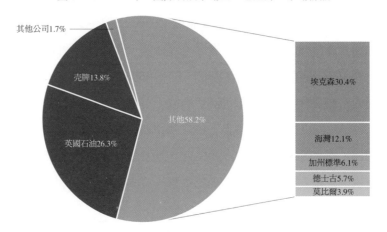

圖 3-8　1950 年，國際石油市場上"七姐妹"市場份額

資料來源：《世界石油市場》註：左側柱狀圖中展示的是埃克森、海灣、加州標準、德士古和莫比爾 5 家公司的石油銷售量佔全球份額

　　但是美國早期的石油霸權，建立在對中東石油資源的控制和壟斷的基礎上，尤其是長期壓低石油價格，以獲取源源不斷的廉價能源。隨著第三世界人民意識的覺醒，這種長期單向的壟斷和剝削註定難以持久，這也造就了後續 OPEC 聯盟的崛起，通過壟斷性提價，反擊美國霸權。

（二）衰落期：中東石油力量崛起、OPEC 聯盟誕生

　　進入 1940 年之後，隨著中東石油力量的崛起，第三世界產油國開始陸續反抗英美石油巨頭。隨著利潤半分協議的簽署、OPEC 組織成立，美國對於中東產油國的控制力逐步減弱，石油定價權轉向 OPEC，這一時期美國石油霸權走向衰落。

　　1943 年，委內瑞拉率先與英美石油巨頭達成石油利潤半分協議，邁出了產油國與西方石油公司爭奪石油權益的第一步。通過利潤對半分成，委內瑞拉政府的石油收入大增，1948 年是 1942 年的 7 倍。1948 年，委內瑞拉與伊朗外交官會晤，標誌著第三世界產油國開始聯合爭取石油權益。隨後，在 1950—1954 年間，沙特、科威特、伊拉克、伊朗等中東產油國陸續要求與美國實行利潤半分，這次鬥爭中展現的聯合傾向，成為了 OPEC（石油輸出國組織）誕生的基礎。

　　進入 20 世紀 50 年代後，國際石油市場供大於求，導致油價不斷下

跌。同時，50 年代末蘇聯取代委內瑞拉，成為僅次於美國的第二大產油國，加劇石油公司間競爭。1959 年至 1960 年，為應對蘇聯競爭，"石油七姐妹"兩次降低石油標價，導致產油國政府石油收入銳減。中東產油國每桶原油收入從 1957 年的 84 美分 / 桶，下降至 1960 年的 70 美分 / 桶，降幅達到 15%。[23] "七姐妹"兩次單方面降價徹底激怒了產油國，成為聯合反抗的導火索，催化了 OPEC 的誕生。

1960 年 9 月，沙特阿拉伯、科威特、伊朗、伊拉克和委內瑞拉在巴格達宣告成立石油輸出國組織，即歐佩克（OPEC），旨在對抗石油公司擅自降低油價。中東產油國聯合的目的在於，協調和統一成員國石油政策，維持國際石油市場價格穩定，確保石油生產國獲得穩定收入。20 世紀 60 年代，OPEC 目標主要集中於提高西方國家石油公司的石油稅率、增加政府財政收入。進入 70 年代後，OPEC 的鬥爭焦點，轉向爭取石油標價權、參股權和石油資源國有化。

在中東產油國與西方石油巨頭爭奪定價權的過程中，引發了兩次石油危機。

第一次石油危機：1973 年第四次中東戰爭爆發所引發。在第四次中東戰爭中，阿拉伯石油生產國通過減產禁運、外國石油公司股份收歸國有、大幅提高油價等一系列舉措，打擊支持以色列的國家，引發"第一次石油危機"，以反抗西方國家長期壓低石油價格，直接或間接控制和壟斷中東廉價石油的行為。1973 年 6 月，美國石油公司與 OPEC 達成協議，同意將 OPEC 原油標價提高 11.9% 至 3.01 美元 / 桶。同年 10 月，OPEC 單獨決定將標價從 3.01 美元 / 桶提高至 5.12 美元 / 桶，12 月進一步提高至 11.65 美元 / 桶。

同時，產油國也紛紛通過參股等形式，實現石油資源國有化。1972 年 6 月，伊拉克政府將伊拉克石油公司國有化。當年 10 月，沙特、科威特、卡塔爾、巴林和阿聯酋紛紛與美國石油巨頭就產油國政府參股達成協議，宣佈立即參股 25%，此後逐年增加。1973 年，伊朗政府全面接管和控制

---

23 江紅：《為石油而戰》，2002 年。

伊朗石油工業。

　　第二次石油危機：1978 年伊朗爆發伊斯蘭革命，伊朗石油生產癱瘓、出口暫停，引發第二次石油危機。1978 年底，伊朗國內掀起一股反美巨浪，推翻了親美的巴列維王朝，什葉派霍梅尼成為最高領袖，成立了政教合一的伊斯蘭共和國。由於伊朗政局突變，1979 年初，伊朗石油工人舉行大罷工，石油日產量從 500—600 萬桶降至零。當時伊朗是僅次於沙特的第二大石油出口國，佔世界石油總供應量的 5%，伊朗石油中斷引發搶購風潮，進而加劇石油短缺，大幅推升油價。1980 年，兩伊戰爭爆發，伊拉克藉口為抵禦"伊斯蘭革命"，悍然向伊朗發動軍事進攻，意圖掌握阿拉伯河的控制權。兩伊戰爭中，伊拉克和伊朗石油產量再度受損，直到 1982 年才逐步修復。1980—1981 年間，伊朗、伊拉克石油產量分別減少 190 萬桶 / 日、258 萬桶 / 日。

　　1970—1980 年間，兩次石油危機對美國、歐洲和日本打擊巨大，經濟陷入衰退。1973—1980 年，原油價格從每桶 3 美元飆升至每桶 37 美元，漲幅高達 10 倍。這讓西方國家深刻認識到維護石油供應穩定的重要性。

圖 3-9　兩次石油危機期間，國際油價大幅飆升

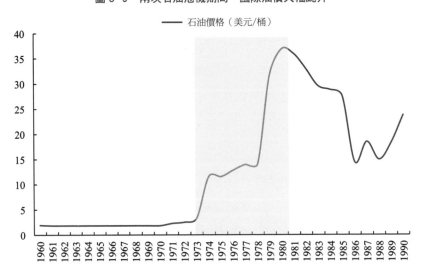

資料來源：EIA

註：1960—1983 年石油價格採用阿拉伯輕質原油價格；1983—1990 年採用布倫特原油現貨價格

整體而言，這一次定價權從美國等西方石油巨頭轉向 OPEC，本質上源於石油生產重心的轉移，而歐美又嚴重依賴中東石油資源。同時，美國親以態度引發阿拉伯國家的強烈不滿，基於安全保障，中東產油國聯合起來，通過石油武器反抗，藉此奪得石油定價權，意圖進一步增強在國際外交舞台的話語權。

一方面，二戰後中東石油進入大規模開發階段，美歐對於中東石油依賴度與日俱增。這段時期，OPEC 五個創始國，控制世界石油貿易量的近 90%、世界石油總儲量的 67%、世界石油總產量的 38%。

歐洲方面，"馬歇爾計劃" 激發石油需求，歐洲能源結構由煤炭大規模轉向石油。1950—1960 年，歐洲能源結構中煤炭由 85% 降到 47%，石油則從 15% 上升到 51%。[24] 1948 年 4 月至 1952 年 4 月，美國援助西歐的 131 億美元中，有 14 億用於石油，而這些都是美國石油公司在中東生產的。1947 年馬歇爾計劃實施之前，歐洲從中東進口的石油佔其全部進口石油的 43%，而 1950 年這一比例快速升至 85%。

美國方面，自 1945 年起，美國開始加大石油進口，用於補充國內石油消費。尤其是 1970 年之後，由於美國國內石油產量停滯不前，原油進口規模迅速擴大，進口依賴度自 1973 年的 35% 持續提升至 1977 年的 46%，其中，同期來自 OPEC 的進口份額自 38% 大幅提升至 70%。

---

24 中國石油新聞中心：《美國的馬歇爾計劃與石油》，2017 年。

圖 3-10　1970 年後，美國石油產量停滯不前，進口規模擴大

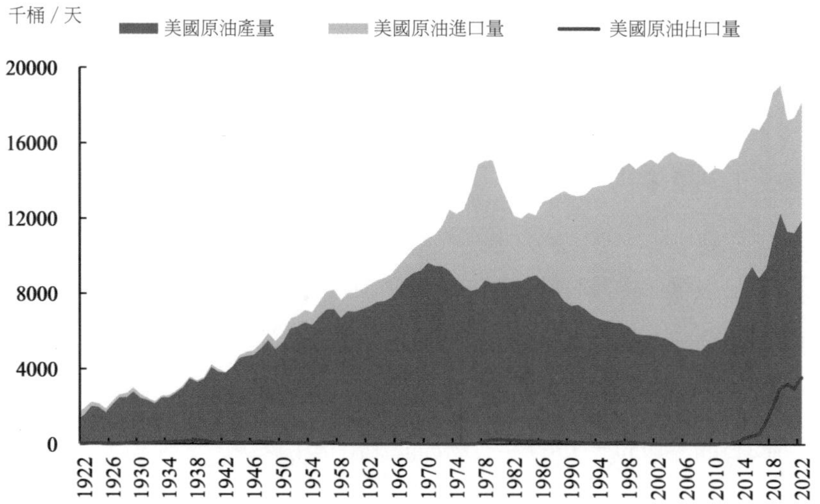

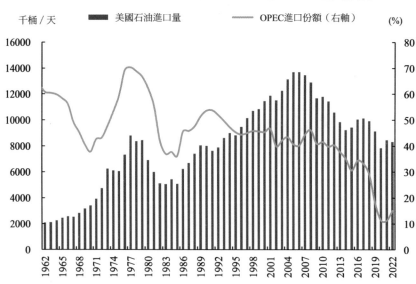

千桶／天

■ 美國原油產量　　　■ 美國原油進口量　　　— 美國原油出口量

資料來源：WIND

圖 3-11　1960—1990 年間，美國自 OPEC 進口石油比重多數過半

千桶／天　　　■ 美國石油進口量　　　— OPEC進口份額（右軸）　　　(%)

資料來源：WIND

　　另一方面，隨著中東產油國石油力量的不斷壯大，他們開始認識到石油是一種可以利用的政治力量。這一時期亞非拉人民反帝反殖、爭取民族獨立運動蓬勃興起。隨著英美介入中東問題，尤其是巴勒斯坦問題，激化阿拉伯和以色列的矛盾，也激化了中東阿拉伯國家反美的情緒，中東產油

國開始運用石油武器對抗西方國家，維護阿拉伯國家主權。

1948 年，第一次中東戰爭爆發。當年 5 月，以色列國宣佈成立，埃及、黎巴嫩、約旦、敘利亞、伊拉克五個阿拉伯國家，為了維護巴勒斯坦阿拉伯人的生存權利，同以色列軍隊開戰。此後，1956 年蘇伊士運河戰爭爆發，英法為了防止埃及將蘇伊士運河收歸國有化，夥同以色列向埃及開戰，作為反抗，伊拉克、沙特切斷輸油管道，對英法實行石油禁運。這一時期，阿拉伯民族和以色列的矛盾進一步激化，美國為了維護其中東利益，通過扶持以色列政府，干涉中東事務，由此引發 1967 年第三次中東戰爭。

1967 年 6 月，以色列對埃及、敘利亞、約旦發起空襲。作為反擊，隨後埃及下令關閉蘇伊士運河，沙特、科威特和伊拉克對英美實施石油禁運，此舉直接影響了美國從中東向越南戰場的美國軍隊供應石油（當時有 2/3 石油來自中東地區）

1973 年，在蘇聯的支持下，埃及、敘利亞入侵以色列，而美國向以色列提供大量先進武器，扭轉局勢，倒逼產油國運用石油武器打擊美國。1973 年 10 月 16 日，OPEC 成員國一致決定削減產量 5%，同時將原油標價從 3.01 美元 / 桶提升至 5.12 美元 / 桶。10 天後，阿拉伯產油國的原油日產量比 9 月減少 400 萬桶，產量削減 20%，相當於世界石油貿易量減少 12%。隨後，1973 年 11 月 5 日，OPEC 再度將石油產量削減幅度從 5% 提高至 25%。直到 1974 年埃以、敘以脫離接觸，石油禁運才得以解除。

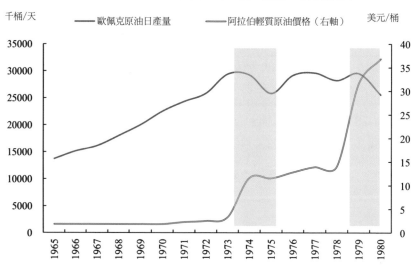

圖 3-12 1972 年中東地區阿拉伯國家石油產量與佔比

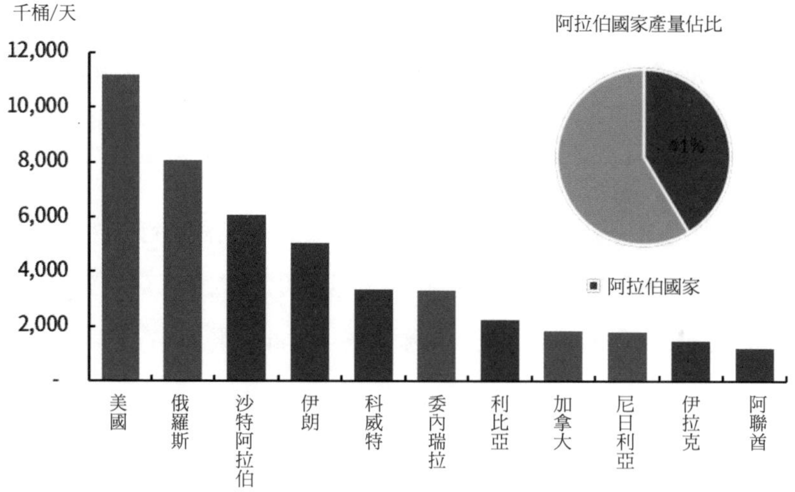

千桶/天

阿拉伯國家產量佔比

51%

■ 阿拉伯國家

美國 俄羅斯 沙特阿拉伯 伊朗 科威特 委內瑞拉 利比亞 加拿大 尼日利亞 伊拉克 阿聯酋

資料來源：BP

圖 3-13 1973 年石油禁運後油價飆升，隨後七年持續走高

千桶/天 ——歐佩克原油日產量 ——阿拉伯輕質原油價格（右軸） 美元/桶

資料來源：BP

（三）重塑期：石油美元、攪局中東、頁岩油革命

進入 20 世紀 80 年代後，全球石油供需形勢扭轉，中東產油國的壟斷定價權隨之鬆動。

首先，石油消費自 1979 年到達高點後持續回落，直至 1984 年才開始緩慢回升。這主要源於，70 年代兩次石油危機影響下，發達經濟體通過採取進口限額、調整能源結構、加快產業結構調整等途徑，減輕石油依賴。

其次，高油價刺激非 OPEC 國家增加石油開採，尤其是西歐、蘇聯等地區，扭轉 70 年代石油供求緊張的局面。

最後，由於油價長期疲弱，OPEC 推出的 "減產保價" 引發成員國分裂，反而壓低石油價格。由於全球石油進入供過於求的環境，石油價格從 1980 年的高點持續下跌，引發 OPEC 推出 "減產保價" 措施。1981 至 1982 年，OPEC 石油產量降幅達到 30%，但並未止住油價下跌趨勢，同期油價跌幅仍然達到 10%。1983 年，OPEC 首次宣佈降低原油標價，由 34 美元 / 桶降至 29 美元 / 桶，意味著國際石油價格已經不再由 OPEC 主觀意願決定。

1985 年底，OPEC 減產聯盟鬆動，階段性轉向 "減價保產"，進一步加劇油價下跌趨勢。1986—2000 年間，除了海灣危機期間外，油價一直在 18 美元 / 桶的低位徘徊。而海灣危機和第一次海灣戰爭的爆發，正是由於產油國伊拉克和科威特關於石油產量的談判破裂導致的。可以看出，OPEC 內部對油價定價的爭議，削弱其在原油市場的壟斷定價權，從主導者轉變為邊際供應者的角色。

圖 3-14　1981—1984 年，OPEC "減產保價" 並未止住油價下跌

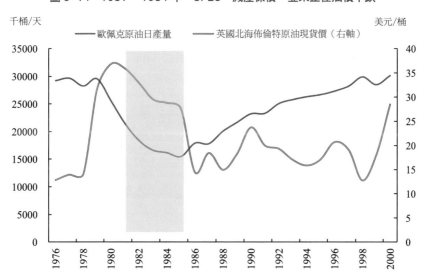

千桶/天　　　　　　　　　　　　　　　　　　　　　　　　　　美元/桶

歐佩克原油日產量　　　英國北海佈倫特原油現貨價（右軸）

資料來源：BP

圖 3-15　OPEC 產油國並未執行統一的減產政策

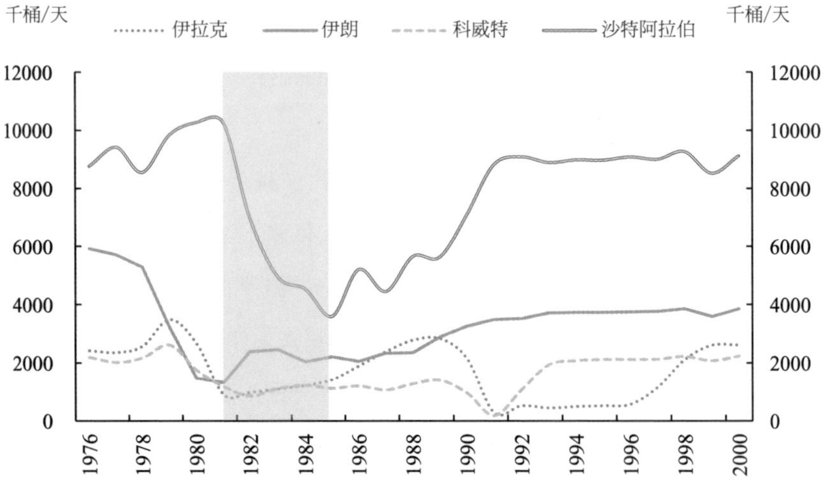

資料來源：BP　注：指標為原油日產量

　　這一時期美國石油霸權重整旗鼓，以直接和間接方式影響全球石油供需結構。與早期依靠石油公司壟斷定價不同，隨著市場參與主體的增多，以及更多石油消費國的崛起，石油價格轉變為市場定價。

　　整體而言，美國石油霸權的重塑，大致包括四個方面：一是建立石油美元機制，擺脫布雷頓森林體系破裂後對美元的衝擊，通過貨幣流動性調節，間接影響油價；二是通過軍事霸權和經濟援助，介入中東事務，影響沙特等 OPEC 產油國的石油政策，間接控制石油生產；三是建立消費國聯盟，即國際能源署，防止潛在的供給短缺風險，穩定石油價格；四是發起頁岩油革命，大幅提升本土原油產量、擠壓 OPEC 市場份額，實現能源獨立。

　　第一，"第一次石油危機"後，沙美關係升溫，石油美元機制建立。

　　"第四次中東戰爭"爆發後，OPEC 成員國聯合推高油價，但是該組織內部並不是鐵板一塊。在定價方面，沙特並不贊成大幅度提高油價，但遭到伊朗為首的其他成員國的反對。儘管禁運仍未解除，但是沙特已經開始私下與美國展開談判。[25]

　　沙特的顧慮在於，首先，沙特坐擁巨量石油儲備，時任沙特國王費薩

 25 董雅娜：〈從能源危機到美元霸權：石油—美元機制研究〉，南京大學，2019 年。

爾（1964 年 11 月—1975 年 3 月在位）需要外部更加強大的軍事力量，保
證其國內政局穩定與國際軍事安全。其次，沙特擔心禁運會使美國放棄參
與沙特的大型發展計劃，其工業化進程勢必受阻。最後，油價過高也可能
導致曾經的石油消費者改變消費結構，最後減少石油需求，影響沙特高度
依賴石油出口的經濟。美國正是利用了沙特政府合作的主動性，雙方立刻
就解除禁運、開展更深入的合作進行談判。1974 年 8 月，美國與沙特秘密
簽署了《不可動搖協議》，沙特同意將美元作為出口石油唯一的定價貨幣，
這是石油美元機制誕生的標誌。

"石油美元體系"助力美元全球流動，鞏固世界貨幣地位。"石油美元"
是通過出售石油而獲得的美元收入，而"石油美元體系"則是美國輸出美
元，消費國使用美元購買產油國石油，然後產油國的盈餘石油美元再通過
購買武器、國債和其他金融資產流回美國的循環過程。石油美元體系設計
的核心，就是要求產油國盈餘的美元回流美國，以此鞏固美元的世界貨幣
地位。

石油美元盈餘早期受政治影響較強，主要被投向美國國債或者存放在
美國或歐洲商業銀行，後來投資渠道逐漸拓展至企業債券、股票和房地產
等，並且投資區域向日本、新加坡、拉丁美洲和中國等地擴散。根據主權
財富基金研究所（SWFI）的統計，截至 2023 年 12 月，全球前十大主權基
金中，以石油為資金來源的基金規模就達到了 4.4 萬億美元，佔前十大基
金總規模 7.2 萬億美元的 52%。

表 4-1　截至 2023 年 12 月，全球前十大主權財富基金

排名	名稱	資產（億美元）	資金來源
1	挪威央行投資管理局	14,777	石油
2	中國投資有限責任公司	12,399	非大宗商品
3	中國華安投資有限公司	10,196	非大宗商品
4	阿布扎比投資局	8,530	石油
5	科威特投資局	8,030	石油
6	沙特阿拉伯公共投資基金	7,767	石油

排名	名稱	資產（億美元）	資金來源
7	新加坡政府投資公司	7,700	非大宗商品
8	香港金融管理局投資組合	5,142	非大宗商品
9	新加坡淡馬錫公司	4,922	非大宗商品
10	卡塔爾投資局	4,750	石油和天然氣

資料來源：SWFI

圖 3-16　1970—1978 年，美國對 "海灣雙柱" 軍售佔比超過 50%

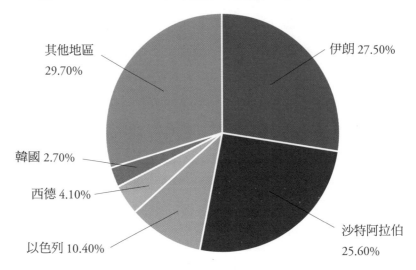

資料來源：U.S. MILITARY EXPORTS 1970—1978
註："海灣雙柱" 指伊朗和沙特阿拉伯

第二，攪局中東，平衡阿以力量，加劇產油國對立和分歧。

經歷兩次石油危機，美歐等西方國家認識到 OPEC 聯盟對於油價的控制力。在此之後，美國開始平衡阿以力量，緩和與阿拉伯國家關係，避免激起中東產油國的反美情緒。同時，採取合縱連橫戰略，各國間相互牽制，防止一家獨大。

一方面，美國推動緩和阿以關係，拆分和削弱阿拉伯和伊斯蘭反以陣營；美國在大部分冷戰時期執行偏袒以色列的政策，但也招致了阿拉伯國家的不滿情緒，最終導致聯合禁運引發嚴重的石油危機。因此，在第一次石油危機後，美國一方面，說服以色列領導人從佔領的一部分阿拉伯領土撤退，緩和阿以關係；另一方面，尋求改善同阿拉伯國家的關係，開始在敘利亞、以色列和埃及之間開展穿梭外交，推進埃以、敘以脫離接觸，拆散埃及和敘利亞的聯合戰線，同時通過貸款援助、提供核能技術等方式，積極改善美國與埃及的關係。

另一方面，通過軍事和經濟援助，拉攏親美的阿拉伯產油國，如沙特、伊朗、阿聯酋等；隨著阿以問題緩和，美國開始拉攏阿拉伯國家，強化同盟關係。沙特和伊朗，作為中東地區的兩大產油國，對石油生產至關重要。20 世紀 70 年代，美國扶持"海灣雙柱"，推動沙特和伊朗扮演著美國在海灣地區代理人的角色，遏制阿拉伯國家如伊拉克出現的親蘇傾向。隨著伊斯蘭革命爆發，伊朗親美的巴列維王朝政權下台，美國對伊朗轉向"既拉又打"的態度，遏制其經濟發展但又偶爾釋放一部分善意，以防止其完全倒向對手陣營。

對於沙特採取"石油換安全"的策略：

沙特阿拉伯是美國最重要的中東盟國之一，也是美國在中東重要的戰略支點。作為海灣地區第一大產油國，沙特擁有 OPEC 三分之二的石油儲備，是 OPEC 石油政策的核心領導者。沙特與美國的盟友關係，建立在美國對沙特的安全保護和經濟支持，以及沙特保障美國及其盟友的石油供應、穩定石油價格的基礎上。整體上，美沙關係遵循"石油換安全"的契約基礎，並在打擊恐怖主義和遏制伊朗等問題上建立了愈發緊密的同盟關係。

在歷史上國際油價大幅波動過程中，沙特阿拉伯一直發揮著"浮動生產國"的作用，通過溫和、合作的石油政策維持國際油價在預期範圍內波動。例如，在第一次石油危機中，美國成功說服沙特領導人解除石油禁運、增加石油產量、建立石油美元機制；1978 年伊朗革命、1980 年"兩伊戰爭"中，沙特均採取增加石油產量的措施，以彌補石油缺口；1985年，美國里根政府迫使沙特增產，實行"逆向石油衝擊"戰略，大幅增產打壓油價，拖垮蘇聯經濟。

圖 3-17　沙特多次通過帶頭減產，對沖低油價

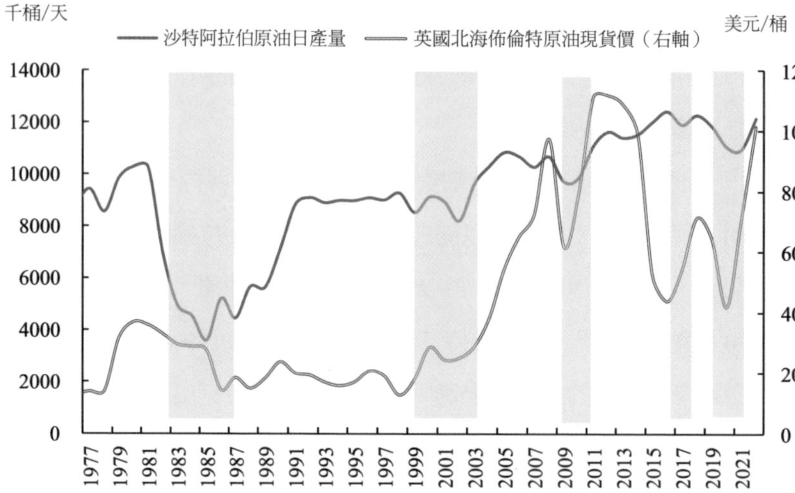

千桶/天　　　　　　　　　　　　　　　　　　　　　　　　　　　　美元/桶

—— 沙特阿拉伯原油日產量　　—— 英國北海佈倫特原油現貨價（右軸）

資料來源：BP

對於伊朗採取"既拉又打"的策略：

早在 20 世紀 70 年代，美國同伊朗保持友好的外交關係。時任伊朗國王巴列維非常重視軍事力量的建設，對美國現代化武器有著較高訴求。自 1970 年到 1977 年，美國對伊銷售軍火價值達到 170 億美元左右，是美國對外軍售最大的購買商。[26] 1976 年至 1977 年，美國有 40 餘家公司提供軍備，僱傭近 3000 名工程師在伊工作，並要求伊朗執行美國分配的任務以維持波斯灣的穩定。[27]

隨著伊斯蘭革命爆發，巴列維王朝政權顛覆，1980 年美國同伊朗斷交，1993 年，克林頓政府推出"雙重遏制"政策，即同時遏制伊拉克及伊朗，之後持續對伊朗採取經濟和貿易制裁，並在軍事上遏制伊朗，以伊朗為假想敵，在海灣地區舉行軍事演習，為其在海灣地區的軍事部署找到藉口。1991 年海灣戰爭爆發以來，美國一直是該地區駐軍人數最多的外部大國，在科威特、阿聯酋、巴林、卡塔爾和阿曼等國部署了軍事基地，同時向沙特和伊拉克派駐特種兵與軍事顧問。

奧巴馬政府上台之後，開始調整對伊朗政策，緩和美伊關係。伊核協

---

26 D. Park Teter , 1979, *Iran Between East and West*.

　27 王新中、冀開運：《中東國家通史 — 伊朗卷》，商務印書館，2002 年。

議的簽署，暫時消除伊朗核威脅，有助於美國在中東地區實現戰略收縮，實施"亞太再平衡"戰略。拜登時期，美國政府也在逐步修復美伊緊張關係，這不僅是基於中東收縮戰略的訴求，也是為了避免伊朗完全倒向中國、俄羅斯，繼續維護其中東霸權。

整體而言，美國在海灣戰爭後，確立了中東地區的主導權。

一則，控制中東能源和海上通道，進而主導全球能源格局，維護美元的金融霸主地位。中東地區地跨歐亞非三大洲，通過蘇伊士運河和波斯灣，聯通大西洋、地中海和印度洋，地理位置在戰略上的重要性不言而喻。中東地區對於美國而言，發揮著西控歐洲、東控印太的重要作用。

二則，消除恐怖主義對美國霸權的威脅，確保以色列在中東的安全。避免中東的民族主義勢力和反西方民主的勢力聯合起來，對抗西方的意識形態。

三則，通過在中東攪局、挑起戰爭，從中大肆牟利。2020 年，美國軍售佔全球軍售比重超過 85%，其中近一半流向中東。2021 年 3 月，瑞典斯德哥爾摩國際和平研究所證實，美國一直是世界上最大的武器出口國，美國近五年的武器出口量佔全球武器出口總量的 1/3 以上。中東國家軍購規模佔世界總額的 1/3，其中近 70% 來自美、英、法，美超過一半的軍售銷往中東。[28]

---

28 賈平凡：〈製造動亂，是美國維持自己在中東利益的手段〉，人民網，2021 年。

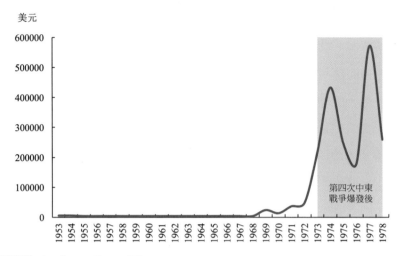

圖 3-18　1953 年至 1978 年美國對伊朗武器出口額
（1953 年至 1968 年數據為總額平均分攤到每一年而得）

資料來源：*Iran Between East and West*

圖 3-19　國際能源機構（IEA）石油消費量與全球佔比

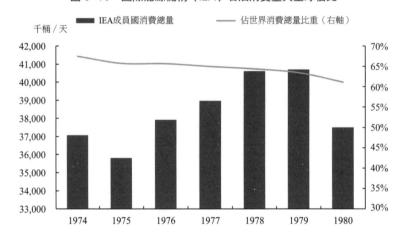

資料來源：BP

　　第三，建立消費國聯盟，緩解石油供應短缺風險。

　　美國主導成立了國際能源機構（IEA），從而建立了石油消費國的統一戰線，以削弱 OPEC 的話語權，降低未來供給中斷風險。在美國前國務卿基辛格主導下，石油消費國會議於 1974 年 2 月召開，並任命了能源協調工作組（ECG）來為消費國和生產國制定計劃，建立了國際能源機構（IEA）。當年 11 月，以美國為首的 16 國簽署了《國際能源機構協議》，該協議於 1976 年 1 月正式生效。協議制定了關於成員國石油共享、建立緊急石油儲備（各成員國保持不低於其 90 天石油進口量的存量）、控制石油需求（如果石油總供應量短缺 12%，各成員國必須將石油需求量減少 10%）。

1979 年 6 月，OPEC 決定將原油標價提高到 18 美元 / 桶，引發石油消費國的反抗。當時，西方七國石油消費量佔世界石油消費總量的 70%。1986 年 5 月，東京七國首腦會議發佈《東京宣言》，確定歐共體、美國、加拿大、日本 1985 年前進口石油的最高限額。西方國家削減能源使用、調整產業結構、發展替代能源，也是促成上世紀 80 年代，油價持續下跌的重要原因之一。國際能源機構的成立，一定程度上修復了 1973 年第一次石油危機以來，日益緊張的美歐、美日關係。

第四，成功實現頁岩油革命，美國本土石油產量迎來快速增長。

作為世界上第一個進行頁岩氣勘探開發的國家，美國的頁岩油行業在很長時間內處於緩慢發展的階段。直到奧巴馬執政時期，美國成功實現頁岩技術革命，採用水力壓裂手段提取頁岩油氣使得非常規油氣資源開發成為可能。2010—2014 年，油價連續四年保持在每桶 80 美元以上，推動了美國頁岩油行業的擴張，美國的原油產量從 2008 年的月均 500 萬桶 / 日一路上漲至 2019 年的月均 1229 萬桶 / 日。

圖 3-20　2010—2014 年的高油價推動美國頁岩油產量一路上漲

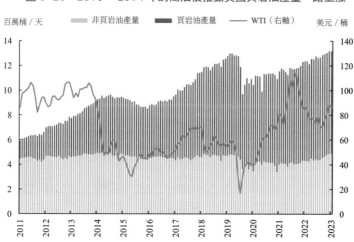

資料來源：EIA，FRED

美國石油產量飛躍擠壓 OPEC 份額，國際石油市場三足鼎立格局形成。美國的石油生產份額從 2010 年 9% 一路攀升至 2022 年的 19%，其出口份額從 2000 年的 2.0% 一路上升至 2022 年的 12.73%，中東地區的石油出口份額則從 2000 年的 43.4% 下降至 2022 年的 35.25%。至此，美國、沙特、俄羅斯成為了國際石油市場的三大供應方，形成了三足鼎立的格局。

2010—2014 年，油價連續四年保持在每桶 80 美元以上，能夠覆蓋頁岩油開採成本，美國頁岩油行業得以快速擴張。為了打擊美國頁岩油的發展，俄羅斯與 OPEC 試圖通過增產壓低油價，使其生產無法盈利。2014 年底，油價暴跌，迫使眾多美國頁岩油企業提高效率、降低成本。通過技術創新、壓縮成本，美國頁岩油的平均生產成本從 2014 年初的 70 美元 / 桶下降至不到 40 美元 / 桶，化解了油價低迷對行業的衝擊。

OPEC 與俄羅斯的增產降價方法並沒有摧毀頁岩油行業，但是對石油價格的共同訴求使得其兩大勢力走向聯合。2016 年，OPEC 與以俄羅斯為首的 11 個非 OPEC 產油國共同簽訂減產協議，此後油價重心逐漸回升。

圖 3-21　美國石油出口份額增加，中東地區份額減少

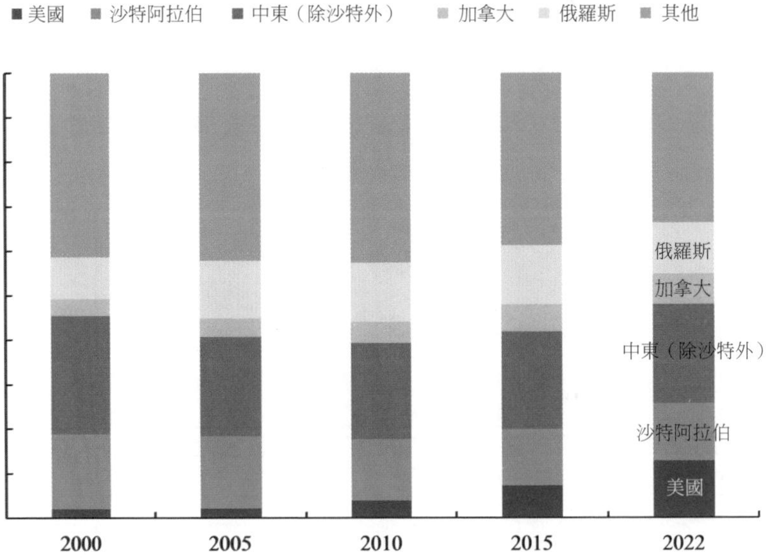

資料來源：BP

圖 3-22　美國於 2020 年成為石油淨出口國，對中東地區依賴進一步減少

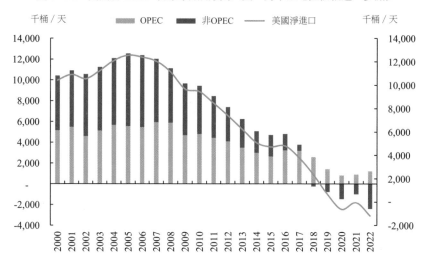

資料來源：EIA

圖 3-23　21 世紀以來，美國向中國、印度等亞洲國家出口石油增加

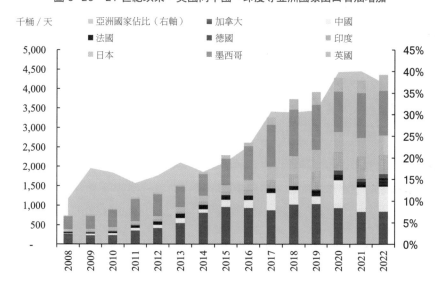

資料來源：EIA；左軸指標為美國石油出口量

圖 3-24　亞洲國家對美國石油依賴度上升

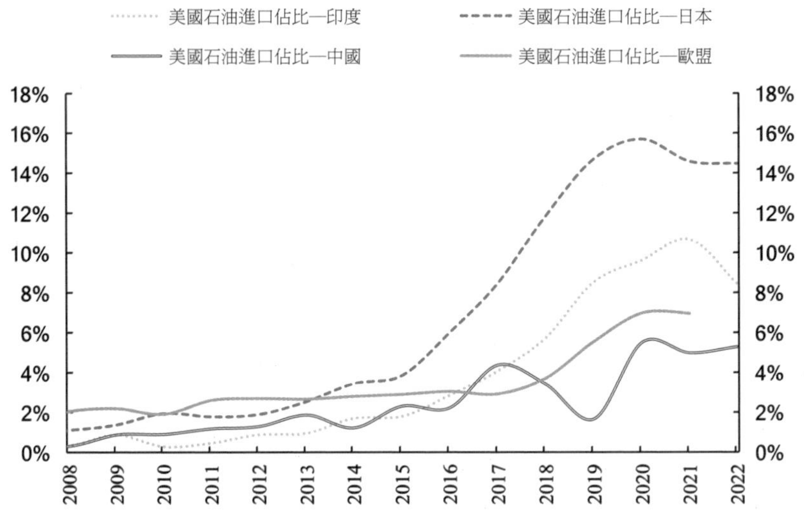

資料來源：EIA，BP，EUROSTAT

三、現如今，美國石油霸權正遭遇逆風

如前述分析，美國通過主導中東局勢、實現能源獨立等途徑，化解 OPEC 對石油的壟斷定價權，重新塑造所謂的石油霸權體系，並藉助石油美元機制，鞏固美元霸權體系。

但隨著世界政治經濟格局的持續演變，美國獨霸正在走向多元平衡，在石油市場上，美國霸權也正在遭遇阻力。最直接的體現就在於，美國對中東國家的主導作用削弱，遭遇中國、俄羅斯等外部競爭者的制衡。與此同時，OPEC+ 聯盟的崛起與美國頁岩油進一步抗衡，削弱了美國對於原油的定價權。2022 年俄烏衝突下石油價格的波動，也側面驗證了這一現狀。一方面，歐美對俄石油制裁效果甚微，反而促成了俄羅斯石油貿易結構的轉向。另一方面，美國向沙特等中東國家遊說增產未果，OPEC+ 減產聯盟依舊堅挺，努力維護高油價環境。

（一）全球石油消費重心東移，中東轉向新的貿易夥伴

隨著中國、印度等新興國家的崛起，石油消費重心東移，對中東產油國的影響力隨之加大。

　　進入 20 世紀 90 年代後，美歐日等發達經濟體普遍經歷產業結構升級，對石油消費日益減少。進入 21 世紀後，隨著中國加入 WTO，人口紅利持續釋放，出口產業鏈擴張、城鎮化推動的投資浪潮，帶動石油消費迅速增加。中國在全球石油消費份額，於 2003 年首次超過日本，2020 年更是超過歐洲，成為僅次於美國的第二大石油消費國。截至 2022 年，中國在全球石油消費份額升至 14.7%，同期美國、歐洲、印度分別為 19.7%、14.5%、5.3%。

　　2002 年以來，沙特始終是中國最大原油供應國，2022 年我國原油進口中 17% 來自沙特。自 2006 年起，中國與沙特等產油國持續開展能源投資合作。2006 年 1 月和 4 月，中沙簽署《關於石油、天然氣和礦產領域開展合作的議定書》。2016 年 1 月，中國石化和沙特阿美簽署戰略合作框架協議，進一步促進雙方在油氣產業更廣泛的合作。此外，中國與伊朗、阿聯酋、科威特、卡塔爾等國也展開能源合作，並將經貿領域擴展至製造業、基礎設施等。2022 年 12 月，舉行的首屆中國—海灣阿拉伯國家合作委員會峰會上，中方宣佈，未來三至五年將繼續從海合會國家擴大進口原油、加強油氣開發、開展油氣貿易人民幣結算。

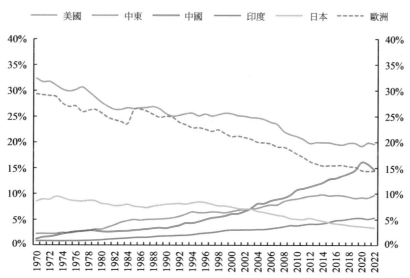

圖 3-25　中國在全球石油消費份額已經超過歐洲

資料來源：BP

圖 3-26　OPEC 原油出口地中，亞洲地區佔據絕對地位

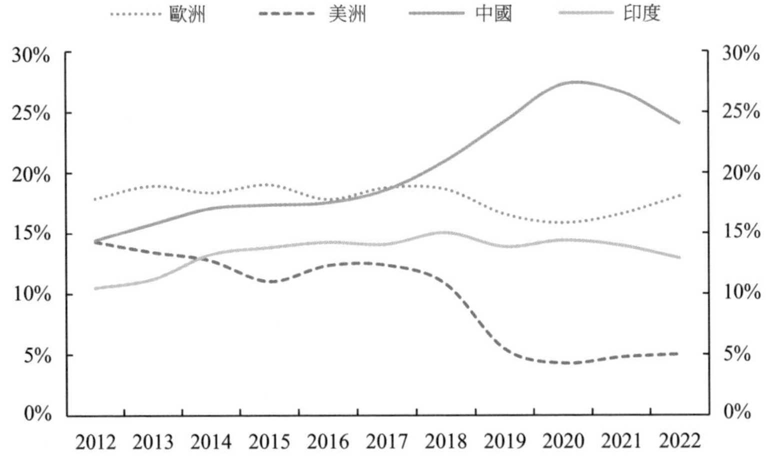

資料來源：WIND

（二）美國實行中東收縮戰略，削弱了其在中東地區的主導權

　　隨著頁岩油革命的成功，美國成為原油市場上重要的邊際定價者，美國及其盟友對中東原油的依賴度也相應降低。為了限制中國崛起，美國將軍事重心轉向亞太地區，實行 "中東收縮" 戰略。2011 年，奧巴馬政府推出 "亞太再平衡戰略"，逐步顯現出美國遏制中國的政策傾向，中東政策進入戰略收縮期。具體體現在，一是從阿富汗和伊拉克撤軍；二是推動伊核協議談判。

　　2017 年，特朗普政府正式提出 "自由而開放的印太戰略"，大肆渲染所謂中國謀求印太霸權。2022 年 2 月，拜登政府發佈首份區域戰略報告《美國印太戰略》，並提出 "一體化威懾" 戰略，旨在通過統一美國和其盟友的主要作戰裝備和武器彈藥，實現美軍與盟國軍隊的相互補充，從而提高整體威懾力。近年來，美國連續推出美日印澳 "四方安全對話"（QUAD）、印太經濟框架（IPEF）、美英澳 "奧庫斯" 聯盟（AUKUS）三大支柱，不斷在亞太地區新增印太地區的海外基地、軍事預算以及軍售規模，構建美日韓軍事同盟，意圖在地區事務、軍事技術和經濟貿易等領域，全面提升美國在印太地區的影響力。

　　隨著全球石油供需結構的變化、以及美國推行的中東收縮戰略，美國

愈發難以滿足中東地區在經貿往來、國家安全層面的訴求。中東國家開始積極尋求與中國、俄羅斯等大國的外部合作，同時減輕內部矛盾，在外交關係上表現出中立、溫和態度，不再單方面被美國左右。

目前來看，在多邊合作機制框架下，中國、俄羅斯方面，均在積極吸納中東主要國家，應對美國全球霸權。俄羅斯加快了重返中東的步伐，利用中東事務平衡美西方國家的能力不斷增強。一是敘利亞戰爭給了俄羅斯重返中東的立足點。2015 年俄羅斯出兵敘利亞改變了戰場格局，保住了阿薩德政權，既維護了自身在敘利亞的利益，也阻遏了西方迫使敘利亞進行政權更迭的企圖。俄羅斯以敘利亞為支點，調動了同伊朗、敘利亞、土耳其、以色列、伊拉克等中東大國的關係。二是俄羅斯同中東主要國家建立良好合作關係，同土耳其、沙特、埃及等國家簽署一系列經濟、軍售合同，獲取了經濟利益，部分突破了美國的經濟圍堵。中國也通過"一帶一路"倡議，與中東國家積極建立貿易夥伴關係。2022 年 9 月，上合組織正式接納伊朗，阿聯酋、敘利亞、卡塔爾和沙特阿拉伯等國也表示希望加入。2022 年 12 月中國—阿拉伯國家峰會、中國—海灣阿拉伯國家合作委員會峰會相繼召開。2023 年 8 月，埃及、伊朗、沙特、阿聯酋四個中東國家加入金磚合作機制。

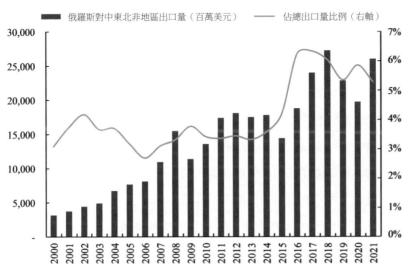

圖 3-27　2016 年以來，俄羅斯加強與中東地區貿易往來

資料來源：warsawinstitute

　　與此同時，近年來中東各國內求發展、外求合作，內部關係趨於緩和，和平與發展成為地區國家的共同訴求。一方面，中東國家針對發展轉型制定和實施各種發展願景，如沙特阿拉伯 "2030 願景"、土耳其 "2023 願景"、伊朗 "2025 願景" 等，中東各國還提出了應對第四次工業革命的發展戰略，如阿聯酋的《工業 4.0 戰略》等。另一方面，沙特阿拉伯、伊朗、土耳其等地區國家關係持續緩和，並出現了長期以來十分罕見的和解潮。一是阿拉伯國家與伊朗改善關係，緩解地區緊張局勢。2021 年 4 月起，伊朗和沙特官員在伊拉克首都巴格達為改善兩國關係已開展五輪對話。2023 年 3 月，在中國斡旋下，沙特和伊朗在斷交七年後同意恢復外交關係。2022 年 8 月，科威特宣佈將與伊朗的關係恢復到大使級。同月，阿聯酋宣佈，將在時隔逾 6 年後重新派大使赴伊朗。二是土耳其與沙特、埃及等阿拉伯國家的關係得到改善並迅速發展。2022—2023 年，土耳其與海灣國家關係持續改善，高層互訪不斷。土耳其與埃及關係也迅速改善，雙方已於 2023 年 7 月恢復了中斷十年的大使級外交關係，實現關係正常化。

　　美國近年來也試圖推動以色列與阿拉伯國家關係的正常化，以維護其在戰略收縮情況下的中東利益。2020 年 8 月，阿聯酋等四個阿拉伯國家與以色列達成《亞伯拉罕協議》，雙方實現關係正常化。當年 10 月 18 日，以色列與巴林簽署聯合公報，正式建立全面外交關係。2022 年 8 月 17 日，宣佈以色列和土耳其將實現外交關係正常化並互派大使。

　　然而，2023 年 10 月，新一輪巴以衝突爆發，打亂了以色列與其他阿拉伯國家及土耳其等國的和解進程。同時，也打亂美國的中東計劃，影響美國在中東的核心利益，致使美國不得不對中東地區重新投入更多資源，從而影響其對烏克蘭戰場的軍事援助。2023 年 12 月以來，多艘目的地為以色列的外籍商船在紅海水域遭胡塞武裝襲擊，多家大型航運公司暫停了紅海的航運業務。紅海緊張局勢不斷升溫，正是巴以衝突的外溢影響。目前，海運運價已出現大幅上漲，國際油價受地緣溢價的抬升也在持續上漲。由於紅海航線的石油運輸總量約佔海運石油貿易總量的 12%，若此次危機持續時間較長，將增加額外的運費成本，對全球供應鏈體系造成較大影響。

但目前來看，阿拉伯國家並不願看到衝突擴大影響既定的發展戰略，預計新一輪巴以衝突的影響相對有限。2023 年 11 月舉行的阿盟—伊斯蘭合作組織峰會上，中東各國就巴勒斯坦問題採取了共同立場，顯示了“罕見”的團結，表明巴以衝突未對中東“和解潮”帶來負面影響。2023 年 12 月 26 日，全球最大的集裝箱航運公司馬士基表示，由於多國海軍開始保護紅海航運免受也門胡塞武裝的襲擊，該公司準備允許船隻恢復在紅海航行。考慮到原油供應未有實際中斷，若後續胡塞武裝襲擊結束將帶來地緣溢價的回落。

（三）美國運動式減碳，制約頁岩油產量增長，對油價控制力走弱

2022 年，面對高油價環境，美國頁岩油企遲遲不願意擴產，導致原油產量增長緩慢，使得全球原油供應的主導權一度向 OPEC+ 傾斜。美國頁岩油廠商擴產意願不足的核心原因在於，拜登上台後民主黨持續推行運動式減碳，導致頁岩油企的生產策略由激進轉變為保守。

為了兌現競選承諾、回報新能源行業的支持，拜登上任後重返《巴黎協定》，美國白宮承諾在 2050 年實現“零碳排放”，並計劃在 2035 年實現“無碳污染的電力部門”。為此拜登大力支持新能源行業，打壓傳統能源行業，這給頁岩油企和投資者均帶來巨大的不確定性。不僅在政府監管、行政約束層面，增加行業壁壘，同時頁岩油企在經歷 2020 年破產潮之後，面對外部資本退出、投資者要求更高現金回報的情況下，不得不強化資本紀律和風險意識。這使得頁岩油企不再採取以往的盲目擴張策略，在政策預期不穩、疫情持續擾動需求的背景下，將穩健的生產策略作為首選。即將現金流優先用於償債、股利分紅和股份回購，以滿足投資者的資本紀律要求。

從鑽井數等指徵資本開支的指標，可以清晰看到本輪油價上漲後，美國頁岩油企資本開支恢復明顯滯後。由於美國頁岩油井產量衰減速度較快，一般開採後的兩個月是產量的高峰，隨後持續回落，因此頁岩油產量增加依賴於持續的鑽井活動。從歷史數據看，完井數一般領先於原油產量

兩個月左右。2020—2021 年，美國油企為了壓縮資本開支，節約運營成本，頁岩油生產更多以釋放庫存井的方式進行，新增鑽井數量遠低於往年。截至 2023 年 10 月，庫存井降至 4415 口，較 2021 年末大幅下降 804 口。庫存井數量的下降，意味著完井數的進一步增加，需要新增鑽井數量的提升，即資本開支的擴大。但 2023 年 1 月以來，新增鑽井數量持續下降，截至 2023 年 11 月，新增鑽井數回落至 854 口，較 2022 年 12 月高點下降 194 口。

圖 3-28　疫情後美國頁岩油產能恢復緩慢

資料來源：WIND

　　2023 年下半年，由於美國石油鑽探公司利用新技術大幅提高生產率，使得美國頁岩油在資本開支強度下降的背景下，產量迎來超預期增長。2023 年 10 月以來，美國原油產量升至 1320 萬桶 / 日，超過疫情前 1300 萬桶 / 日的水平，較 2022 年末增加 110 萬桶 / 日，為疫情以來產量增加最多的年份，貢獻 2023 年全球石油供應增長量的 80%。因此，2023 年原油市場表現為，以美國為主的非 OPEC 國家持續增產，OPEC 國家被迫持續減產，以維持原油市場的供需平衡。雖然生產率提升，使得美國頁岩油企業在較低的資本開支基礎上，便能夠保證較高的產量輸出，一定程度上對 OPEC 減產策略的執行形成衝擊。但這種新技術的產生，能否帶來產量的持續增長，還是取決於資本開支是否擴大。2024 年，由於全球石油需求預期增長放緩，原油市場可能出現小幅過剩，這也使得頁岩油企業暫無擴大資本開支的意願。根據 Evercore ISI 的數據，到 2024 年，鑽井公司的資本支出將僅增加 2%，而 2023 年的增幅為 19%。EIA 在 2023 年 12 月短期能源展望中表示，2023 年美國原油產量平均為 1293 萬桶 / 日，預計 2024 年將進一步增至平均 1311 萬桶 / 日，指向美國頁岩油增產節奏有所放緩。

（四）俄烏衝突反映出美國在石油領域的影響力減弱

2022 年 2 月下旬，俄烏發生衝突以來，歐美等西方國家持續對俄羅斯石油出口實施制裁。歐盟在 6 月初宣佈，自 2022 年 12 月底禁止進口俄羅斯海運原油，並在 2023 年 2 月初禁止進口俄羅斯成品油。由於俄羅斯是全球第二大原油生產國，2020 年原油產量佔全球的 13%，原油出口佔全球的 11%，且對歐原油出口約佔 50%。因此，歐美對俄石油禁運導致市場極度擔憂原油供給，當時布倫特原油價格一度從 90 美元 / 桶附近，快速升至最高 140 美元 / 桶左右。

但是 2022 年下半年以來，由於俄羅斯原油貿易從歐洲成功轉向中國、印度等亞洲國家，俄羅斯原油出口和產量基本未受影響，俄烏衝突對油價的影響也開始逐步消退。2022 年 12 月，俄羅斯原油產量為 997.4 萬桶 / 日，較 2022 年 2 月僅下降 20 萬桶 / 日。由於俄羅斯石油貿易的成功轉向，使得西方國家對俄石油出口禁運並未減少俄羅斯石油收入，反而抬高了石油價格，提高能源依賴國的能源成本。

因此，西方國家又提出 "限價令" 以取代對俄石油出口禁運措施。自 12 月 5 日起，歐盟、七國集團與澳大利亞將俄羅斯海運石油價格上限設定為每桶 60 美元；2 月 5 日起，對俄羅斯石油產品（例如柴油、航空燃油等）設定每桶 100 美元的最高限價。這一限價機制下，如果俄羅斯向第三方國家出售石油的價格高於上限水平，歐盟和七國集團的企業將被禁止為俄石油運輸提供保險、金融等服務。但從實際情況看，西方對俄海運石油限價效果不佳，象徵意義大於實際意義。一方面，俄羅斯原油供應已向亞洲市場大規模轉移，市場結構發生重大變化。俄羅斯副總理表示，2023 年俄石油和石油產品出口半數流向中國，而出口到印度的份額在過去兩年內上升至 40%，歐洲在俄羅斯原油出口中的份額，從 45%—50% 下降至 4%—

5%；另一方面，在實際交易環節有諸多漏洞，例如通過中轉站就可以毫無限制地流向歐美，同時俄羅斯也通過組建 "影子船隊"，以主動規避西方海運和保險服務。從最終結果看，俄羅斯烏拉爾原油價格並未受到限價的約束，同時俄羅斯也開始主動減產，試圖將國際油價維持在偏高水平，以維持其財政收入的穩定。截至 2023 年 12 月，俄羅斯原油產量為 949 萬桶 / 日，相較 2022 年末下降近 50 萬桶 / 日。根據國際能源署（IEA）數據顯示，2023 年 1—11 月俄羅斯原油和石油產品的出口收入為月均 152 億美元，相比 2022 年的 195 億美元減少了 22%，略低於俄烏衝突前的 2021 年（157 億美元），更多是受國際油價下跌的影響。

俄烏衝突強化了 OPEC 與俄羅斯的減產聯盟，疊加美國頁岩油前期增產緩慢，全球原油閒置產能多數集中在 OPEC+，OPEC+ 通過供給側的持續調整，成為國際油價的關鍵定價者。2020 年疫情發生後，OPEC+ 採取大規模減產支撐油價，此後伴隨原油需求回升，OPEC+ 逐步恢復增產。但此後在美聯儲大幅加息的背景下，基於對未來需求前景的擔憂，OPEC+ 自 2022 年 10 月宣佈轉向減產進程，將油價穩定在偏高水平。2022 年 10 月，OPEC+ 宣佈自下月起將石油產量削減 200 萬桶 / 天。2023 年 4 月，OPEC+ 宣佈沙特阿拉伯等國將總共減產 115.7 萬桶 / 天，並於 6 月會議上決定延長減產週期至 2024 年底。此外，沙特表示在 2023 年 7 月額外自願減產 100 萬桶 / 日，此後不斷延長；俄羅斯宣佈 3 月主動減產 50 萬桶 / 日，4 月宣佈減產延長至年底。2023 年 11 月，OPEC+ 會議宣佈，2024 年第一季度 OPEC+ 整體將自願減產 219.3 萬桶 / 日。其中，沙特阿拉伯減產 100 萬桶 / 日，俄羅斯將在 2023 年 5—6 月出口水平的基礎上，分別減少 30 萬桶 / 日的原油出口和 20 萬桶 / 日的成品油出口，伊拉克等其他 6 個國家合計新增減產規模 69.3 萬桶 / 日。整體而言，隨著 OPEC+ 的持續減產，產量政策空間有所受限，市場對未來減產執行率存在擔憂。但是，在中東國家持續維護財政平衡，實現經濟多元化轉型的大背景下，OPEC+ 大概率還會維持偏緊的產量約束，對油價形成托底作用。

圖 3-29　2022 年 10 月以來，OPEC+ 步入減產進程

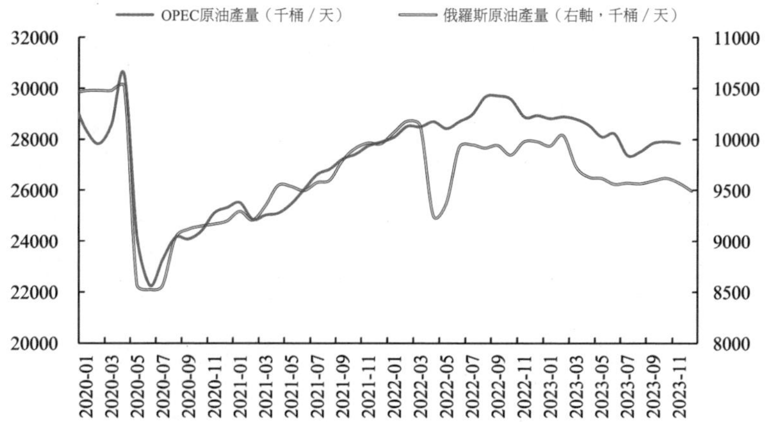

資料來源：WIND

　　總體而言，當前世界石油市場正在從美國獨霸，轉向多元平衡。隨著中國、印度等新興國家的崛起，全球石油消費重心東移，疊加美國頁岩油獨立，促使中東轉向新的貿易夥伴，推動 OPEC+ 聯盟成立。與此同時，美國實行中東收縮戰略，將軍事重心轉向亞太地區，削弱了其在中東地區的主導權，中東國家在外交關係上也轉向平衡。俄烏衝突的爆發，進一步強化 OPEC+ 聯盟的凝聚力，與美國頁岩油相互抗衡，削弱了美國對原油的定價權。美國雖然仍然可以通過其美元霸權的外溢，影響各國經濟和政策，但顯然在大國博弈的賽場上，已經遭遇多重阻力。

第四章

從美國糧食霸權到
全球糧食危機

近年來全球糧食安全問題日益引發關注，聯合國世界糧食計劃署曾表示，人類或將面臨 "二戰後最大的糧食危機"。俄烏衝突以來，多個國家實施糧食出口限令，我國也多次重申糧食安全的重要性，提出要確保糧食產量和供應穩定，夯實穩物價基礎。那麼全球糧食危機的根源何在？俄烏衝突是背後的真正推手嗎？我們試圖從美國糧食霸權的角度，理解糧食安全的政治賬。

在此背景下，本章嘗試回答以下三個問題：第一，美國糧食霸權如何建立？第二，美國糧食霸權如何推升糧價？第三，美國如何從糧食危機獲利？

一、美國糧食霸權是如何形成的？

（一）美國糧食霸權的真相

糧食霸權本質上是美國主導的一個全球性地緣政治現象，是美國全球戰略的核心，用於維繫美元的全球霸權地位。美國前國務卿基辛格曾經提出，"誰控制了石油，誰就控制了所有國家；誰控制了糧食，誰就控制了人類；誰掌握了貨幣發行權，誰就掌握了世界"。糧食安全的重要性不言而喻，在糧食短缺或糧食危機時，誰擁有糧食及糧食銷售的控制權，佔據世界糧食市場的壟斷地位，誰就擁有充分的發言權和決策權，就掌控著世界經濟體系的主導權和領導世界的主動權。

因此，基於國家政治、經濟利益考量，美國將糧食戰略品的屬性上升為糧食霸權。自 20 世紀 70 年代以來，美國長期依賴美元霸權收益，進行巨額農業補貼，培育並依靠全球壟斷性農業集團，藉助全球化和自由貿易的名義進行糧食交易，控制多國，尤其是發展中國家的糧食生產、銷售、加工等環節。最後，在美國金融資本的助力下，徹底掌握全球糧食定價權。

（二）美國糧食霸權的路徑

20 世紀 60 年代後期，美國霸權地位面臨挑戰，越南戰爭的失利、美國工業優勢地位開始被西歐和日本趕超，經濟陷入衰退，布雷頓森林體系破裂，美元陷入危機，這些問題導致美國急需在新的領域謀求利益。糧食與石油霸權在這一時期脫穎而出，成為美國經濟霸權中的新支柱。自此，美國依託於政府、企業、資本等多重力量的結合，藉助糧食援助、"綠色革命"、自由貿易、"轉基因革命"、生物燃料、糧食金融化等方式，一步步建立起美國在全球的糧食霸權。

第一步：藉助巨額糧食補貼，穩定國內糧食生產、擴大糧食出口，保證國際市場競爭力。

美國糧食霸權的基礎，是憑藉其先進的農業生產力，獲得持續向外大量輸出低價農業品的能力，各國在低價糧食的傾銷之下，開始逐漸喪失糧食自主權。1975 年至 2014 年，從美國主要農作物四十年的淨利潤數據來看，稻穀和玉米有二十七年為負值，小麥有三十六年為負值，大豆有十六年為負值。可見，儘管美國具備強大的農業生產力，但農業種植多年處於虧損狀態，美國作為農業生產、貿易大國長期運行的基礎，是其長期推行的以糧食補貼為核心的農業政策。

圖 4-1　1998—2003 年間，美國大豆均處於虧損狀態

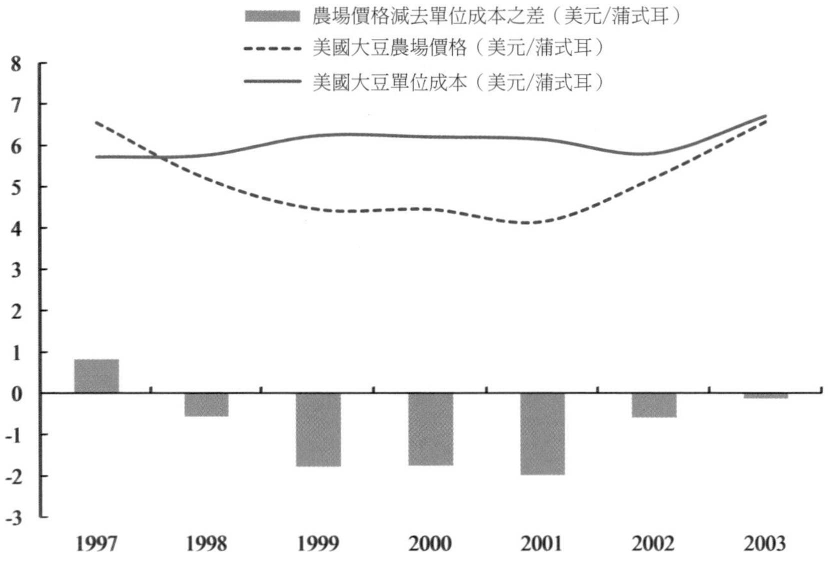

資料來源：WIND

　　早在 1933 年，隨著《農業調整法》的出台，美國農業補貼政策正式開啟，自此奠定"低糧價 + 高補貼"的農業生產策略。20 世紀 30 年代，世界經濟危機發生，導致全球農產品需求下降，農產品價格暴跌，美國農民陷入債台高築、生產過剩和收入下降的困境。當時，農場主現金收入從 1929 年的 113 億美元降至 1932 年的 47.5 億美元，降幅達到 58%。在此背景下，美國國會農業委員會、美國農業局聯盟和美國國家農業部，聯合起來尋求建立農產品價格支持機制。1933 年《農業調整法》出台，建立了以價格支持和限產措施為重點的農業補貼政策，包括生產補貼、出口補貼、土地休耕計劃等，旨在穩定農產品價格和農民收入，保證農業生產力、拓寬國際市場。

　　同時，美國還借鑒"常平倉"制度的思路，運用糧食儲備，調節市場供應，控制農產品價格。《1938 年農業調整法》出台，提出政府應按照一定的供應條件和價格條件，由農產品信貸公司向廣大的農場主發放無追索權的農業貸款（即農作物抵押貸款），同時政府要求農場主服從政府下達的農作物生產計劃，農業部把農場主每年按計劃生產的糧食的多餘部分以倉儲的形式儲存下來。

從 1933 年到 1987 年，美國持續加強農業補貼力度，年均補貼數額從最初不足 50 億美元，提升至超過 150 億美元。1988 年到 1997 年，美國曾經短暫減少農業補貼力度，開始以市場化方式調整農業政策，包括降低農產品目標價格，降低最低保護價，採取與產量、價格脫鈎的固定補貼方式。但進入 1998 年之後，由於農產品價格大幅下降，加之聯邦預算出現盈餘，農業補貼力度再次加大。1990 年至 1995 年，年均農業補貼額約為 110 億美元，到 1999 年和 2000 年，年均補貼額已經超過 200 億美元。這段時期內，農業淨收入從 1989 年的 400 億美元上升到 2001 年的 490 億美元，政府的直接補貼對農業淨收入的貢獻也由 1989 年的 24% 提升至 2001 年的 40%。

圖 4-2　美國長期發放大額農業補貼，補貼力度整體呈上升趨勢

資料來源：WIND

在實施過程中，美國農業補貼主要流向大型農場主，這使得小農場加快退出市場，糧食巨頭獲得大量農業補貼，鞏固壟斷地位。1950 年以來，美國農場數量由 1950 年的 565 萬家，下降到 2006 年的 209 萬家。農民資產淨值的回報率已經從 70 年代的每年 10% 下降到 90 年代末的每年 2%。1995—2003 年，美國納稅者支付了 1000 多億美元的政府農業補貼款，其中約 10% 大型農業集團獲得了 72% 的農業補貼款。

然而，追求利潤最大化的資本，並不會滿足於獲取農業補貼，而是逐

步開始佈局全產業鏈。跨國農業集團將業務向上延伸到種子、化肥、農藥等領域，向下延伸到深加工、銷售等領域，控制了種植的上游和下游。這給糧食集團擴大利潤邊界，壓低糧食價格並擠佔補貼，打開方便之門。同時，壟斷集團的話語權進一步加強，並計劃通過政治獻金"捕獲"在美國政府中的話語權，進而影響美國農業政策。

在糧食寡頭多年的動員和遊說下，1996 年美國《農業法》出台，取消糧食儲備制度。1996 年《農業法》提出"美國不再對農場主的糧食儲存提供貸款支持"，僅保留用於國際人道主義食品援助的 400 萬噸糧食儲備，取消了對農場主儲備的補貼。1996 年以後，美國的糧食儲備便維持在較低的水平，這也為糧食巨頭掌握糧食儲備提供契機。

自此，美國建立大規模廉價食物體系，少數糧食寡頭得以控制美國糧食生產和儲備，在隨後的市場擴張、糧食援助、政治遊說的策略下，不斷將全球農業生產和貿易體系納入其版圖。

第二步：藉助糧食援助、糧食禁運等武器，爭奪國際勢力範圍，介入他國糧食生產體系。

隨著美國農業生產力迅速提高，國內糧食過剩問題頻發，美國藉機將糧食盈餘轉化為糧食武器，糧食援助、糧食禁運成為美國重要的地緣政治手段，糧食援助演變成政治的產物。美國藉助糧食援助，不僅換取他國在政治、外交和經濟貿易上的讓步，也遏制或打壓其他國家的發展，鞏固美國的領導地位。美國既穩定了其在東西半球的基本盤，也控制了一大批發展中國家，鞏固美國的戰略利益，並不斷推進美式民主。

"二戰"前，美國以糧食充當霸權武器已經初見端倪。根據 1941 年 3 月"租借法案"規定，美國向其盟國提供了大量的農產品援助。該法案擴大了美國的勢力範圍，確立了美國在戰後世界中的領導地位。"二戰"結束後，各國糧食短缺成為全球普遍現象，美國糧食援助政策開始頻繁向外輸出。

冷戰時期，穩定西方陣營、遏止蘇聯的擴張和爭奪第三世界國家成為美國糧食安全戰略的中心任務。

一方面，美國對歐洲實施馬歇爾計劃，其中糧食援助佔據總援助金額的 25%。基於冷戰需要，1954 年 7 月，美國國會通過指導糧食援助的第一個法案——《農產品貿易與發展法案》(480 法案)。該法案允許向外國政府銷售和捐贈美國食品,明確規定禁止向蘇聯和非"友好國家"輸出糧食,以達到處置過剩糧食、人道主義援助、發展出口市場和獎勵盟友的目的。

另一方面,美國將越南、柬埔寨、韓國等國家和中國台灣等地區作為重點,加強糧食援助,旨在強化對中國內地的封鎖與孤立,維護西方民主制度。截至 1973 年,美國糧食援助的 50% 集中在南越、柬埔寨。

進入 70 年代,美國糧食援助思路的重點轉向促進受援國的農業改革,援助重心從西歐、亞洲擴大到非洲和拉丁美洲。此舉的真實意圖,在於打擊、改變、控制受援國的農業生產體系,進而讓這些國家形成對美國等援助國的經濟依賴與政治依賴,這也是為什麼非洲和拉丁美洲的許多國家淪為美國附庸的重要原因。原本自給自足的糧食體系,變成了由美國操控的產業化糧食體系,為眾多發展中國家頻頻發生糧食危機埋下禍根。

表 4-1　美國對外糧食援助的區域分佈(1955—2014 年)

年份	亞洲	中亞	東歐	拉丁美洲和加勒比	中東和北非	撒哈拉以南非洲	西歐	其他
1955—1959	40	0	13	10	8	0	27	3
1960—1964	47	0	6	12	20	3	9	3
1965—1969	63	0	4	9	12	5	3	4
1970—1974	67	0	0	9	12	5	2	4
1975—1979	48	0	0	10	22	10	3	7
1980—1984	30	0	2	14	24	19	1	11
1985—1989	26	0	0	18	18	22	0	15
1990—1994	16	26	7	15	9	20	0	6
1995—1999	22	22	6	15	2	33	0	0
2000—2004	22	7	4	12	5	51	0	0
2005—2009	13	1	0	6	2	77	0	2
2010—2014	13	0	0	5	5	74	0	3

資料來源:《美國海外貸款與贈款綠皮書》

註:圖中數字單位為 %,色階越紅,表明這段時期內佔比越高,是美國糧食對外援助的重點區域

　　第三步：發起 "綠色革命"，開啟商業化農業時代，控制世界糧食生產。

　　20 世紀 50 年代起，美國在發展中國家率先發起 "綠色革命"。"綠色革命"，最初是以洛克菲勒家族為代表的美國社會政治精英，為了向主要發展中國家推廣美國的商業化農業而發起的行動。"綠色革命" 最早出現在墨西哥，20 世紀 50—60 年代風行於拉丁美洲，隨後傳播到了印度、中國等亞洲國家。這一行動表面上是通過傳輸先進農業科學和技術，幫助發展中國家提高糧食生產力，實際上，則是美國向外擴張疆土，進行農業投資，控制發展中國家糧食生產的渠道。

　　具體而言，"綠色革命"，通過向發展中國家輸入缺乏繁育能力的新型雜交種子、昂貴的化肥和農業技術，使其對美國的依賴加深，進而來控制發展中國家的糧食生產，甚至要被迫接受各類政治經濟附加條件，包括按照計劃發展農業、加強人口控制等。不僅如此，"綠色革命"，還為美國石油化學工業和糧食卡特爾打開了新市場。隨著農業化學品和雜交種子的壟斷，美國的農業綜合企業巨頭們開始走向全球化，試圖主導世界農業貿易市場。

　　從實際效果來看，"綠色革命" 並沒有解決發展中國家的糧食自給問題，反而使得發展中國家，在糧食生產和貿易機制中處於更加不利地位。"綠色革命" 在早期推行時期曾一度促進農業生產力，例如 20 世紀 60 年代，墨西哥的小麥和玉米的產量提高了兩到三倍。但長期使用後，新型雜交種子品種降低了土壤的肥力，嚴重依賴大量的除草劑和殺蟲劑，不僅產量出現下降，生產成本也隨之提升。在這種情況下，由於糧食生產需要資金、設備、原材料等投入，小規模農場難以承受價格波動，逐步退出市場，農業市場走向集中化，大量的農村人口背井離鄉，開始遷往城市。以墨西哥為例，在推行 "綠色革命" 一段時間後，開始採取進口替代工業化戰略，重心轉向發展工業，這也為未來美國跨國製造業積蓄廉價勞動力。

圖 4-3　從 1962 至 2008 年世界各地糧食產量來看，部分地區長期生產力
已經出現停滯

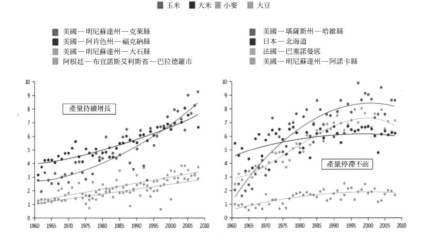

資料來源：德國海因里希‧伯爾基金會

　　第四步：推進全球農產品自由貿易，讓各國被迫打開農業市場。

　　早期藉助糧食援助，美國部分打開了發展中國家市場，但仍然難以消化過量的糧食。尼克松總統時期開始推行農業出口戰略，建立由美國主導的全球糧食和農產品市場。1971 年 8 月布雷頓森林解體，美元與黃金脫鈎，美元貶值使得美國糧食出口更具競爭力。當時嘉吉、大陸穀物、ADM 公司等美國糧食貿易商成為農業出口的中堅力量。他們認為，其他工業化國家都應該放棄本國自給自足的農業生產，為美國成為世界糧倉開闢道路。

　　在美國推行農產品自由貿易、向外擴張疆土的過程中，跨國糧食巨頭扮演著關鍵角色。最著名的便是 "ABCD" 四大糧商，巔峰時曾經掌控著全球 80% 的糧食交易量。四大糧商具體是指，美國的阿丹米（ADM）、邦吉（Bunge）、嘉吉（Cargill）和法國的路易達孚（Louis Dreyfus），根據英文名字首字母，將其簡稱為 "ABCD"。他們通過佈局農業全產業鏈，掌握生產、加工、貿易環節，將業務範圍擴展到全球。例如，在播種初期，ABCD 與農民簽訂合約，提供種子、化肥、農藥等，至收穫時以約定的定價模式從農民手中收購農產品，壟斷了產業鏈中多數利潤。同時，ABCD

提供的種子、化肥、農藥等農資，來自於孟山都、陶氏、杜邦等化工或種業巨頭，他們通過跨界合作，進而形成擁有共同利益的農業複合體。

如今經過多年發展，傳統的 ABCD 四大糧商已經擴展至六大糧商。2022 年，來自中國的中糧集團和新加坡的豐益國際，營業收入在全球糧食貿易集團中分別位列第二和第四名，超過美國邦吉和法國路易達孚公司。豐益國際，早期是一家貿易公司，後續通過擴張在印尼、馬來西亞的棕櫚油業務，成功躋身國際糧油企業前列，其第二大股東為美國 ADM 公司，控股比例達 24.89%，背後依然有美國的身影。來自中國的中糧集團，通過收購中國香港來寶農業、荷蘭尼德拉農業，成功地拓展海外業務，業務遍及全球 140 多個國家和地區，在南美、黑海等全球糧食主產區和亞洲新興市場間建立起穩定的糧食走廊，50% 以上營業收入來自於海外業務。

表 4-2　"ABCD"四大糧商公司介紹

	公司名稱	國家	成立時間	行業地位
A	阿丹米（ADM）	美國	1902 年成立；1986 年向歐洲擴張。	全球最大的農業生產、加工及製造公司，全球最大的油菜籽、玉米、小麥、可可等農產品加工廠商，世界第一大燃料乙醇生產者。
B	邦吉（Bunge）	美國	1818 年成立；1884 年進入阿根廷 1905 年延伸至巴西美國。	全球第四大穀物出口商、最大油料作物加工商，巴西最大的穀物出口商，美國第二大大豆產品出口商、第三大穀物出口商。注重從農場到終端的全過程，在南美擁有大片農場，掌握化肥、糧食收購加工、出口渠道。
C	嘉吉（Cargill）	美國	1865 年成立；業務擴展到全球 66 個國家和地區。	美國最大的私人跨國企業，主要從事食品加工，後續擴展至醫藥、金融、天然資源等。美國最大的玉米飼料製造商，全球第一大糧食貿易和倉儲商，分別是阿根廷和巴西的第一大和第二大糧食出口商。
D	路易·達孚（LouisDreyfus）	法國	1851 年成立；總部位於荷蘭鹿特丹，在 100 多個國家設有辦事處。	全球上最大的棉花和大米貿易商，全球第二大糖類市場參與者，全球第三及法國第一糧食輸出商。在巴西擁有兩處巨大的發酵式乙醇製造廠，控制著非洲和歐洲大部分糧食和加工品供應。

資料來源：美股之家，公司官網，彭博，路透　註：統計時間為 2022 年 4 月

圖 4-4　中國、新加坡糧商躋身全球糧食貿易前列，全球四大糧商擴展至六大糧商

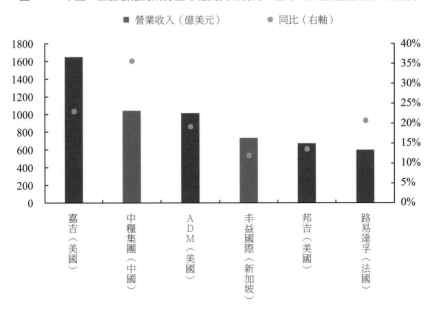

■ 營業收入（億美元）　　● 同比（右軸）

資料來源：各公司 2022 年財報

　　資本化的糧食寡頭，不滿足於僅僅控制受援國的糧食體系，而是希望進一步擴張疆土。糧食巨頭通過遊說等方式，影響世界貿易組織的農業談判和各國雙邊及多邊貿易關稅協定，將觸角伸向世界各國政府。例如，在烏拉圭回合談判中，美國農業首席談判代表在貿易談判前後均受聘於糧食巨頭美國嘉吉公司。

　　1986—1993 年，烏拉圭回合談判中，農業首次被納入關貿總協定體系下，成員國承諾農產品關稅大幅減讓，並減少農業補貼。其中，要求工業國家在六年內將對農產品貿易的補貼減少 20% 至 36%，將進口農產品的關稅減少 37%，發展中國家在十年內將進口農產品關稅削減 24%。2001年以來，在 WTO 農業談判中，圍繞擴大農產品市場准入，促進市場公平和自由貿易，如在降低關稅和削減國內支持等，取得了實際性進展。2015年，更是明確取消所有出口補貼。

圖 4-5　20 世紀 70 年代，美國一度佔據全球 50% 的穀物出口量

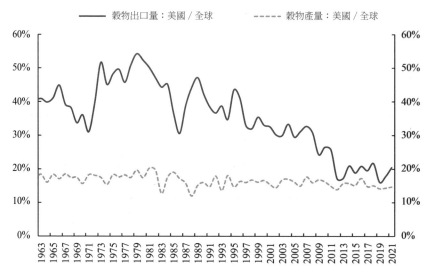

━━━ 穀物出口量：美國／全球　　---- 穀物產量：美國／全球

資料來源：WIND

　　美國將國際貿易規則作為其實現世界糧食霸權的新武器，強行打開國家間的各種壁壘，從而加速商業化的轉基因作物的擴散，最終實現控制世界糧食生產和貿易的目的。

　　在自由貿易體系之下，墨西哥、中國等多個國家陸續對美國開放市場。1994 年，北美自由貿易協定實施，美國、墨西哥、加拿大之間的農產品、紡織品、汽車等關稅逐步取消。這為美國玉米進軍墨西哥市場開放大門。當時來自美國的進口玉米價格僅為墨西哥國內保護價格的一半，巨大的價格差異下，農民只能陷入破產境地。

　　在中國，1996 年，我國主動開放大豆市場，對大豆進口實行配額管理，配額內關稅為 3%，配額外關稅為 114%；2001 年，我國正式取消大豆進口配額，關稅稅率為 3%。自 1996 年之後，我國由大豆淨出口國變為淨進口國，2003 年，我國取代歐盟成為世界第一大豆進口國，2022 年我國有 87% 大豆消費依賴進口。

圖 4-6　進入 2000 年之後，中國大豆消費主要依靠進口補充

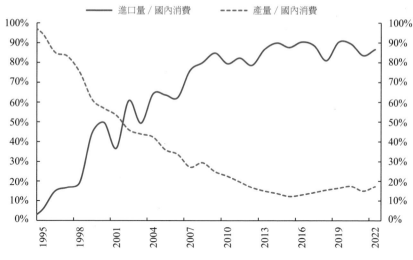

資料來源：WIND

　　在中國對外開放大豆市場的過程中，以四大糧商為主的外資企業不斷湧入國內，企圖壟斷國內上下游產業鏈。2004 年，大豆價格大幅波動，中國糧油企業、農民面臨大幅虧損，四大糧商趁機介入，紛紛控股或參股中國的主要榨油企業，獲得進口大豆的採購權和話語權。2006 年，中國十大榨油企業有九家由外企、外資控制。2007 年，外資企業大豆壓榨量佔比從 2000 年的 9.0% 快速提高到 48.0%。2008 年，我國開始對油脂加工企業外商投資進行限制，此後通過建設大型糧倉，逐步稀釋外資控制權。國家糧油信息中心總工程師張立偉表示，2023 年大豆壓榨企業中，民營、國營、外資企業佔比分別為 38.3%、34.2%、27.5%。

　　第五步：發起"基因革命"，衝破各國糧食安全底線，是美國糧食霸權的核心。

　　早在 20 世紀 80 年代末，美國開始籌備發起轉基因糧食作物的"基因革命"，轉基因技術和專利，進一步擊垮各國糧食安全防線，成為美國霸權的核心。從里根總統執政時起，至少四位美國總統在其任內都不遺餘力地支持轉基因農業。實際上，這是以孟山都公司為代表的美國農業綜合企業等權勢集團的利益需求。它們利用"旋轉門"制度與政府結成了緊密聯繫。政府與這些權勢集團一唱一和，將鼓勵轉基因農作物放在優先的戰略

地位。

　　所謂的轉基因種子是具有"基因使用限制技術"的專利種子，配合固定的除草劑使用，可以有效控制雜草生長。但由於種子和農藥技術被美國少數公司壟斷，並且需要支付所謂的"技術使用許可費"，這使得不僅轉基因種植國的農業生產更加依賴美國，美國也持續獲得高額的壟斷利潤。美國在轉基因種子中嵌入"終結者"技術和"背叛者"技術。"終結者"技術，是指將玉米、大豆、棉花籽等傳統種子經過基因改造，使之在收穫後就"自殺"。這種技術能自動防止農民為來年耕種而保留或重複使用種子，使用該項技術的農民只有每年向種子公司購買新種子才能維持生產，打破了人類社會傳統的"播種—收穫—再播種—再收穫"的循環糧食生產方式，使農民陷入對專利種子嚴重依賴的惡性循環。"背叛者"技術則是要求使用者必須同時使用特定的化學物才能保證農作物抵禦病蟲害，因此必須配合農達草甘膦除草劑的使用。

　　阿根廷是美國轉基因項目的最早實施地，其在"技術進步"的名義下完全失去了糧食自給能力，整個國家的農業經濟完全受制於美國的權勢集團。1995年，美國孟山都公司開始生產抗農達轉基因大豆。1996年，阿根廷政府向孟山都頒發許可證，允許孟山都在阿根廷獨家銷售轉基因大豆種子。到2004年，阿根廷所有農業用地的48%被用於種植大豆，其中90%以上種植的是孟山都的抗農達轉基因大豆，轉基因作物種子面積僅次於美國。

　　在轉基因種子入侵之前，阿根廷農業具有多樣性，素有"世界糧倉與肉庫"之稱，具有廣闊的玉米、小麥和牧場，農產品自給自足，還能產生大量剩餘。但是20世紀80年代，阿根廷債務危機發生，洛克菲勒家族介入阿根廷政府，開始影響其經濟政策，強制推進私有化，取消國家保護性壁壘，並成功改造阿根廷農業，將原本經濟效益很好的傳統農業轉變為針對全球出口的單一性農業。而在這種農業發展方式下，農民失去了自我保護和生存的能力，貧困人口大幅提升。20世紀70年代，阿根廷全國生活在貧困線下的人口比例僅為5%，1998年陡升至30%，2002年又激增至51%。

圖 4-7　1980 年之後，阿根廷種植面積不斷向大豆傾斜

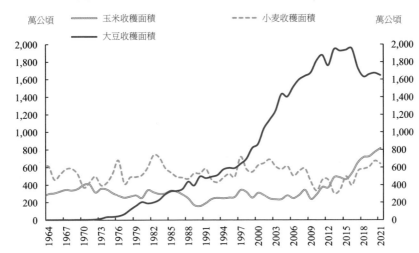

資料來源：WIND

圖 4-8　2000 年之後，巴西大豆收穫面積快速提升

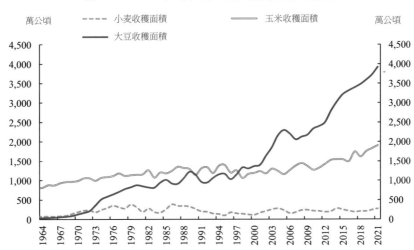

資料來源：WIND

　　1996 年，美國開始轉基因商業化推廣，大面積種植大豆、玉米、棉花等轉基因種子。此後，美國通過各類貿易、外交手段等，將轉基因種子向巴西、伊拉克、加拿大、南非、歐洲、中國等地陸續滲透。2005 年初，巴西廢除了禁止種植轉基因作物的法律，理由是，轉基因作物已經廣泛蔓延，實際上已經不可能控制其擴散。2005 年，中國制定了實施轉基因作物的計劃。2006 年初，世界貿易組織強迫歐盟接受轉基因生物計劃。到

2019 年，全球共有 71 個國家和地區應用了轉基因作物。

美國在全球轉基因種子和農藥市場上佔據絕對優勢，約佔全球三分之一。早期的四家轉基因巨頭中有三家是美國跨國化學公司 —— 孟山都、陶氏和杜邦，佔據絕對壟斷地位。此後，隨著公司間兼併重組，拜耳、科迪華、先正達、巴斯夫成為全球種業巨頭，形成美、德、中三國分立的局面。2020 年，全球種子行業市場中，拜耳（德國）、科迪華（美國）、先正達（中國）、巴斯夫（德國）市場份額依次為 20%、16.8%、6.9% 及 4%。在 2020 年全球農藥市場中，先正達、拜耳、科迪華佔比分別為 24%、20%、11%。

第六步：發起生物燃料革命，推動糧食能源化。

進入 21 世紀，糧食卡特爾打著環境保護的幌子，鼓動歐美政府發起了 "生物燃料革命"。

2000 年以來，隨著石油價格一路上行，美國、巴西和歐盟等國家，為了降低對石油的依賴，開始推進生物燃料計劃，各國紛紛立法要求在汽油和柴油中添加生物燃料，並通過減免稅費、提供財政補貼、發放貸款等方式進行政策支持。在 2006 年以前，由於油價較低，生物燃料業務多為虧損，只能靠政府補貼支持。但當油價上漲至 60 美元時，生物燃料變得有利可圖，各國也加快推動生物燃料的普及。

生物燃料分為兩種，一是燃料乙醇，二是生物柴油。燃料乙醇主要利用澱粉類作物（玉米、木薯）和糖類作物（蔗糖、甜菜）等發酵而成；生物柴油，則是利用菜籽油、豆油和棕櫚油等植物油脂等進行改性處理，並與相關化工原料複合而成。美國和巴西是乙醇的最大生產國，美國主要使用玉米，巴西則是蔗糖。歐盟是最大的生物柴油生產者，其次是美國和東南亞。

美國利用玉米生產生物燃料，將原本用於飼養牲畜、直接食用的玉米，轉化為工業用途，造成了工業爭糧的現象，極大地影響世界糧食安全。2006 年美國通過了一項新法案，補貼用作燃料的玉米的種植，這股改種風潮席捲美國。隨後，生物燃料也成為引發 2007—2008 年糧食危機的重要因素。

圖 4-9　2003 年起，隨著油價上漲，生物燃料產量同步增加

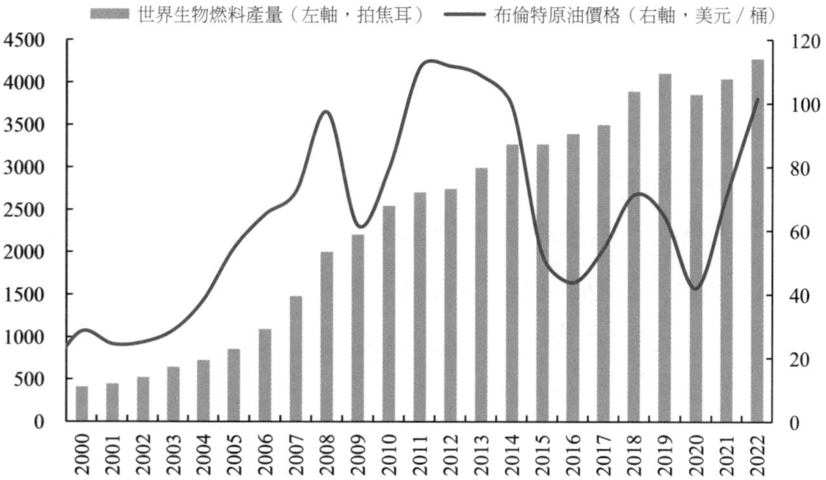

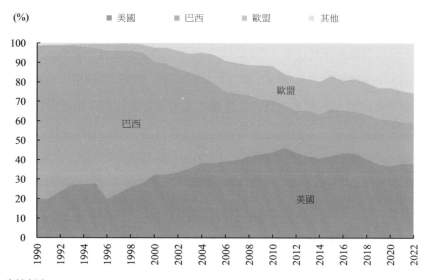

資料來源：WIND

圖 4-10　美國是全球最大的生物燃料生產國

資料來源：WIND

第七步：推動糧食金融化，將美元霸權與糧食霸權綁定。

20 世紀 90 年代以前，美國農產品期貨主要用於商業套期保值，對非商業參與者交易施加限制。但進入 90 年代後，美國商品期貨交易委員會（CFTC）開始轉向自由放任政策，首次允許免除農產品投機交易限制。2005 年，CFTC 擴大了在期貨市場上購買或出售的小麥、玉米、燕麥和大

豆數量的交易限制。

同時，美國政府還通過為農戶提供保費收入補貼等形式，鼓勵農戶使用農業保險。1996 年，成立農業保險管理機構，用於管理農業保險的補貼資金。2014 年，美國又通過立法，提高農民保險費用以及農作物保險公司補貼。在這一過程中，大量保險金融資本進入農產品期貨市場，加大農產品價格的波動，加深美國金融資本和糧價的關係。

據《2017 年農產品地圖集》披露，從 2006 年到 2011 年初，農業商品市場上金融投機者的總資產從 650 億美元增至 1260 億美元。例如，在美國小麥期貨市場，金融投機者佔 20 世紀 90 年代中期交易的 12%，2011年上升到 61%，2017 年進一步上升至 70% 左右。同時，養老基金投資於農業證券，以向其成員支付退休金，其持有的資產從 2002 年的 660 億美元猛增至 2012 年的 3200 億美元。

許多商品交易公司，都有自己的金融投資部門。例如“ABCD”四大糧商中的，美國糧商嘉吉、邦吉和 ADM 公司，他們既是投資產品的賣家，也是農業資產的買家。他們非常了解世界各地的產量、價格、天氣和政治，不僅能夠運用其對於需求的主導優勢與生產商談判價格，也能夠利用對農產品產量的領先信息，從金融交易中獲得高回報。聯合國貿易和發展會議曾表示，對農產品市場的金融投資推高了食品價格並使其更加波動。

可見，美國糧食霸權，是美國財政部、美聯儲聯合美國農業產業化集團、化工集團以及華爾街金融集團的背景下形成的寡頭壟斷市場，美元金融資本也因此擁有干涉世界糧食市場的權力。

二、美國糧食霸權如何運轉？

（一）美國糧食霸權的基本策略

二戰之後，美國以糧食作為武器，持續影響全球政治、經濟體系。通過掌握全球糧食定價權、地緣政治話語權，美國不僅可以從歷次糧食危機中獲利，還可以通過破壞發展中國家農業體系，迫使其轉向工業國，向美國持續輸入廉價的工業品和原材料。

首先，依託國內強大的農業生產體系，在長期巨額農業補貼、商業化農業、以及轉基因種子的推動下，美國成為全球第一大糧食生產國和出口國，具備向外傾銷的能力，農業生產的相對優勢使得美國在發展中國家具備強大的話語權。

其次，在糧食援助、自由貿易體系的助力下、通過輸出大量廉價糧食、壟斷的種子和農藥技術，衝擊發展中國家糧食生產，致使其糧食自給能力嚴重不足，對美國農產品進口依賴日益增強。而這也進一步強化了美國製造危機的能力。

最後，當全球範圍內出現大面積的災害、疫情、戰爭時，糧食供應恐慌往往會推動糧價上漲。此時美國憑藉其強大的跨國農業巨頭，不僅能夠收穫高糧價帶來的紅利，還能夠享受因糧食安全帶來的地緣政治溢價。最重要的是，美國憑藉其對全球糧食儲備和金融資本的掌控力，已經具備觸發糧食危機的能力，進一步推動糧價上漲，鞏固美國霸權地位。

隨著美國糧食霸權體系的建立，推動糧食與能源、美元深度捆綁，牢牢鞏固美國霸權地位。美國財政部和美聯儲通過美元向世界徵收鑄幣稅，進而補貼美國的農業生產，培育出低價高產的大量農產品。此後藉助自由貿易體系、糧食援助政策，向外傾銷，控制和壟斷發展中國家的糧食安全，進一步鞏固美元霸權地位。最後，藉助糧食能源化，將石油與糧食深度綁定，強化能源霸權。自此，美元霸權、糧食霸權與石油霸權完美融合。

（二）美國糧食霸權如何推升糧價？

對於糧食價格而言，影響因素主要包括供給、需求、成本、流動性等。其中，供給主要受天氣、災害、戰爭、貿易保護政策影響，往往是引發糧食短缺的導火索；需求主要受人口增長、飲食結構、生物燃料等因素影響，近年來隨著人口增速的放緩，糧食需求的增量主要轉向飼料需求以及工業用糧需求；成本包括種子、化肥、農藥、土地、人力、燃料動力等，受油價影響較大；流動性，則取決於各國貨幣寬鬆程度，流動性寬鬆時，農產品期貨市場成為吸收流動性的重要場所之一，在金融資本的助推下，糧食波動往往偏離基本面。美國糧食霸權，則是通過這四大類渠道，進一步影響糧價。

供給：美國糧食霸權，衝擊各國自己自足的農業生產，加劇供應鏈不穩定性。

供給因素是導致糧價波動的重要原因之一，但問題並不在於糧食總量的不足，而是結構分佈的不均衡性。觀察世界糧價和糧食產量變動關係，從 1960 年到 2021 年，二者相關係數僅為 0.17，並沒有顯著的因果關係。二戰之後，各國開始恢復糧食生產，通過先進農業技術不斷提高糧食產量，當前世界糧食產量足以養活全球人口。同時，糧食的生長週期最多一年，因此當局部地區由於天氣等問題出現減產時，糧價上漲便會刺激農民的種植積極性，增加產量、平抑價格。此外，全球其他地區在高糧價的鼓舞下，也會提高糧食產量，因此糧價上漲按理說不會持續較長時間，那為何還會出現嚴重的糧食危機呢？

圖 4-11　糧價高漲年份，往往對應糧食產量增加

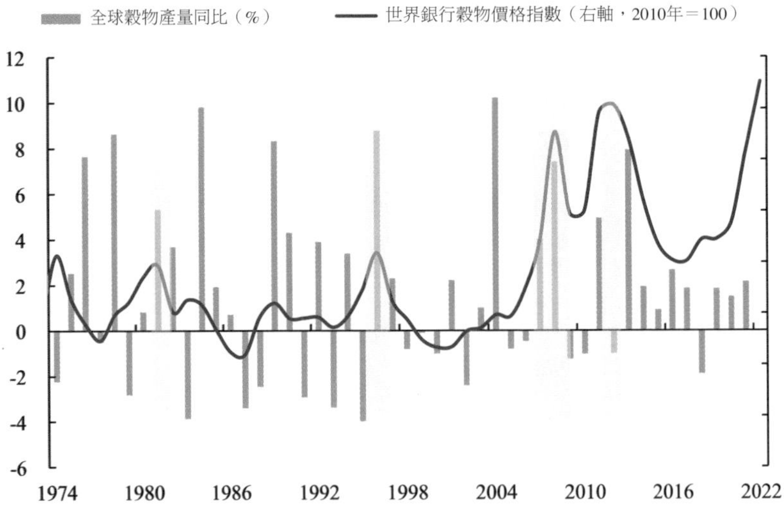

資料來源：WIND

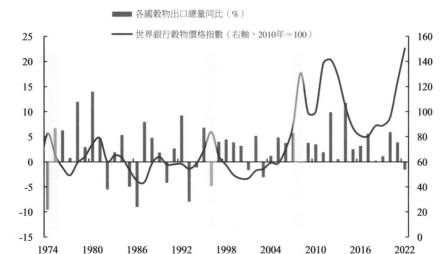

圖 4-12　糧價高漲年份，往往對應糧食出口回落

資料來源：WIND

　　深層次而言，這是由於全球各地區人口和資源稟賦的差異性，全球糧食供需區域性矛盾突出，糧食生產和出口國高度集中，而消費和進口國呈分散狀態。例如，在北美、南美、黑海等，由於水土資源豐富，是全球糧食的三大主產區和出口地。而在亞洲南部和非洲等人口密集但土地資源緊缺的區域，糧食需求量高，但糧食自給率較低。一般而言，出現糧食危機的地方，往往是自身產量不足的發展中國家，這些國家不具備承擔高糧價的能力，同時當糧食減產時，出於糧食安全的考量，糧食生產和出口大國普遍會加強貿易保護政策，出口國減少出口，需求國增加儲備，進一步惡化糧食分配不均，加劇糧食市場的動盪。

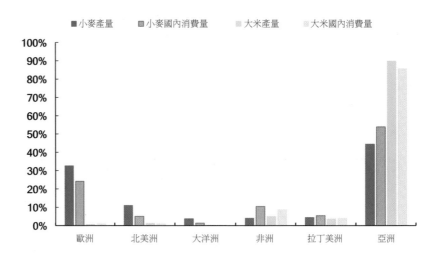

圖 4-13　2022 年小麥和大米的全球產量和消費量分佈

資料來源：WIND

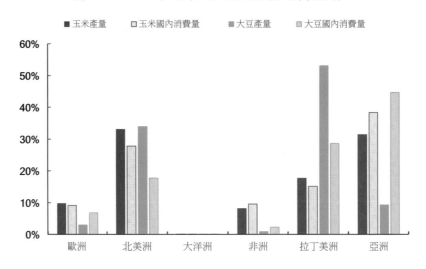

圖 4-14　2022 年玉米和大豆的全球產量和消費量分佈

資料來源：WIND

　　美國在推行糧食霸權的過程中，加劇了全球糧食供應鏈體系的波動。這使得全球糧食供應極易受到外部環境的影響，例如疫情、地區衝突、國家政策變動、物流受阻等因素，都會加大糧價的波動，甚至於形成蝴蝶效應。尤其是，在當前"逆全球化"趨勢下，貿易保護主義抬頭，將打破原有的糧食路徑依賴，加劇全球糧食動盪格局。

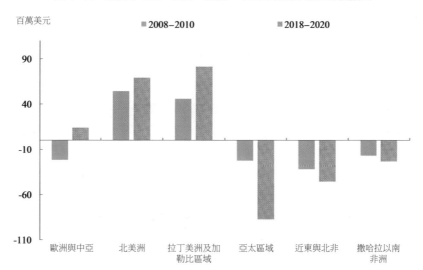

圖 4-15　過去十年間，全球糧食貿易佔產量比重上升

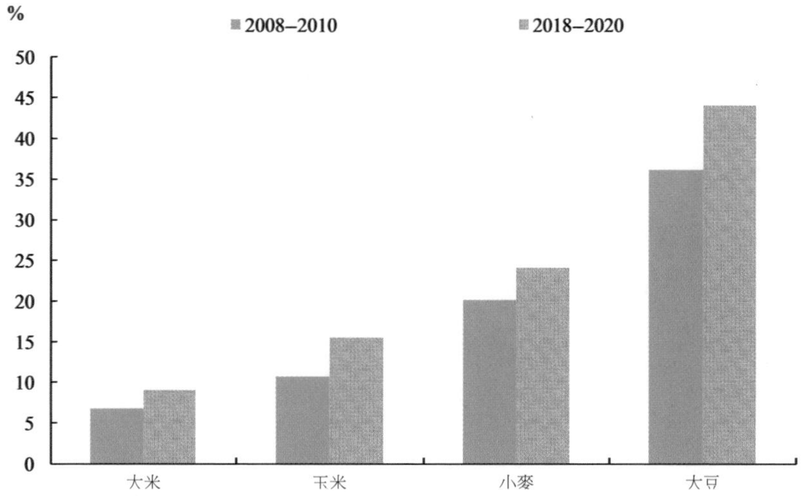

資料來源：FAO

圖 4-16　過去十年間，亞太、非洲、中東的糧食淨進口規模擴大

資料來源：FAO

　　從各國穀物出口佔產量的分佈來看，2000 年以前，美國在農業出口導向策略下，不斷向外傾銷低價農產品，美國穀物出口佔全球份額在 30%—50% 之間波動。進入 1990 年之後，隨著美國轉基因技術在全球成功推廣，美國開始掌握用種子控制全球糧食生產的奧秘，利用跨國糧食巨頭，向外擴張疆土，在美國壟斷的種子和農藥控制下的巴西、阿根廷、烏

克蘭等國家，開始成為主要的糧食出口國。

　　近年來，中國和俄羅斯開始積極參與全球糧食貿易，部分削弱了ABCD 四大糧商對於中國和俄羅斯農產品貿易的控制力，但鑒於美國種業巨頭的威力，美國糧食霸權地位仍然難以撼動。在中國，中糧集團成為巴西玉米和大豆的主要買家，ABCD 在巴西穀物出口中的份額從 2014 年的 46% 下降到 2015 年的 37%，中糧集團在巴西穀物出口中的份額提升至45%。同時，中國通過對發展中國家的經濟援助，促進了中國對國外農業的大量投資，分佈在老撾、柬埔寨、非洲國家等。在俄羅斯，2015 年，本國穀物貿易商 RIF 成為第一大出口商，超過了前三位主要貿易商：瑞士的嘉能可、美國的嘉吉和新加坡的奧蘭。

圖 4-17　1990 年後，美國在全球穀物出口份額回落，由阿根廷、巴西、烏克蘭填補

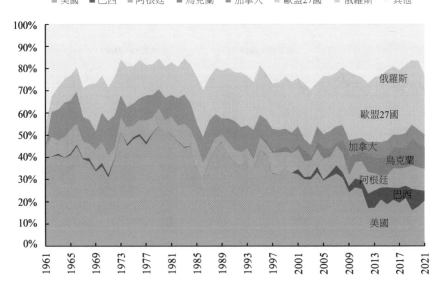

資料來源：WIND

圖 4-18　1980 年後，美國在全球大豆出口份額回落，由巴西、阿根廷填補

■ 美國　　■ 巴西　　■ 阿根廷　　■ 加拿大　　■ 巴拉圭　　■ 其他

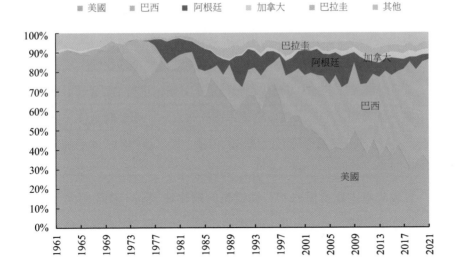

資料來源：WIND

　　需求：油價上漲，推升生物燃料需求，增加玉米等糧食需求，形成工業與人爭糧的現象。

　　進入 2000 年之後，歐美國家一直籌備生物燃料替代原油需求的方案，但由於油價的持續低迷，使得企業生產動力不足，嚴重依賴政府補貼。進入 2003 年，隨著全球總需求上行，原油價格開始擺脫 30 美元 / 桶的低位，並持續上漲，到 2005 年中突破 60 美元 / 桶大關。這給原本就想擺脫原油進口依賴的歐美國家提供了一個合適的時機。

　　當油價突破 60 美元 / 桶之後，生產生物燃料變得有利可圖。於是在 2006 年，美國通過了一項法案，加大對生物燃料的補貼力度。此後生物燃料規模迅速增加，各國相繼出台法案，要求在車用汽油和柴油中添加生物燃料。

　　美國、歐盟、巴西是生物燃料主要生產地，佔全球 80% 以上。美國每年玉米產量的 30%—40% 用於生產燃料乙醇，約佔全球生物燃料的 40%；巴西生物燃料約佔全球的 20%—30%，主要利用甘蔗生產燃料乙醇，每年耗費甘蔗產量的 50%；歐盟生物燃料約佔全球的 15%—20%，主要利用植物油生產生物柴油，每年耗費植物油消費的 45%—50%。

生物燃料的生產，需要耗費大量糧食，尤其是玉米等主要經濟作物，形成工業與人爭糧的現象，推動玉米等糧食價格的大幅上漲。2021 年美國、巴西、歐盟用於生產乙醇和生物柴油等生物燃料的糧食高達 3 億噸。

成本：糧價與油價深度捆綁，石油危機與糧食危機往往相伴。

一般而言，農作物成本變化相對穩定，其變化趨勢主要影響長期的糧價中樞。從美國二十年來農作物成本變動來看，中樞整體上移，尤其是 2003—2013 年，隨著全球石油價格的持續上漲，農作物成本漲幅也相對較大。

直觀來看，糧食價格和石油價格的關聯性很高，往往同向變動，1960—2021 年間，二者相關係數高達 0.88。這與糧食的商業化生產密不可分，近年來由於實行大規模機械化農業生產，農民對種子、化肥、農藥等農業投入依賴性增多，使得糧食成本和油價的關係進一步加強。2022 年美國大豆種植成本中，佔比最高的是土地，其次是機械、種子、化肥、農藥、人力、燃料動力等。拖拉機、收割設備需要柴油驅動，天然氣是生產氮肥的主要原料。同時，較高的燃料價格也會阻礙各國之間的糧食貿易，增加運輸成本。

圖 4-19　歷史上，糧食危機與石油危機往往並存

資料來源：WIND

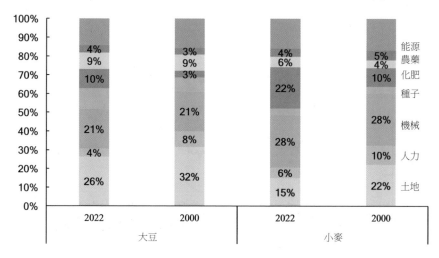

圖 4-20　美國大豆、小麥生產成本中，機械、化肥、農藥、燃料佔比超過 40%

資料來源：美國農業部

　　流動性：糧食金融化，使得糧價運行脫離基本面。

　　通常而言，糧價是由供需、成本等基本面因素所決定。但自 2000 年以來，糧食金融化的特點逐漸凸顯。

　　一方面，美元大量增發使得糧食市場成為吸收過剩流動性的場所，運行脫離實體層面，加劇糧價的短期波動。另一方面，國際金融資本或明或暗地與跨國糧食巨頭相互配合，在糧食恐慌期間，提供資本炒作機會。從大豆和玉米價格運行走勢來看，其與投機資本的持倉數量密切相關。

　　糧食金融化體現出美元霸權、石油霸權與糧食霸權的完美結合。美國通過長期超發美元，以推動寬鬆貨幣政策，刺激本國經濟增長，持續向全球範圍內注入流動性。石油和糧食成為吸納美元過剩流動性的完美場所，既防止本土出現大幅通脹，同時也成功地轉移美元危機，並且向外輸出通脹，對外糧食依存度較高的發展中國家，不得不承受嚴重的社會動盪。

圖 4-21　糧價上漲時，一般對應美元弱勢

資料來源：WIND

圖 4-22　2000 年之後，美元流動性擴張，推升糧價

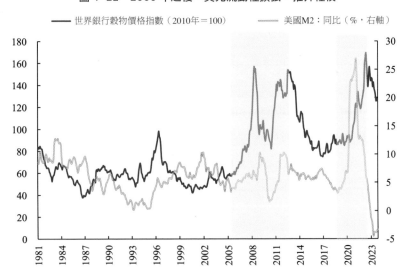

資料來源：WIND

三、美國如何從糧食危機獲利？

（一）1973 年糧食危機

　　1973 年糧食危機的發生，與美國對全球糧食儲備的絕對控制力密不

可分。糧食危機發生前，全球正遭受持續的糧食減產問題。1968 — 1970 年，美國、加拿大、澳大利亞和阿根廷縮減糧食生產面積，同時極端氣候頻發導致全球糧食減產，糧食庫存銳減。1972 年全世界糧食總儲備只有 2.09 億噸，相當於 66 天的存量。到 1973/74 年，澳大利亞的小麥期末庫存比 1970/71 年下降了 93%，加拿大的小麥庫存下降了 64%，美國小麥庫存下降了 59%。同時，1973 年，第一次石油危機發生，導致化肥、農藥成本劇烈上漲，加大糧價的上漲壓力。但是糧食減產和石油危機，並不足以推動糧價漲幅達到 3—4 倍的高度。

更重要的原因是，蘇聯通過石油換糧食的計劃，向美國大舉購買糧食，導致世界糧食儲備銳減。當時，蘇聯計劃向美國購買 3000 萬噸糧食，約佔全球糧食總庫存的 14%。由於購買規模較大，美國政府向嘉吉公司等私營糧食交易商尋求幫助。而當時世界上 95% 的糧食儲備都在 6 家跨國農業綜合企業的控制之下，它們是嘉吉穀物公司、大陸穀物公司、庫克工業公司、達孚公司、邦基公司和 ADM 公司，全部所屬於美國。

因此，在糧食巨頭和美國政府的配合下，全球糧食緊缺問題進一步加劇，美國在這場危機中獲得了低價的石油，也獲得了高價糧食帶來的出口收益。

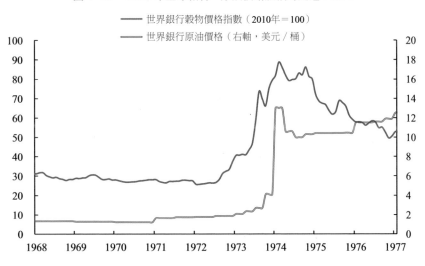

圖 4-23　1973 年全球穀物、原油價格漲幅均超過 100%

——　世界銀行穀物價格指數（2010年＝100）
——　世界銀行原油價格（右軸，美元／桶）

資料來源：WIND

（二）2008 年糧食危機

2008 年，一場席捲全球的糧食危機發生，全球穀物價格漲幅最高達到 100%—200%，僅次於 1973 年糧食危機。當時，由於發展中國家糧食需求增多，加上前期澳大利亞、烏克蘭、孟加拉國等糧食主產國的減產，世界糧食庫存處在低位。2008 年度，世界糧食庫存／消費比重由 2002 年度的 29% 下降到 17%，為三十年來最低；世界糧食儲備僅為 4 億噸，只夠人類維持 53 天，而 2007 初世界糧儲可供人類維持 169 天。

而真正引發這場糧食危機的原因，並非糧食供應不足或是庫存偏低的問題，而是美元糧食霸權體系下，糧食能源化、金融化的體現。

與上一輪糧食危機不同的是，在現代化農業體系下，歐盟、中國、印度、俄羅斯等各國糧食產量明顯提升，美國在全球糧食貿易的重要性有所下滑，通過操縱糧食儲備控制糧價的方法已經不再適用。這輪糧食危機中，美國成功地藉助生物燃料、期貨市場，將油價、美元資本與糧價深度捆綁，再度享受糧價上漲帶來的經濟、政治利益。

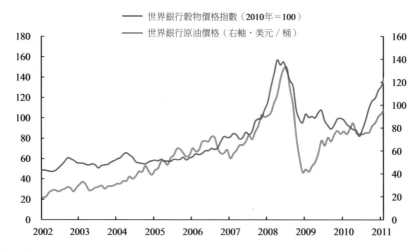

圖 4-24　2008 年油價與糧價同步上漲

資料來源：WIND

糧食能源化背景下，石油危機成為糧食危機的推手。

進入 2003 年，全球原油價格開始擺脫 30 美元／桶的低位，持續上漲，到 2005 年中突破 60 美元／桶大關。這給原本就想擺脫原油進口依賴的歐美國家提供了一個合適的時機。2006 年，美國通過了一項法案，加大對生物燃料的補貼力度。但這非但沒有壓低油價，反而推動玉米等糧食價格的大幅上漲，進一步加大糧食缺口。

由於世界石油價格的居高不下，美國、歐盟和巴西等國將大量原本用於出口的玉米、菜籽、棕櫚油轉用於生產生物燃料。2008 年，美國 20% 的玉米被用於生物燃料生產，歐盟 65% 的油菜籽、東盟 35% 的棕櫚油被用於生物燃料生產。生物燃料的出現，很大程度上改變了這些傳統農業出口大國的農業生產格局並降低了出口。這些政策的變化不僅造成了食物供給的減少，更引起了市場對於穩定供給的擔憂和恐慌，進一步加劇了糧食價格上漲預期，導致各國貿易保護政策加強，通過限制出口，減少國內價格上漲壓力。

同時，隨著美國陸續推出 "綠色革命" "轉基因革命"，各國農業轉向現代化生產模式，嚴重依賴化肥、農藥、機械的投入，這種生產模式的成本極易受到石油價格的影響。以美國生產的大豆、小麥為例，2008 年，原油價格上漲 34%，與石油相關的化肥、農藥、燃料費用總計上漲 34%、42%，總生產成本分別上漲 13%、20%。

圖 4-25　進入 2006 年後，美國生物燃料產量快速增加

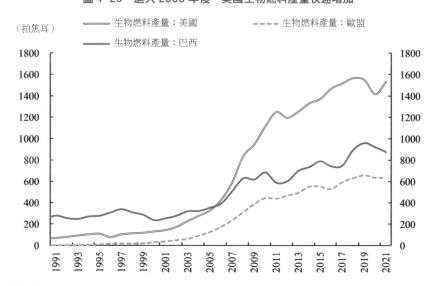

資料來源：WIND

圖 4-26　2006 年之後，美國玉米產量的增加基本用於生物燃料

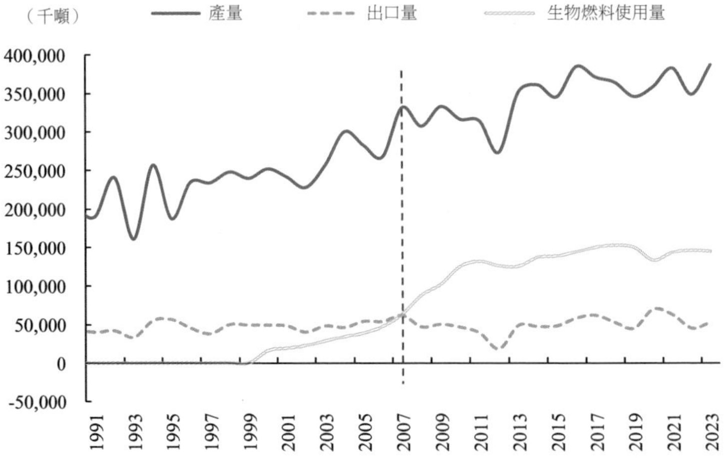

資料來源：WIND

　　糧食金融化的體現，則是美聯儲持續降息背景下，大量的投資資本進入大宗商品期貨市場。

　　由於市場預期國際農產品價格將維持高位，自 2007 年 11 月到 2008 年 5 月，超過 400 多億美元進入國際農產品期貨市場投機炒作。世界大量的糧食儲備被掌握在實力雄厚的國際基金炒家手中。2008 年，非商業持倉多頭總數激增，大量投機資本做多玉米，並將玉米價格推向歷史新高，之後多頭勢力的減弱也使得玉米價格明顯下跌並再次回歸低位。

圖 4-27　2007—2008 年玉米期貨多頭持倉增多，帶動玉米價格上漲

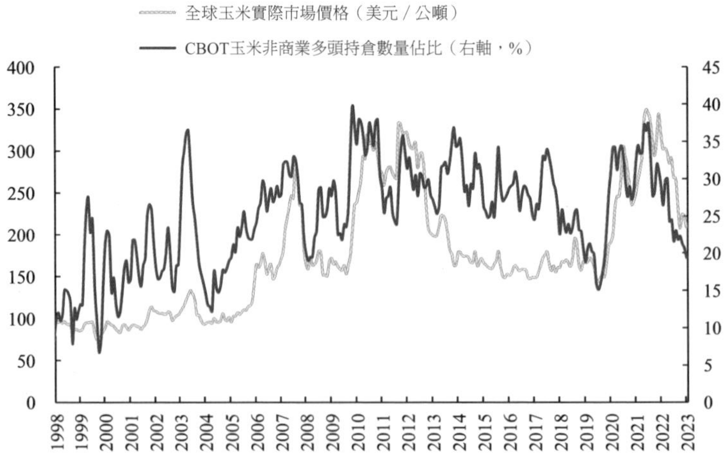

資料來源：WIND

（三）2022 年糧食危機

2020 年以來，在新冠疫情、拉尼娜極端天氣、俄烏衝突等多重因素影響下，全球糧價出現快速上漲，小麥、玉米、大豆價格已經突破 2008 年糧食危機水平。但從庫存、供需等基本面角度而言，糧價並不具備如此高的上漲基礎。儘管近年來小麥、玉米庫存持續回落，但仍處在歷史高位，明顯高於 2008 年糧食庫存水平。這說明，本輪糧食危機的發生，並非總量層面問題，而是與糧食供給的結構性失衡、糧食金融屬性的強化、石油價格的暴漲等因素有關。

圖 4-28　全球糧食的庫存消費比仍處在歷史相對高位

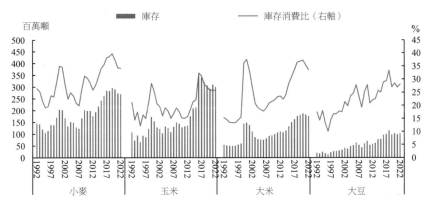

資料來源：美國農業部

2020 年初新冠疫情發生後，美國首先通過極度寬鬆的貨幣政策，擺脫疫情對國內經濟的衝擊。過量流動性湧入糧食、能源等大宗商品市場，推動價格持續上漲，為國際金融資本炒作糧價提供完美土壤。同時，石油價格上漲，推升糧食生產和運輸成本，導致糧價進一步上漲。待美國國內通脹壓力加大，美聯儲開始加息、縮表回收流動性之時，又藉助北約東擴，觸發俄烏衝突，擾動歐洲局勢，促使更多海外資金回流，同時又進一步加劇全球糧食、能源等大宗商品供需緊張局面。

2022 年 5 月 28 日，俄羅斯總統普京提到，造成糧食供應困難的真正原因是西方國家錯誤的經濟金融政策以及實施的反俄制裁。俄羅斯外交部發言人扎哈羅娃提出，美國和歐盟禁止俄羅斯輪船利用其港口等基礎設施，其中，俄羅斯新羅西斯克港口受到制裁，該港口曾承擔俄羅斯

50% 的糧食出口量。這場糧食危機中，美國成功地藉助糧食霸權向外轉嫁危機，不僅收穫了國內增長的紅利，擺脫 2016 年以來全球糧價的持續低迷，同時也嚴重擾亂外部局勢，進一步鞏固美元霸權地位。

　　在歐美等國的軍事、經濟援助下，俄烏衝突已經轉向持久戰模式，對全球糧食生產帶來進一步衝擊。俄羅斯是世界上最大的小麥出口國，烏克蘭位居第五。兩國合計佔全球大麥供應的 19%、小麥供應的 14% 和玉米供應的 4%，佔全球穀物出口量的 1/3 以上。近 50 個國家依賴這兩個國家滿足自身至少 30% 的小麥進口需求，其中 26 個國家逾半數的小麥進口來自俄烏兩國。兩國也是油菜籽的主要供應國，佔世界葵花籽油出口市場的 52%。同時，鉀肥供應正受到對俄羅斯和白俄羅斯的制裁的影響，2019年，這兩個國家佔全球鉀肥產量和出口量的 40% 左右，也將會影響農作物產量。

圖 4-29　2018—2020 年，烏克蘭和俄羅斯在全球貿易中的份額

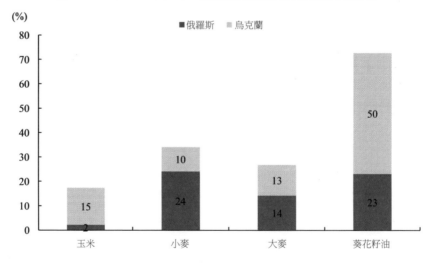

資料來源：IFPRI

　　在出口受限、化肥短缺、運輸中斷、油價推升生產成本的背景下，全球小麥、玉米價格持續上漲，引發各國貿易保護政策加強，恐慌程度甚至高於 2008 年糧食危機時期。2022 年 3 月以來，全球 20 多個國家轉向糧食保護主義，受限制農產品在全球食品貿易中所佔比例接近 20%，加劇糧食供應鏈不穩定性。根據世界銀行數據，俄烏衝突後全球穀物價格指數大幅

上漲，自 2022 年 1 月的 133.23 快速上漲至 2022 年 5 月高點 169.04，漲幅達到 27%。

　　此後，伴隨著美聯儲快速加息回收流動性，以及黑海港口農產品外運協議達成，糧食價格開始回落，恢復至俄烏衝突以前的價格區間，但絕對水平仍處在歷史高位。截至 2023 年 10 月，全球穀物價格指數回落至 120.05，相較 2022 年 5 月高點下跌 29%。2022 年 7 月 22 日，俄羅斯和烏克蘭就黑海港口農產品外運問題分別與土耳其和聯合國簽署相關協議，協議有效期為 120 天，後續不斷延期。該協議生效一年內烏克蘭共出口 3280 萬噸農產品，其中超過 70% 運往包括歐盟國家在內的高收入國家，2021 年烏克蘭穀物出口量超過 4800 萬噸，出口量相較俄烏衝突前下降三成左右。

圖 4-30　2022 年下半年以來全球穀物價格整體回落，但仍高於疫情前水平

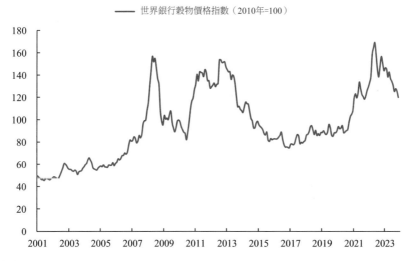

資料來源：WIND

　　目前看，俄烏衝突對烏克蘭糧食生產和出口的影響依然較大。一方面，由於戰事、交通封阻、農田污染等原因，烏克蘭的大量農業用地已被破壞或短期內無法使用，農產品產量仍低於俄烏衝突前水平。2023 年 12 月 8 日，烏克蘭農業部預計烏克蘭 2023/24 年度的穀物產量為 5970 萬噸穀物，儘管產量預測相比 2022 年有所上升，2022/23 年度，烏克蘭穀物產量為 5300 萬噸，但還遠低於 2021 年穀物產量 8600 萬噸。另一方面，

烏克蘭糧食出口依舊受限。2023 年 7 月，由於不滿俄食品和化肥出口未被有效履行，俄羅斯外交部宣佈自 7 月 18 日起不再延長該協議。協議終止後，烏方單方面開闢黑海臨時走廊，2023 年 12 月 4 日，烏克蘭社區、領土和基礎設施發展部表示，自 8 月開通黑海臨時走廊以來，烏克蘭通過這條替代走廊已出口農產品 500 萬噸，相對黑海港口運輸能力有所受限。截至 2023 年 12 月 8 日，2023/24 年度（始於 7 月）烏克蘭穀物出口量為 1392 萬噸，比 2022 年同期減少 26.6%。

此外，從全球糧食供需形勢來看，2023/24 年度全球穀物產量和消費量均有所增加，庫存水平進一步抬升，但貿易量繼續下降。根據糧農組織 12 月公佈的最新《穀物供求簡報》顯示，預計 2023/24 年全球穀物產量將達到 28.23 億噸，同比增長 0.9%；2023/24 年度全球穀物消費將達到 28.13 億噸，同比增長 1.1%。與此同時，穀物貿易恢復之路則略顯艱難。糧農組織對全球 2023/24 年度穀物貿易量的預測本總量為 4.684 億噸，預計將比 2022/23 年度水平減少 1.8%。全球穀物產量和貿易量的反向變化趨勢是多重因素影響的結果，包括俄烏衝突以及由此引發的 "黑海穀物倡議" 終止實施、糧食貿易保護主義的抬升、極端天氣擾動導致對穀物產量前景預期不佳。可見，雖然國際糧食價格總體呈下降趨勢，但糧食危機的隱患仍未消除，在極端天氣、地緣衝突頻發的背景下，預計全球糧食價格仍處在歷史高位，較難回歸至疫情前水平。

第五章

美國貿易霸權：
從全球化到安全化

美國貿易霸權是美國經濟霸權的重要組成部分。美國藉助強大的消費市場和先發制人的優勢，主導全球產業鏈佈局，打壓潛在競爭對手，以實現"美國利益"最大化。二戰後，為配合國內產業轉型和鞏固世界霸主地位的需要，美國貿易政策先後經歷全球化、區域化、安全化三個階段。

在此背景下，本章節將重點回答以下三個問題：一是美國貿易霸權如何形成；二是"美國優先"的霸權秩序如何建立；三是回顧日美貿易戰的發展歷程，以借鑒日本的經驗教訓和破局思路。

一、美國貿易霸權如何形成？

（一）霸權本質：調動全球市場資源，實現"美國利益"最大化

貿易霸權是美國經濟霸權的重要組成部分，是美國實現國家經濟利益最大化的重要工具。"霸權"是指某一國家憑藉其政治、軍事和經濟的優勢地位，在一定區域或者全球範圍內控制他國主權、主導國際事務或謀求統治地位的狀態。所謂的貿易霸權，是指通過國際化通行的標準和條約等制度手段，藉自由貿易之名干涉他國主權，並在國家間逐步形成固定的分工和利益分配格局，從而影響本國及他國的經濟發展、產業模式、甚至社會結構。

可以說，美國貿易霸權最顯著的功能，就是在各個國家之間，分配它們獲取貿易資源的能力，進而主導全球產業鏈佈局。一方面，美國通過積極推動經濟全球化和區域一體化的發展，藉助貿易條件的改善，發展本國

經濟，佔據產業鏈主導地位。另一方面，美國憑藉強大的消費市場，藉助各類手段化身為特殊貿易國，掌握國際貿易格局分工的主動權，進而控制全球經濟產業鏈和運作機制，打壓潛在競爭對手，實現其在國際經濟秩序中的霸權地位。歷史上，西歐、蘇聯、日本、中國等都曾是美國貿易霸權的受害者。

（二）運轉基礎：強大的經濟實力、主導國際貿易規則

美國貿易霸權運轉有兩大基礎：

一是擁有強大的經濟實力，形成非對稱貿易關係，從而在國際貿易關係中佔據主導地位。

一方面，美國是世界上最大的進口國，大量生產國依靠美國的消費市場。這種對美國市場長期的依賴關係，間接影響其他國家的產業結構，也提高了美國對其他國家貿易政策的影響力。另一方面，美國佔據全球產業分工體系的最頂端，通過提高出口產品的附加值，保持其在國際經濟關係中的主導地位，維持較低的對外貿易依賴度。2022 年，美國 GDP 佔世界總額的 25.2%，但是在全球貨物總出口中佔的份額僅為 8.3%。

圖 5-1　1980 年後，美國在全球貿易中的進口比重遠高於出口

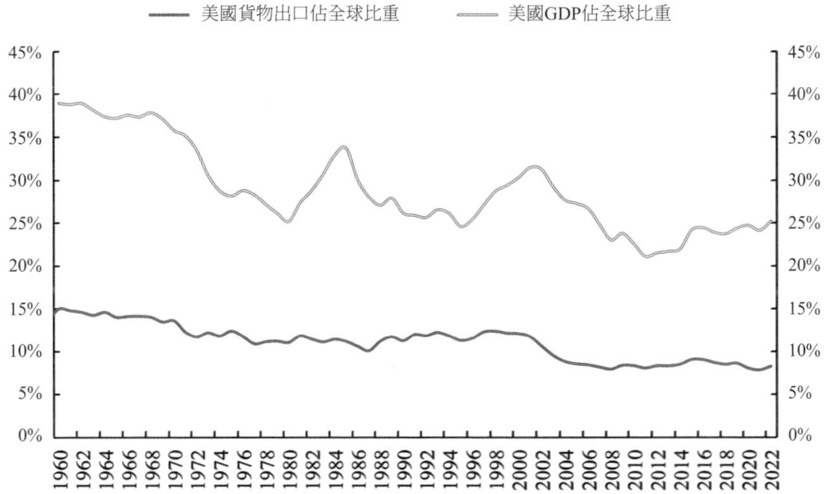

資料來源：WIND

圖 5-2　美國進出口總額佔 GDP 比重較低

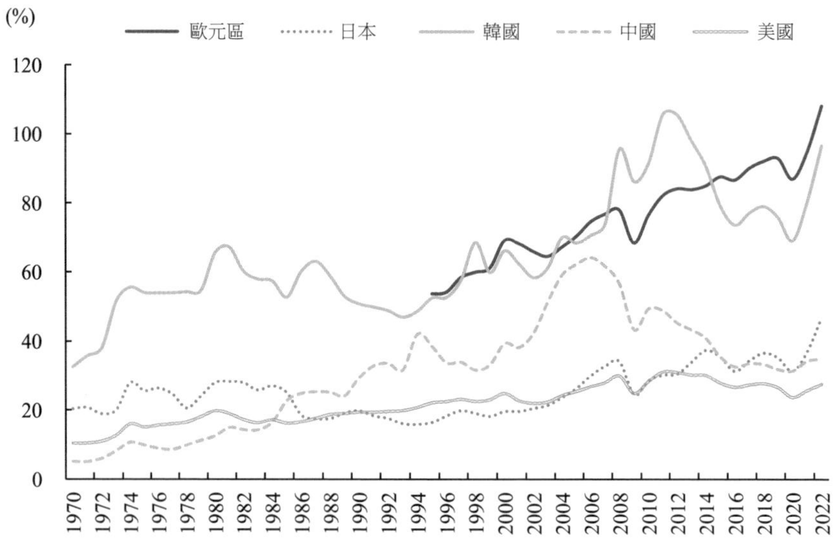

資料來源：WIND

　　二是主導國際組織和國際貿易制度，發起區域或雙邊貿易互惠協定。

　　這些國際貿易規則在不同階段的演變特徵體現出美國不同時期的國家利益，由此帶來的收益又使得美國得以繼續維持其國際經濟統治地位，掌握國際貿易規則的主導權和定制權。

　　例如，二戰後至 2008 年金融危機發生期間，美國主要充當國際制度倡導者、建設者和領導者，致力於推行"自由貿易"進而積累貿易實力。例如，1947 年，在美國主導下，美國與 22 個國家成功簽署《關稅及貿易總協定》，成功瓦解高貿易壁壘，重建戰後國際經濟秩序，建立起世界貿易體系。20 世紀 90 年代初，為配合美國服務業發展的需要，美國再次提出削減貿易壁壘，加強知識產權保護，引入發展中國家，完成烏拉圭回合談判，創建世界貿易組織 WTO。

　　而在 2008 年金融危機發生後，美國開始充當國際制度破壞者，試圖通過貿易談判與協定打造出"讓美國更自由"的貿易環境，採取頻頻"退群""反悔"等舉措，轉向區域、雙邊貿易協定。例如，特朗普上台執政後，曾多次出現中斷承擔國際義務的行為，2017 年以來，美國政府宣佈退出跨太平洋夥伴關係協定（TPP）、伊朗核問題全面協議、《巴黎協定》及聯合國人權理事會，還揚言退出世貿組織。

（三）操縱工具：多邊貿易協定、雙邊貿易談判

全球層面上，美國貿易霸權的維護，主要通過簽署《關稅及貿易總協定》（GATT）以及成立世界貿易組織（WTO）來實現。具體表現為，通過積極參與 GATT 與 WTO 活動，爭奪並主導多邊貿易規則的制定和修改。GATT、烏拉圭回合協定所包含的內容都是美國在國際市場上具有優勢的領域。據統計，在烏拉圭回合多邊貿易談判所協定的貿易領域中，僅削減關稅和非關稅壁壘，就能給美國每年創造大量收益。WTO 成立後，美國主導地位沒有改變，在 WTO 制定和修改保護知識產權的規則，依仗其科學技術優勢，通過限制或鼓勵高技術出口來制約他國。1997 年，美國利用 WTO 簽訂了《信息技術協議》，在美國出口的優勢領域要求各協議國家開放市場。

在雙邊、區域貿易關係上，美國主要藉助關稅、進出口配額和市場准入等工具，迫使主要貿易夥伴國開放市場，以達到削減貿易赤字、促進出口的目的。以日本為例，在日本成為美國最大的貿易逆差國時，1980 年代前後，美日在鋼鐵、家電、汽車、半導體等領域簽訂多個貿易協定，迫使日本政府對美開放汽車、電信設備、保險、政府採購等領域，至 1990 年，美日貿易逆差較 1987 年最高點收窄 153 億美元。

在單邊關係上，美國主要採用國內法 "301 條款" 處理。在處理國際貿易爭端時，美國將國內法凌駕於國際法之上，採取單方面制裁行動或以制裁相威脅。國內貿易法中最為著名和典型的是 "301 條款"。"301 條款" 是指美國《綜合貿易法》中的第 301 條款，最早形成於 1974 年的貿易法，後來演變為 "特別 301 條款" 和 "超級 301 條款"。"超級 301 條款" 是國會授權政府每年調查並確定一份在 "自由貿易" 方面做得不夠的國家名單，對其施加壓力迫使其開放市場，否則將予以報復。"特別 301 條款" 則是確定那些拒絕為知識產權提供足夠保護和市場的國家。

二、"美國優先" 的霸權秩序如何建立？

美國貿易政策的演變是觀察美國貿易霸權的一個窗口。回顧美國貿易政策的變化，大致分為三個階段，分別對應美國主導貿易全球化、區域化、安全化的三個過程。而這也正好與美國經濟發展階段相互匹配，即全力發展工業、工業轉向服務業、主要依靠服務業的三個階段。

（一）第一階段：二戰後至 1970 年代前，美國推行全球 "自由貿易"

早在 1947 年，美國和其他 22 個國家集體簽署的多邊貿易協定《關稅及貿易總協定》（GATT），奠定了美國在世界範圍內貿易霸權的地位。

這一時期，美國建立貿易霸權的出發點是打破國際貿易壁壘，通過推行全球範圍內的 "自由貿易"，為資源和資金的跨國界流動創造有利環境，發展本國工業。二戰期間，隨著戰時軍事開支擴大、國際貿易往來增多和工業化持續發展，美國獲得了巨大收益，經濟實力迅速攀升，被譽為 "生產奇蹟"。[29] 二戰後，美國最主要的對外政策目標是建立起自由主義的國際經濟制度。自由主義國際經濟制度的特點是：為貨物、服務、資本和知識技術的跨國界流動盡可能消除貿易壁壘。因此在貿易領域，美國從最初的限制轉向互惠，從使用保護性關稅保護國內產業免受外國競爭，轉為使用貿易協定減少全球貿易壁壘。

29 沈志華：〈美國對蘇貸款問題歷史考察（1943 — 1946）—— 關於美蘇經濟冷戰起源的研究〉，《俄羅斯研究》，2019 年。

圖 5-3　二戰期間，美國工業快速發展，經濟實力大幅提升

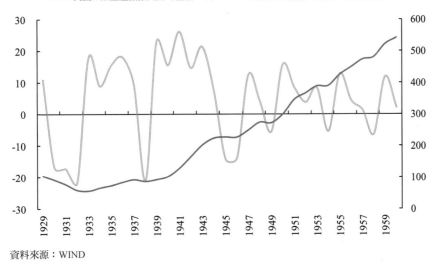

資料來源：WIND

　　美國之所以推行全球"自由貿易"，主要基於國內外三個因素：

　　一是外部環境方面，20 世紀 30 年代大蕭條後，全球範圍內的貿易保護主義大肆興起，美國遭遇到來自英國的帝國特惠制封鎖，導致美國出口商在全球市場處於劣勢地位。

　　20 世紀 30 年代大蕭條在全球蔓延肆虐，世界貿易環境急劇惡化，全球範圍內的貿易保護主義情緒持續發酵。1930 年，為保護國內產業免受外國競爭，美國出台《霍利—斯穆特關稅法案》，大幅調高關稅稅率，導致美國與各國的貿易關係嚴重惡化。英國在 1932 年《渥太華協定》中決定採取極端貿易限制措施，建立一個"旨在將美國商品排擠出加拿大和英國等主要出口市場"的"大英帝國特惠"貿易體系，通過提高關稅和配額限制使外部商品難以進入，而當時美國對加拿大和英國的出口佔其出口總量的 1/3 以上。與此同時，1931 年，德國對進口實施許可證制度，力求與東歐國家簽訂特惠貿易協定；日本則建立所謂的"大東亞共榮圈"，利用其政治和軍事影響力攫取經濟利益，均將美國排除在貿易體系之外。

　　此外，1931 年，英國放棄金本位，允許英鎊相對於其他貨幣貶值，此舉導致很多堅守金本位國家通過加強外匯管制，阻止黃金和外匯儲備流失，並輔以高關稅和配額措施，進一步限制進口方面的支出，以緩解國際收支枯竭的局面。

在《霍利—斯穆特關稅法案》、英國放棄金本位背景下，全球貿易的多邊體系開始瓦解。戰前英國領導下的全球自由貿易秩序被完全打破，整個世界貿易格局呈現出了以高關稅、進口配額、市場准入及匯率控制等貿易壁壘為主要特徵的碎片化狀態，導致美國出口商在全球市場上處於極其嚴重的劣勢。

美國及時調整貿易政策，於 1934 年通過了《互惠貿易協定法案》（RTAA），試圖以在關稅和貿易障礙方面無差別的 "最惠國待遇" 為特點的多邊貿易策略突圍。到 1944 年的時候，美國已經和 27 個國家簽署了貿易協定，佔美國貿易總額約 2/3 的比例，且與協定簽署國的出口增長率約為與非協定簽署國出口增長率的 2 倍。

二是從國內經濟形勢看，美國在二戰後成為工業大國，對出口貿易的依賴性增強，維持高水平出口可以穩定國內就業，消化過剩產能。

二戰後，美國以發展工業、進口初級產品為中心開展對外貿易。這一時期，美國在關鍵領域都出現巨額貿易順差，包括機械設備、機動車輛、化學品等，對出口依賴度更高。例如 1947 年，美國出口的小麥、煤炭、機床、農業機械和農具產量分別佔總產量的 32%、11%、39%、21%，1937 年分別為 10%、3%、23%、14%。出口行業的快速發展帶來大批就業崗位。1946 年，有 133 萬個就業崗位直接歸因於出口順差，1947 年升至 197 萬個。[30]

30〔美〕道格拉斯・歐文：《貿易的衝突：美國貿易政策 200 年》，中信出版社，2019 年。

圖 5-4　二戰後，美國商品出口規模快速增長

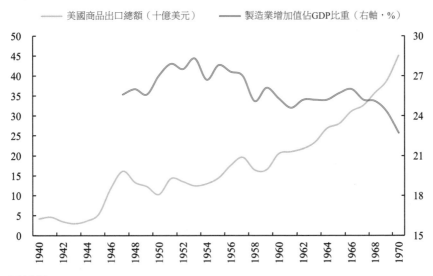

— 美國商品出口總額（十億美元）　　— 製造業增加值佔GDP比重（右軸，%）

資料來源：WIND

圖 5-5　二戰後，美國商品生產領域提供大量就業崗位

— 美國非農就業人數：私人：商品生產（千人）

— 美國非農就業人數比重：私人：商品生產（%）

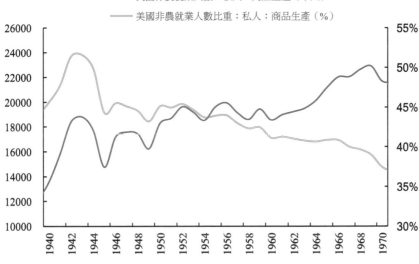

資料來源：WIND

　　三是從政治訴求看，推行全球範圍內的自由貿易，有助於促進戰後歐
洲的經濟復甦，遏制蘇聯。

　　二戰之後，美國迫切需要在歐洲和亞洲打造戰略支點。當時西歐與美
國擁有高度利益捆綁與高度趨同的價值觀，具備較好的工業基礎和廣大的

消費市場，西歐也迫切需要重建國內經濟。

因此，美國出台的馬歇爾計劃成為雙贏選擇，不僅用於解決美國國內產能過剩和歐洲迫切需要美國物資支持而無力支付的矛盾，也被用作分裂東歐陣營、削弱蘇聯政治地位的經濟武器。一方面，美國採取短期的金融援助，包括對英貸款和馬歇爾計劃，通過提供美元貸款、贈款和援助等措施，使歐洲繼續購買美國產品。另一方面，美國向歐洲主動開放市場，通過加強關稅談判減少世界範圍內的貿易壁壘，積極促成西歐市場一體化，讓歐洲國家通過擴大出口賺取更多美元。

因此，1947 年，在美國主導下，美國與 22 個國家成功簽署《關稅及貿易總協定》，旨在大幅降低關稅和其他貿易壁壘，既意味著美國對高貿易壁壘的成功突圍，也標誌著其作為戰後經濟秩序重建者，主導全球自由貿易秩序。到 1952 年時，《關稅與貿易總協定》已經有 34 個締約國，這些國家在世界貿易中所佔份額超過了 80%。直至 1994 年正式被世界貿易組織替代為止，它將世界上主要工業發達經濟體的平均關稅稅率從二戰結束之初的近 40% 降至約 5% 的水平。

（二）第二階段：1970 年代後至 2008 年金融危機前，轉向 "公平貿易"

二戰後，美國憑藉其完備而發達的工業體系，享受著 "多邊自由貿易體系" 帶來的巨大紅利。二戰後到 20 世紀 60 年代，美國 GDP 年均增長率為 6%，出口貿易總額從 1945 年的 67.8 億美元增長到 1960 年的 270.5 億美元。

但進入 20 世紀 70 年代後，隨著歐共體和日本的崛起，美國在國際貿易體系的霸權地位面臨挑戰。1985 年 9 月，時任總統里根將 "自由且公平" 描述為美國貿易政策的原則，並要求美國貿易代表辦公室通過積極運用 "301 條款"，以 "自由且公平" 的貿易促進美國出口。

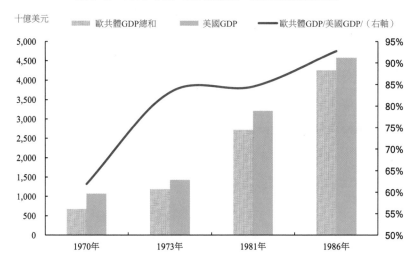

圖 5-6　1970 年後，歐共體擴員，經濟體量接近美國

資料來源：WIND

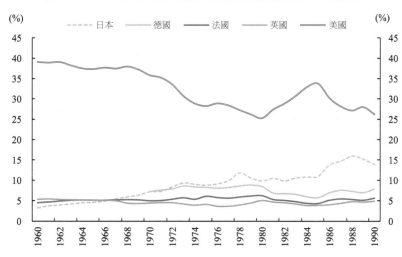

圖 5-7　1970 年後，日本崛起，成為僅次於美國的第二大經濟體

資料來源：WIND 注：圖中數據為各國 GDP 佔全球比重

　　發生這種貿易政策的轉向，與美國當時的經濟環境密不可分。1970 年代初，布雷頓森林體系崩潰後，美國面臨經濟滯脹、高失業率環境。同時，隨著戰後西歐、日本經濟實力製造業實力不斷增強，1970 年代初，美國開始出現貿易逆差。而當時國際貿易對於美國經濟的重要性持續提升，1970－1980 年，美國進出口總額佔其 GDP 的比重從 10% 快速升至 20%。這些導致美國對盟友的貿易戰略認知發生了改變，美國認為其對盟

友長達幾十年的單向優厚貿易政策帶來的政治收益，已經不足以彌補其付出的經濟成本。

為了扭轉貿易逆差和經濟滯脹的困局，美國針對主要貿易夥伴對美產品的貿易歧視措施，出台了《1974 年貿易改革法案》（the Trade Reform Act of 1974）。這部法案反映了美國應對外來貿易競爭的處理方式，從主要依靠多邊框架協調降低關稅壁壘，轉變為單邊綜合利用非關稅壁壘，並強迫對方單方面向美國開放市場。這部法案的出台標誌著美國貿易政策，跟隨其相對經濟實力的衰弱，從"自由貿易"轉向"公平貿易"。

圖 5-8　1971 年起，美國開始出現貿易逆差

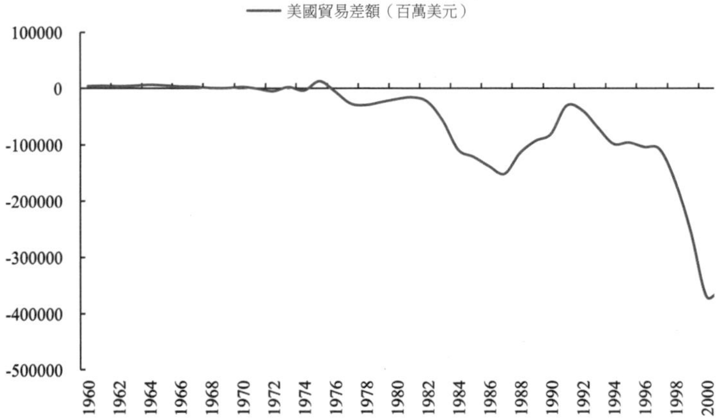

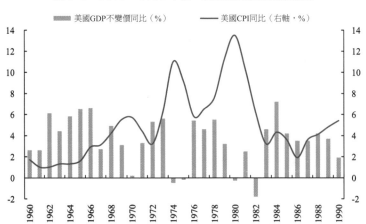

資料來源：WIND

圖 5-9　1970—1980 年初，美國經濟處在滯脹階段

　資料來源：WIND

進入 1980 年代之後，美國製造業的相對實力進一步衰弱，其製造業增加值佔 GDP 比重持續下降，美元匯率也持續升值，進一步削弱美國出口商的國際競爭力，並進一步惡化貿易逆差。1985 年，美國成為淨債務國。自此，美國迎來了 1980 年代新一波的貿易保護浪潮。在這波浪潮中，以頻繁的 "301 條款" 引出的雙邊貿易談判與《北美自由貿易協定》引出的區域化貿易為代表，美國貿易政策逐漸轉向了雙邊主義與區域主義。日美貿易摩擦便是一個典型案例。

"301 條款" 是《1974 貿易改革法案》的重要內容，也是後來美國長期實行單邊貿易制裁的主要工具。"301 條款" 是一項 "報復性" 的法律。該條款授權總統以更大的權力處理外國對美國產品實施的 "不公正、不合理和歧視性" 行為。具體流程為：先由具體涉事出口商提出申訴（亦可直接由總統發起動議開啟調查程序），經調查屬實後通過貿易談判終止相關行為，若未能達成解決共識，則 "總統有權對違規國家的出口商品徵收報復性關稅"。

"301 條款" 由 "一般 301" "特別 301" 和 "超級 301" 組成。"一般 301" 是針對一般性進出口行為進行的概括性操作描述；"特別 301" 是針對知識產權領域進行的特殊性操作描述，主要集中在高科技（芯片、半導體等）、文化娛樂（電影、音樂等）和化工、醫療製藥等行業；"超級 301" 則將操作的對象從具體的產品和產業轉向了 "重點國家" 和 "重點做法"，使所有與美國有貿易往來的經濟體都置於美國國內行政機構的監察之下。

之所以出台 "301 條款" 有三大原因：一是美國無法在《關稅及貿易總協定》框架下徹底消除西歐關稅同盟對美貿易歧視政策；二是隨著西歐和日本的實力提升，美國對外政策的影響力在下降；三是 "301 條款" 有助於對更多國家的商品設置非關稅壁壘，阻擋他們進入美國市場。自此，美國對外貿易爭端的處理方式，從多邊制度框架轉向局限於雙邊、區域、單邊主義的非關稅貿易壁壘。

美國頻繁使用國內法 "301 條款"，用作國際上雙邊談判的籌碼。一般情況下，一個國家只要被美國開展了 "301 調查"，那它很快就會面臨兩項選擇：要麼撤銷對美產品的 "不公平" 貿易壁壘，要麼接受美國經濟制裁。美國歷史上多次發起"301 調查"的對象國家，多選擇了那些與自己具有巨大經濟實力差距的國家，如日本、韓國、巴西等。它們更傾向於屈從美國的政策意志，在貿易壁壘問題上做出退讓。

《北美自由貿易協定》（NAFTA），則是美國轉向區域主義的代表性貿易政策。為了實現對西歐國家組成的歐共體的制衡，美國和加拿大、墨西哥簽訂了《北美自由貿易協定》（NAFTA），形成了以美國為核心的北美自由貿易區。1992 年 8 月，《北美自由貿易協定》簽署，要求分別在五年、十年或十五年內逐步廢除北美貿易涉及的所有關稅，部分關稅需要立即廢除。此舉促進雙邊貿易快速增長，提升北美經濟一體化程度。

20 世紀 90 年代後，隨著日本實力削弱，信息技術興起推動美國產業升級加速，美國再次提出削減貿易壁壘，推進全球性自由貿易，重獲多邊貿易體系的支配地位。包括完成烏拉圭回合談判，創建世界貿易組織，與中國建立永久性正常貿易關係（PNTR）。

其中，烏拉圭回合談判重塑全球貿易體系及貿易政策，加速全球貿易一體化進程。烏拉圭回合談判的持續週期為 1986 — 1994 年，由 117 個國家參與，歷經七年時間。談判結果主要包括：廢除《多種纖維協定》、出口限制協定；發起農業貿易政策，各國政府將減少和限制農業補貼；將協定中的規則延伸到服務等新的領域，保護與貿易有關的知識產權；建立起更加有效的爭端解決機制，使各國同意將進口關稅減少 1/3 左右；成立了世界貿易組織。由此，《關稅及貿易總協定》正式退出舞台，開啟了世界貿易組織（WTO）的時代。

美國之所以要積極推進烏拉圭回合談判，與《關貿總協定》規則設計不足有關。一是《關貿總協定》並不限制各國採用出口限制協定、提供出口和國內補貼或設置其他非關稅壁壘，因此各國湧現出大量限制出口的協定，農業補貼情況嚴重。二是《關貿總協定》中沒有關於銀行和金融服務、海運和運輸服務、建築和法律服務等服務貿易條款，不利於美國著力發展服務業的導向。三是《關貿總協定》主要由美國、歐共體、日本、加拿大等少數發達國家參與，發展中國家由於貿易體量較小，未包括在內。但隨著東亞國家的崛起，發展中國家的市場規模快速擴張。美國堅持認為，發展中國家不能再以"搭便車"的方式享受關稅削減，也應當參與降低貿易壁壘的工作。

隨著世界貿易組織的成立，幾乎世界上所有的國家都被陸續整合進了美國主導的世界貿易秩序中。這一時期，以美國為中心的盟友體系，以擴大市場、鎖定發展中國家與發達國家間科學技術的差距等方式，增加盟友體系的總體利益，實現全球範圍內的利益瓜分與統治體系，形成"中心—外圍"的剝削關係。

（三）第三階段：金融危機發生後，貿易政策轉向"安全化"

2008 年金融危機發生之後，美國對外貿易政策中鼓勵市場化的成分收縮，通過貿易政策調整解決經濟社會問題的訴求增強，逐步轉向區域或雙多邊貿易互惠協定。這種政策轉向在特朗普政府時期體現得尤為密集與明顯。2017 年特朗普政府發佈《國家安全戰略報告》，首次將大國競爭列為國家安全的首要威脅，並首次提出"經濟安全就是國家安全"，標誌著美國國家安全戰略出現重大調整，貿易政策開始向"貿易安全化"轉型。

貿易政策再度調整的核心原因是，美國主導形成的世界貿易體系已經不能保障其實現霸權利益，反而使其在國內外面臨的結構性問題更加突出。

第一，隨著國際格局多極化趨勢明顯，以中國為代表的新興力量不斷挑戰美國霸權地位。美國面臨著來自中國、俄羅斯等國的挑戰和競爭，同時特朗普政府與歐盟、日韓等傳統盟友間在貿易和防務等方面出現摩擦，導致美國在應對國際挑戰中缺乏協作。特別是中國的快速崛起，不僅在經濟上與美國形成了巨大的貿易逆差，在科技、軍事、外交等領域也展現出強大的實力和影響力，因此美國將中國作為挑戰其全球霸權的重要威脅。以中美貿易為例，2003 年美國對華貿易逆差為 1349.5 億美元，2022 年擴大至 4218.7 億美元。拜登上台後，美國貿易政策安全化進一步顯性化，不斷拉攏盟友，採取"小院高牆"的打壓式政策謀求貿易霸權，擾亂全球產業鏈供應鏈。

第二，經濟全球化導致美國製造業產業空心化日漸嚴重。隨著全球化進程的推進，美國本土傳統製造業逐步向具有"低成本優勢"的發展中國家或地區轉移。從 1998 年至 2020 年，美國製造業企業數量從 31.9 萬家下降至 24.0 萬家，降幅達 24.8%，製造業企業佔所有企業的比重從 5.7% 下降至 3.9%。從製造業增加值看，從 1997 年至 2022 年，美國製造業增加值佔美國 GDP 的比重從 16.1% 下降至 11.0%，佔全球製造業增加值的比重從 23.1% 下降至 17.1%。

　　第三，美國國內財富分配不均，社會階層結構性矛盾日益突出。20 世紀 80 年代以來，美國開始實施"新自由主義"政策，推行全球化、自由市場和自由貿易，採取一系列措施為資本"鬆綁"。新自由主義政策在刺激經濟增長的同時，也導致美國貧富差距加大、中產階級減少，美國社會階層結構性矛盾持續發酵。[31] 從 1990 年 Q1 至 2023 年 Q2，美國前 1% 富有的家庭擁有的財富佔比從 22.7% 上升到 31.4%，而 50%—90% 的家庭擁有的財富佔比則從 36.5% 下降至 28.6%。

圖 5-10　1990 年以來美國貧富差距持續加大

美國50%-90%富有家庭財富佔比　　美國前1%富有家庭財富佔比

資料來源：美聯儲官網註：數據更新至 2023 年第二季度

---

　31 沙燁：〈撕裂的美國：新自由主義政策如何加劇貧富分化〉，《東方學刊》，2021 年。

圖 5-11　隨著經濟全球化，美國製造業空心化日益嚴重

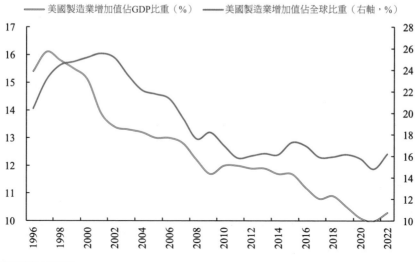

資料來源：WIND

圖 5-12　美國製造業企業數量和佔比不斷下降

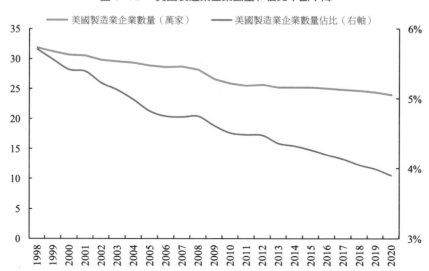

資料來源：WIND

圖 5-13　進入 21 世紀，中美貿易逆差不斷擴大

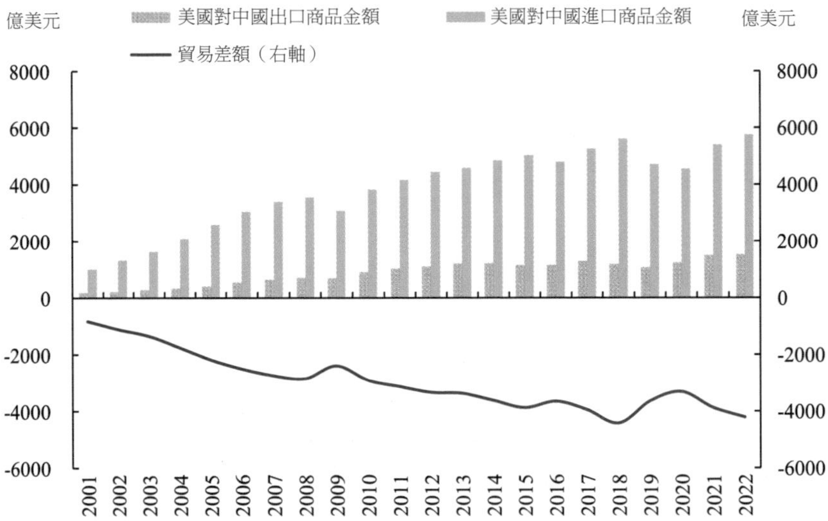

億美元　　▨▨ 美國對中國出口商品金額　　　　▨▨ 美國對中國進口商品金額　　億美元
　　　　　—— 貿易差額（右軸）

資料來源：WIND

　　對此，美國嘗試藉助 "一體兩翼" 戰略重塑世界格局。"一體" 指以美國為核心的美洲貿易集團，發展北美自由貿易區；"兩翼" 分別指西歐國家為主的北大西洋貿易集團和以日本為主的亞太地區貿易集團，分別對應 "跨大西洋貿易與投資夥伴關係"（TTIP），以及跨太平洋夥伴關係協定（TPP）。

　　一是主導北美貿易格局。早在 1994 年，美國、加拿大和墨西哥政府經談判商定的《北美自由貿易協定》（NAFTA）正式生效。在該協定下，美國、加拿大和墨西哥之間的大部分貿易關稅被取消，區域貿易實現大幅增長，從 1993 年約 2900 億美元增長至 2016 年的逾 1.1 萬億美元。然而，美國前總統特朗普認為該協定對美國的就業和製造業造成了損害，認為低薪酬競爭、企業生產向外轉移，以及貿易逆差的擴大等因素導致了美國就業機會減少以及薪酬增長停滯。因此，特朗普總統上任後就重啟了NAFTA 的談判，以期為美國爭取 "更好的條件"，包括納入更嚴格的勞工標準，收緊汽車行業的原產地規則，有利於關鍵性製造業回流美國，創造更多就業條件等。2019 年 12 月，特朗普政府與加拿大和墨西哥達成了更新版協定，即《美墨加協定》（USMCA），最終於 2020 年 7 月生效。

二是積極推進美歐貿易合作。奧巴馬時期，美歐啟動跨大西洋貿易及投資夥伴協議（TTIP）談判，寄希望於通過打造歐美高標準自貿區，來捍衛美國在國際經貿規則中的主導地位。但由於雙方在政府採購、金融法規與爭端解決機制等問題上存在重大分歧，最終並未達成一致。拜登上台後，美國持續修復與盟友關係，尤其是將拉攏歐盟作為其外交戰略的首要目標。2021 年 6 月，美歐貿易與技術委員會（TTC）合作機制達成，作為美歐貿易合作的新紐帶。在推進投資審查合作、多邊出口管制的原則與規範、人工智能技術的研發和應用規則、增強美歐半導體供應鏈的安全性等方面達成共識。

三是介入亞太地區事務，推進經濟一體化進程。早在 2005 年，新西蘭、新加坡、文萊、智利四國共同簽署了跨太平洋戰略經濟夥伴關係協定（TPSEP），這也是 TPP 的前身。2008 年後，基於應對金融危機和美國戰略重心轉移的需要，奧巴馬政府上台後，將 TPSEP 作為美國介入並主導亞太地區經濟一體化進程的重要槓桿，於 2008 年 11 月正式宣佈加入 TPSEP，並更名為 TPP。這一時期，除美國以外，越南、秘魯、澳大利亞、馬來西亞、加拿大、墨西哥、日本等國相繼加入談判，TPP 成員國範圍由最初的 4 國迅速擴大到 12 國，並於 2015 年 10 月成功達成 TPP 貿易協定，用於促進貿易自由化，降低各成員國之間的關稅。而在特朗普上台後，為避免美國產業空心化，選擇單方面退出跨太平洋夥伴關係組織（TPP），不再簽署大型區域貿易協定，而是注重雙邊貿易協定談判。

此外，面對中國的快速崛起，美國世界霸主地位遭遇挑戰，美國開始在貿易、金融、外交等領域採取一系列舉措以遏制中國。從奧巴馬時代的合作與競爭並存，到特朗普時代的全面遏制，再到拜登時代的"小院高牆""打造排華供應鏈"和"印太經濟戰略"，中美關係曲折而下。

例如，在對華打壓方面，一是持續擴大對中國各類實體制裁，截至2023 年 7 月美國將 1300 多家中國實體列入各類管制和制裁清單。二是接連推出貿易戰、產業戰和科技戰，採取加徵關稅、出口管制、投資審查等措施，限制中國在科技、軍事領域的發展。而對內接連出台《通脹削減法案》《芯片與科學法案》，試圖通過高額補貼等方式，推動新能源汽車、芯片製造在美國本土擴大生產。三是在人權、知識產權和網絡安全等領域對中國進行了長期的抹黑和攻擊，以此對中國形成嚴重的輿論壓力。

在聯合盟友方面，與特朗普時期不同，拜登政府採取“小院高牆”的政策，積極組建盟友和夥伴關係網絡以共同對抗中國，使其經貿合作不斷朝向安全化方向發展。尤其是在亞太地區，美國與日本、韓國等國繼續加強安全防務合作，大力推進印太經濟框架（IPEF）、舉辦美國—東盟峰會等，不斷鞏固擴大其在亞太地區的影響力，意圖聯合盟友以限制中國。

三、中美貿易摩擦回溯

（一）自奧巴馬時代開始，中美關係曲折向下，貿易爭端逐步擴大

奧巴馬時代，中美關係裂痕逐步出現，兩國在貿易領域的爭端初露端。2011 年奧巴馬宣佈“重返亞太”戰略，在貿易領域頻頻對中國施壓。2010—2018 年，美國多次對中國展開“反壟斷、反補貼”的雙反調查，以及針對於電子行業專利侵權為主的 337 調查。只是，這些調查只集中於部分商品領域，調查的結果以徵收高昂的反傾銷稅、反補貼稅、懲罰性補貼稅而結束，尚未擴大到全貿易領域的爭端問題。

2016 年，特朗普總統接棒奧巴馬總統入主白宮，實施“美國優先”的單邊主義，對多個貿易對手國發起新一輪貿易協議磋商，包括加拿大、墨西哥、日韓、歐洲等國。細數特朗普總統的談判訴求，主要落於低附加值的製造業及農業，包括提高鋼鐵、金屬製品的進口關稅，擴大美國農業出口的範圍，這與其競選利益是一致的。作為保守主義的極端代表，特朗普總統在競選時期就以降低貿易逆差（尤其是對華貿易逆差）、拉動工作機會回流，遊說美國的工人和農民。因此，在 2016 年的總統大選中，鐵銹帶地區的搖擺州整體倒向了特朗普和共和黨。特朗普上任之後，也主導美國“退群”TPP、中美貿易摩擦，以籠絡美國的工人和農民，穩固選票。

不同於奧巴馬時代的雙反調查，特朗普時期的中美貿易爭端幾乎涵蓋了中國對美的全部出口商品。除了採用加徵關稅等手段，美方也出台了大規模的實體清單，對華高技術出口管制力度空前加大，全方位打壓中國的

製造業產業鏈。

（二）特朗普時期的中美貿易戰複盤

特朗普時期的中美貿易摩擦可以分為四個階段，摩擦階段，談判第一回合、談判第二回合和執行階段。這四個階段，美國從初期的小步試探，中期的反覆橫跳，後期的瘋狂加稅，不斷擠壓中方極限，每一個階段，都服務於特朗普不同時期的政治利益訴求。

摩擦階段從 2017 年 8 月美方啟動 301 調查開始，一直到 2018 年 5 月。2017 年 8 月，美國貿易代表辦公室（簡稱 USTR）對中國發動 301 調查（USTR 根據《1974 年貿易法》第 301 條，對美國貿易夥伴展開的調查）。2018 年 3 月 9 日，特朗普正式簽署關稅法令，對進口鋼鐵和鋁分別徵收 25% 和 10% 的關稅。3 月 23 日，美國貿易代表辦公室依據對中國的 301 調查結果，無端指控中國存在強迫技術轉讓竊取美國知識產權等問題。為此，特朗普宣佈對 500 億美元中國商品加徵 25% 關稅。加徵關稅的商品清單主要涵蓋了航空航天、信息和通信技術、以及機械等行業。作為回應，4 月 4 日中國宣佈對美 500 億美元進口反制清單，將對原產於美國的大豆等農產品、汽車、化工品、飛機等進口商品對等採取加徵關稅措施，稅率為 25%。中方反制的策略，直接打擊了共和黨的基本盤，即搖擺州的農民。此後，雙方的關稅互加成為貿易戰的主要手段。

2018 年 5 月至 2019 年 5 月，中美開啟了談判第一回合。這一期間，雙方進行了多輪談判，但在關鍵問題上未能取得實質性進展。雙方加徵關稅金額上升，中美貿易摩擦升級。中美貿易關係的持續緊張不僅拖累了中國的製造業投資，美國對華的出口也同樣出現大幅下滑，尤其是對美國搖擺州的工人和農民造成了較大衝擊。2018 年 12 月，中美元首在 G20 峰會上達成暫停加徵關稅的共識，但最終以談判失敗告終。2019 年 5 月 10 日，美方對中國加徵關稅的商品清單總額上升至 2500 億美元，且涵蓋了大量的勞動密集型產品，包括礦產及化工、農林牧漁及食品、紡服、機電、運輸設備和高端儀器等。對此，中國宣佈從 6 月 1 日起對其價值 600 億美元的美國商品加徵關稅。中美關係再次陷入緊張局面。

　　從 2019 年 5 月中美第十一輪高級別磋商，至 2019 年 12 月中美就第一階段協議達成一致，我們將這段時間劃分為談判第二回合。隨著美國 2020 年大選不斷臨近，特朗普政府求成心切，更是反覆橫跳，出爾反爾，將貿易爭端擴大到了科技、台灣、香港問題，不斷施壓，企圖通過霸凌主義態度和關稅的極限施壓手段，讓中方屈服。為了達到其談判訴求，特朗普動用了多種武器，關稅條線上，2019 年的 8 月份，美方宣佈加徵 3000 億關稅，並且威脅要對總額 5500 億的所有清單進一步提高關稅。對此，中方則是宣佈對於美方 750 億美元清單商品加徵關稅。在關稅大棒之外，美方還試圖以台灣問題掣肘中方，5 月 7 日，美國眾議院通過了《2019 年台灣保證法案》及《重新確認美國對台及對執行台灣關係法承諾》決議案，5 月 22 日美國軍艦穿越台灣海峽。科技條線方面，特朗普也在對中方採用極限施壓，2019 年 4 月及 5 月出台大規模清單，並將華為及 68 家子公司整體列入實體清單。

　　無論美方以什麼樣的手段施壓，其背後一定是希望爭取利益訴求。在發動大規模的貿易摩擦後，特朗普的最終目的還是希望中方能夠加大自美採購力度，以獲取大選中搖擺州的支持。果然，在 2019 年 9 月，美方主動推遲了關稅上調，歸還了扣押的華為物資，向中方釋放極大的誠意。之後，中美關係峰迴路轉，10 月份在華盛頓舉行了第十三輪磋商。2020 年 1 月 15 日，中美正式簽訂了第一階段協議。協議中約定了一些具體的內容，包括中國承諾增加購買美國商品和服務的額度，尤其是農產品和能源等領域，這正是特朗普討好搖擺州的重要抓手。而美國則同意逐步減少對中國商品的部分關稅。

　　此外，為減輕貿易摩擦對美企業的衝擊，特朗普執政時期曾對 2200 多項產品提供關稅豁免，其中 549 項產品的關稅豁免曾延長一年，但所有豁免已於 2020 年年底到期。2021 年 10 月，美方重啟關稅排除程序，對上述 549 項商品徵求意見。2022 年 3 月 23 日拜登政府確認了 549 項中的 352 項關稅豁免，豁免期為 2021 年 10 月 12 日至 2022 年 12 月 31 日。豁免清單主要包括電機、水泵等電氣設備，過濾器、淨水器等機械設備，家具、自行車、紡織品等消費品，部分塑料製品，部分汽車零部件，鋼鐵等賤金屬製品，X 光硬件等醫療設備等、某些化工品等。此項關稅豁免期被多次延期。2023 年 12 月 26 日，拜登政府再次宣佈，進一步延長對 352 項已恢復豁免關稅的中國進口商品和 77 種與新冠防疫相關的中國進口商品的 301 條款關稅豁免期，期限由 2023 年 12 月 31 日延至 2024 年 5 月 31 日。

回顧來看，中美貿易摩擦歷時四年，自 2017 年佈局、2018 年正式發難、2019 年持續緊逼、2020 年達成談判，最終以第一階段協議達成收尾。那麼特朗普總統到底有何訴求呢？我們通過拆分第一階段協議，來透視特朗普總統的真實意圖。

第一階段協議裏主要涵蓋了知識產權、技術轉讓、貿易、金融、宏觀政策等七個方面的內容，具體包括美方停止剩餘的關稅清單生效，中方加大自美採購，中方在相關領域放開非關稅壁壘，加大知識產權保護，中美建立對話機制，及加快中國金融市場的開放。其中，最引人注目，也是特朗普在大選中反覆宣傳的，就是中方在 2020—2021 年，新增採購 2000 億美元的美國產品，這也是特朗普對華發動貿易戰的初衷。

近年來，在全球化過程中，美國製造業空心化日益嚴重，國內貧富分化和階級固化在不斷加劇，導致藍領和部分中產階層對於社會現狀出現了極大不滿。這也是美國近年頻繁開啟對外貿易爭端、轉移國內矛盾的根源所在。特朗普總統能夠贏得 2016 年總統大選的關鍵變量，就在於搖擺州的工人和農民。中美簽訂的第一階段協議規定的眾多產品採購，主要是農產品、製成品和能源品。這正是特朗普去討好搖擺州的重要抓手。

（三）拜登時期，"小院高牆" 成為對華政策的核心

對於拜登總統和民主黨，其首要政治訴求在於贏得 2022 年中期選舉和 2024 年總統大選。而拜登總統在 2021 年下半年一度釋放較強的談判訴求意願，主要是為了對民主黨的基本盤兌現承諾，一方面是擴大市場開放，在氣候問題上取的合作，為民主黨的基本盤 —— 金融、科技、互聯網、醫療和新能源公司，獲取更大的在華利益；另一方面，降低一些美國依賴度較高的中間產品的關稅，以降低美國通脹壓力。但是，自 2021 年

下半年以來，在阿富汗撤軍、國內通脹壓力高企和疫情出現反覆等多個疊加因素的影響下，拜登支持率持續走低。因此，拜登對華緩和的窗口期再次被收緊。從 2021 年底至 2022 年上半年，中美之間始終沒有達成新一輪貿易磋商。

對於拜登而言，中美關係中的貿易逆差問題已經不是首要衝突，經歷了疫情大考之後，拜登和民主黨也認識到，在美國製造業空心化日益嚴重、競爭優勢低下，在傳統的經貿框架下難以遏制中國崛起，而拜登和民主黨則選擇了另外一條道路，即加大在高技術領域對中國的圍堵和打壓。

2021 年 11 月，拜登和民主黨放棄重返 CPTPP，取而代之的是 "排華供應鏈" 和 "印太經濟戰略" 兩張牌，成為其維護貿易霸權的新思路。這是因為民主黨意識到，以 CPTPP 為代表的的傳統經貿協議，已經不是美國最優選。一則，美國產業空心化愈發嚴重，自由貿易協定難以打開更大範圍的中國市場。二則，2018 年特朗普政府主導推進的升級版北美貿易協定，已經部分解決了廉價勞動力和終端市場的問題。在 2021 年升級版北美貿易協定生效後，農產品、機械、機電、醫藥、鋼鐵、化工等品類，美國對加拿大及墨西哥的出口增速均出現大幅上行。

因此，我們可以看到，美國既在非核心領域的產品對華釋放緩和信號，包括向華為和中芯國際供貨、推出關稅排除清單，又在核心領域上加大對中國的封鎖，控制和整合核心技術產業鏈，並聯合盟友意圖在供應鏈上實現 "去中國化"，打造 "排華供應鏈"。這也是拜登政府所踐行的 "小院高牆" 戰略，即美國在核心技術領域（"小院"）進行重點保護和封鎖（"高牆"）。

2022 年 2 月 11 日，美國白宮公佈《印太戰略》文件，文件將矛頭直指中國，號稱要加強與盟國的關係形成 "綜合遏制力" 來 "塑造圍繞中國的戰略環境"。由此可見，美國對於未來亞太地區經貿關係的構想，和遏制中國崛起的新思路，主要落於美國圍繞著核心技術的供應鏈安全，和對亞太地區技術發展的管控上。

一方面，加大對芯片、數字經濟等核心技術，以及供應鏈安全和敏感基礎設施等領域的投入，以確保其背後跨國公司利益集團的利潤穩固，並且聯合日韓等盟友，逐步實現"去中國化"。另一方面，加大對知識產權、信息安全、人員交流等方面的管控，以"保護"之名阻斷核心技術在亞太地區擴散，穩固自身在核心技術領域的霸主地位。

例如，2022 年 8 月 9 日，美國總統拜登簽署《芯片和科學法案》，向美國半導體研發、製造以及勞動力發展提供 527 億美元資金支持，向美國人工智能、量子計算等領域提供約 2000 億美元資金支持。2022 年 8 月 16 日，美國總統拜登簽署《削減通脹法案》，向美國清潔能源領域提供 3690 億美元資金支持。2023 年 1 月 27 日，美國與日本、荷蘭達成一致，共同升級對華半導體出口管制。2023 年 8 月 9 日，拜登政府發佈限制對華先進半導體、人工智能、量子計算投資禁令。

總而言之，後疫情和後全球化時代，拜登政府對於中美競爭實力的差異化，認識的更為務實和清晰；而其選取的"小院高牆"戰略，也會給中國產業升級和經濟轉型帶來更大的挑戰。當前，世界百年未有之大變局加速演進，應對各種風險挑戰，最有效的辦法就是辦好自己的事。決定國際關係的本質，是建立在科技、文化、軍事、經濟、金融等多方面的大國力量對比。面對全球化遭遇逆流，歐美加速對華科技封鎖，我們更要加快卡脖子核心技術攻關，方能在大國競爭中立於不敗之地。

四、日美貿易摩擦回溯

（一）緣起：為遏制日本快速崛起，美國對日態度從扶持轉向打壓

二戰後，美國將日本納入歐美自由貿易體系，借用市場力量讓日本恢復經濟發展。二戰後，美國希望在亞洲建立軍事同盟體系以針對蘇聯和中國，為此美國政府開始實施全面復興日本經濟的政策。美國在西歐推行馬歇爾計劃過程中，將降低或取消對日貿易歧視作為繼續提供項目貸款的附加條件之一，將日本納入歐美自由貿易體系，1955 年，日本正式成為《關稅及貿易總協定》的締約國。在美國的戰後整合政策下，日本經濟迎來了巨大的發展，也成為美國在貿易領域"最順從"的盟友。20 世紀 70 年代中後期，日本成為僅次於美國的世界第二大經濟體。

伴隨日本經濟實力的快速崛起，美國開始將日本視為美國霸權的挑戰者，防範並遏制日本的崛起，在貿易領域採取多種手段對日本進行全方位的打壓。[32] 1965 年美日貿易差額由正轉負，且隨後貿易逆差不斷擴大，美國市場上大量廉價的日本產品對本土製造業發展產生衝擊。以鋼鐵產業為例，1950—1980 年，美國粗鋼產量佔全球的比重從 46% 下降至 14%，而日本則從 3% 上升至 16%。

除了貿易戰之外，美國還對日本挑起了匯率金融戰和經濟戰。1985 年，在美國的主導和強制下，美、日、德、法、英等簽署了《廣場協議》，日元兌美元在短時間內大幅度升值，進而導致日本貿易順差減少，經濟增速和通脹水平雙雙下行。為應對"日元升值蕭條"，日本銀行開始不斷放鬆銀根，為股票市場和房地產市場提供大量的流動性資金，進而推動了投機熱潮的高漲，最終導致"平成泡沫"的破裂。1990 年，美國與日本簽訂了《美日結構性障礙問題協議》，要求日本開放部分國內市場，並直接強制日本修改國內經濟政策和方針，之後日本政府通過舉債的方式進行了大量的公共投資。

圖 5-14　20 世紀 60 至 90 年代日本經濟高速發展

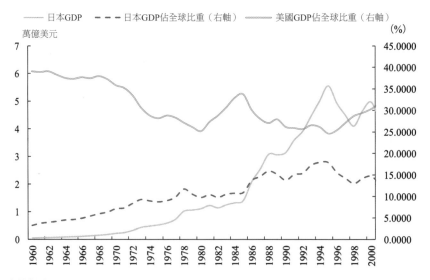

資料來源：WIND

---

32 熊光清：〈日美貿易戰的起因及影響 —— 從美國霸權護持戰略角度的審視〉，《日語學習與研究》，2019 年。

圖 5-15　20 世紀 60 至 80 年代，美國從日本淨進口金額不斷擴大

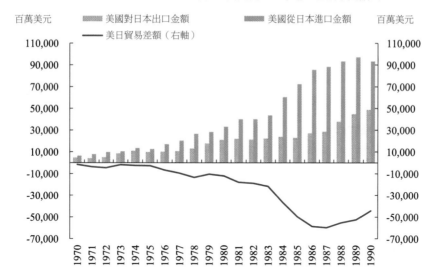

資料來源：WIND

（二）歷程：日美貿易摩擦持續升級，最終以日方妥協收場

20 世紀 60 年代後，美國向日本持續發起貿易戰，貿易摩擦領域從紡織品、鋼鐵製品、家電等勞動密集型行業，擴大到汽車、半導體等中高端製造業。

紡織品方面，1951—1956 年，日本棉紡織品在美國紡織品進口市場中所佔比重從 17.4% 增長至 60% 以上，為此美國輕工行業工會向國會申請立法限制日本紡織品進口。[33] 日方為避免激發矛盾，多次實行自願出口限制。1963 年，日美簽署了《日美棉紡織品長期協定》，限制日本對美紡織品出口增速；1971 年，雙方簽訂《美日紡織品協定》，規定日本將在未來三年內控制對美紡織品出口規模，美日紡織品貿易戰自此得以緩解。

鋼鐵製品方面，20 世紀 50 年代後期，日本的鋼鐵行業迅猛發展，1950—1968 年，美國進口鋼鐵中日本鋼鐵的佔比由 5% 上升到 50% 以上。[34] 20 世紀 60 年代開始，美國多次通過要求日本實行出口限制、進行反傾銷調查以及限制日本在美國鋼鐵市場的佔有率等方式打擊日本鋼鐵業。

33 馬成三：〈日美貿易摩擦：30 年的"攻防戰"〉，《國際貿易》，2019 年。

34 王厚雙、付煜：〈日本處理日美貿易摩擦的經驗及其啟示〉，《日本研究》，2018 年。

1984 年，美國與日本等國達成自主出口限制協議，規定日本在美國鋼鐵市場上的佔有率限制在 5.8% 以內，結束了日美鋼鐵製品近二十年的貿易摩擦。

家電方面，1965—1969 年，日本彩電出口量從 4.8 萬台增至 100 萬台，日本彩色電視機曾佔據美國近三成的市場份額。[35] 1968 年 3 月，美國電子工業協會起訴日本 11 家電視生產企業，要求對日本生產的黑白電視和彩電徵收反傾銷稅。此後，美國又提出提高關稅和進口管制等措施。1977 年 5 月，日美簽訂維持出口市場秩序的《日美彩電協定》，對美國彩電出口實施自主限制，此後又通過鼓勵赴美建廠等方式主動讓步。

汽車方面，1960—1981 年，日本汽車銷售額佔美國市場的份額從接近 0% 上升為 20.9%，1984 年時美日貿易逆差創下 657 億美元的新高，其中汽車及其零部件貿易逆差佔 60%。[36] 基於此，美國國際貿易委員會提出緊急進口限制措施，於 1981 年 5 月簽訂《日美汽車貿易協議》，限制對美汽車出口額。1993 年，美國要求日本開放汽車市場但長期無果，1995 年 5 月，又通過 “301 條款”、增加進口關稅等手段逼迫日本開放市場。1995 年 6 月，雙方達成《美日汽車、汽車零部件協議》，日本基本滿足了美國所有要求，美國開始向日本出口汽車及其零部件。

半導體方面，自 20 世紀 70 年代中期起，日本便決心培植以半導體為代表的高技術產業，在存儲器等集成電路半導體技術方面超過了作為晶體管、集成電路誕生地的美國。20 世紀 80 年代，日本半導體產品向美國市場快速滲透。1985 年，日本半導體產品佔全球市場份額首次超過美國，1988 年日本市場份額達 51%，而美國市場份額下降為 37%。在美國市場上，80 年代中期日本集成電路產品的份額達 30%，其中尖端半導體芯片產品的市場份額高達 90%。[37] 為此，美國嘗試通過廢除貿易壁壘、降低關稅稅率、啟動 “301 條款” 等方式，打壓日本半導體行業。1986 年 7 月，雙

35 馬成三：〈日美貿易摩擦 : 30 年的 “攻防戰”〉，《國際貿易》，2019 年。

36 仇莉娜：〈美日貿易戰歷史回溯與經驗教訓 —— 對中美貿易摩擦的啟示〉，中國社會科學院，2018 年。

37 陶濤、石可寓：〈日美半導體摩擦再認識及其對日本半導體產業的影響〉，《產業經濟》，2023 年。

方達成了《日美半導體貿易協定》，規定日本半導體供應商應按美國商務部確定的價格銷售，要求日本開放本土半導體市場，保證五年內美國公司獲得 20% 市場份額。1989 年，日本被迫簽訂《日美半導體保障協定》，徹底開放半導體知識產權。

回溯日美貿易摩擦歷程，美國步步緊逼地向日本單方面提出"自願"限制出口、改革關稅體制、調整匯率、開放市場等要求，而日本雖然多番拖延，最終以妥協收場。90 年代中期，隨著日本經濟逐漸走向低迷，日美貿易摩擦得以平息。

導致日美雙方在貿易關係的不平等地位，來自政治、軍事、經濟等多方面。

一方面，基於軍事、政治、經濟等多方面訴求，日本一直將維繫美日關係作為其最主要的對外政策目標。二戰後日本外交採取"吉田路線"，以犧牲部分主權為代價發展經濟，而在國家安全上很大程度上依賴美國的保護，迫切需要美國的支持積極融入國際環境。

另一方面，日本外向型經濟體特徵明顯，自然資源匱乏、國內市場規模有限，嚴重依賴原材料進口和製成品出口。美國鉗制日本貿易的主要節點就在於操控日本的製成品出口渠道、數量和價格。1960—1990 年日本貿易額佔 GDP 比重平均值為 21.43%。美國是日本工業產品（汽車半導體等）的最大市場，1980—1990 年間日本對美出口額和進口額的平均佔比分別為 32.0% 和 20.4%，同時期美國對日出口額和進口額的平均佔比分別則為 11.0% 和 18.0%，持久性的顯著貿易逆差，導致日本在與美國的貿易協商中缺少議價權。

圖 5-16　20 世紀 60 至 90 年代日本外向型經濟體特徵明顯

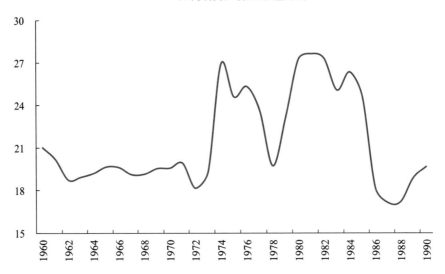

資料來源：WIND

圖 5-17　20 世紀 80 年代日本對美貿易依賴度較高

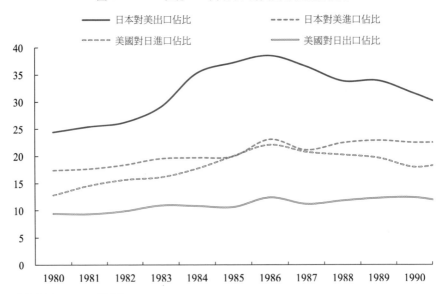

資料來源：WIND；單位為 %

（三）影響：日本產業發展受限，向外加速轉移

總體而言，美國對日本的層層打壓，導致日本半導體等高技術產業發展受挫，市場競爭力下降。對此，日本一方面通過直接投資或尋求更多貿易夥伴的方式，降低貿易摩擦成本。另一方面，通過加強科技研發投入，推動產業升級。這也引發國際產業鏈的一系列調整。

具體來說，一是日本企業主動破局，擴大對美直接投資，加速產業轉移。

美國通過採取出口限制、提高關稅、限定價格等多種手段，使得日本產品的價格優勢和出口能力下降，還通過規定市場佔有率的方式對日本產品的市場份額做出硬性限制，導致其國際競爭力下降。以半導體市場為例，在美國的多種手段制裁下，日本最有優勢的 DRAM 產品的市場份額（銷售額）從 1986 年的 80% 不斷下降到 1992 年的 40% 左右。此外，由於日本在美國的要求下以優惠的政策開放了國內市場，導致日本半導體在國內的市佔率也同樣下降。1991 年，外國半導體產品在日本的市場份額佔 14.4%，1992 年即達到 20.2%。[38]

為應對出口限制和關稅壁壘，日本企業加大了對美國的直接投資，日本對美製造業投資比重由 1980 年的 19.8% 升至 1989 年的 24.8%。例如，在汽車領域，1982 年起，日本各汽車生產企業開始在美直接投資。1991 年 3 月，日本豐田、日產、本田、馬自達、三菱、富士重工等汽車公司在美國的生產能力達到 180 萬輛，同年日本國內汽車產量為 1324 萬輛，產能外遷明顯。[39] 此外，1985 年後，日本的電機、運輸機械等技術含量較高的產業也開始大規模向外轉移。1986—1989 年間，電機和運輸機械在製造業對外產業轉移中位居前二位，分別佔對外投資額的 6.4% 和 3.3%。[40]

---

38 陶濤、石可寓：〈日美半導體摩擦再認識及其對日本半導體產業的影響〉，《產業經濟》，2023 年。

39 丁強：〈論 20 世紀 80 年代的美日汽車貿易摩擦 —— 以日本對美汽車出口自主限制為視角〉，《長春師範大學學報（人文社科學版）》，2014 年。

40 羅忠洲、鄭仁福：〈日元匯率升值與出口的協整分析〉，《世界經濟研究》，2005 年。

圖 5-18　20 世紀 80 年代後期，日本對外投資快速增長

日本對外直接投資（億日元）

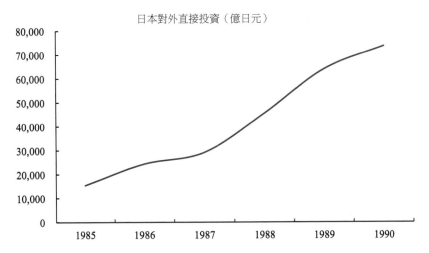

資料來源：WIND

圖 5-19　20 世紀 80 年代後期，日本出口貿易重心轉向亞洲

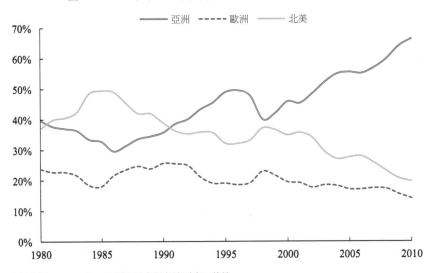

資料來源：WIND 註：指標為日本對各地區出口佔比

　　二是實施 "科技立國" 戰略，積極推動日本本土產業轉型升級。

　　美日貿易摩擦使得日本政府意識到傳統的 "技術引進" 模式難以滿足需求，因此將發展重心向知識密集型產業傾斜，以此促進產業結構升級和產品更新換代。20 世紀 70 年代起，日本通過立法、科技體系改革、加大科研投入等方式推動技術進步，據 1988 年日本通產省工業技術院所作的

調查，在 47 項一般工業技術中，日本技術發展水平低於美歐國家的只有 6 項，在 40 項高技術中均持平甚至高於歐美國家。[41] 80 年代後期，食品、紡織、石油製品和煤炭製品等勞動密集型和資源密集型產業在製造業實際 GDP 中佔比明顯下降，相反，一般機械、電氣機械等技術密集型產業佔製造業比例分別從 1984 年的 9.8%、14.7% 上升至 1990 年的 11.2% 和 16.6%。

三是尋求新的貿易夥伴，擴大在亞太地區影響力，促進東亞地區經濟合作。

為擺脫對美依賴、開拓國際市場，日本把東亞地區作為日本工業製品的重要銷售地，積極開展與中國大陸以及亞洲四小龍的貿易往來，並創造了雁行模式。"雁陣模式"戰略下，日本開始向亞洲"四小龍"、東盟等國轉移勞動密集型產業，形成以日本為雁首、"四小龍"為雁翼，東盟為雁尾的"雁陣模式"。在此背景下，日本企業加大了對發展中國家的產能投資，主要投資產業以彩電、紡織品等中低端勞動密集型加工製造業為主，其在東亞地區的製造業投資額佔總投資額的比重由 1985 年的 35.0% 升至 1990 年的 43.6%。[42]

相比於日美貿易戰，中美貿易摩擦更為複雜。中國擁有完備的製造業體系、全球潛力最大的消費市場，在糧食、能源等關鍵產業鏈的保障能力也不斷增強，在政治、經濟和安全上對美國的依賴程度遠低於日本。因此在中美博弈中，擁有更多的談判籌碼。但面對美國全方位的遏制戰略，中國也需要時刻保持清醒理性，借鑒日本應對貿易摩擦的破局思路。一是，大力發展高新技術產業，堅持走自主創新道路。二是，開拓多元化市場，通過"一帶一路"打開更多發展中國家市場，降低對美貿易往來依存度。三是，利用國內大市場，挖掘消費、投資內需潛力，強化經濟內循環，應對"脫鈎斷鏈"潛在風險。

---

41 范肇臻：〈日本科技立國戰略研究及借鑒〉，《中外企業家》，2014 年。

42 陳樹志：〈日本應對日美貿易戰策略及其對中國的啟示〉，《價格月刊》，2019 年。

第六章

黃油與大炮：
美國如何構造軍事霸權？

是安分守己的生產黃油，還是建造大炮用於掠奪資源？

從大航海時代到全球化，無數國家曾經面對這一難題。德國法西斯希特勒說過，"我們不要麵包，也不要黃油，只要大炮"，最終納粹德國走向覆滅。而作為本世紀的最大的軍事霸權國家，美國似乎已經回答了他的選擇——靠戰爭起家，靠戰爭發展，靠戰爭轉移矛盾，靠戰爭守衛霸權。

雖然戰爭威懾和軍事肌肉是美國發展的前奏，卻並非是其發展的主旋律——美國並非是不要黃油、只要大炮，在其軍事霸權的構造中，市場導向和經濟效率始終是考量的至關標準，做到了"黃油與大炮兼備，霸權與金錢齊飛"。

一、美國軍事力量全貌——人、錢、權

（一）人：美國國防部——"全球最大僱主"

我們首先對美國目前的軍事地位、軍事技術全貌做簡要介紹。人，軍人，是承載一個國家軍事霸權的最核心載體。

美國國防部（DoD，Department of Defense）是美國軍事霸權的核心，其總部位於弗吉尼亞州阿靈頓的五角大樓，所以國防部也經常被簡稱為"五角大樓"。國防部下設三個軍事部門：美國陸軍（DA, Department of the Army）、美國海軍（DoN, Department of the Navy）和美國空軍（DAF, Department of the Air Force）。國防部長辦公室監督十幾個下設機構，如國

防高級研究計劃局（DARPA）、國防後勤局（DLA）、導彈防禦局（MDA）等。此外，國防部擁有四個國家情報部門：國防情報局（DIA）、國家安全局（NSA）、國家地理空間情報局（NGA）和國家偵察局（NRO）——但以上情報機構也要受到內閣級別官員，國家情報總監（DNI）的監管。

　　簡而言之，美國國防部主管與軍事部隊、軍事情報、軍事技術如導彈研發相關的主要事務。而讀者日常在電影中常聽到的其他兩大美國國家暴力機關，聯邦調查局（FBI）隸屬於美國司法部，中央情報局（CIA）是直接對總統負責的獨立情報機構，均不屬國防部管轄。

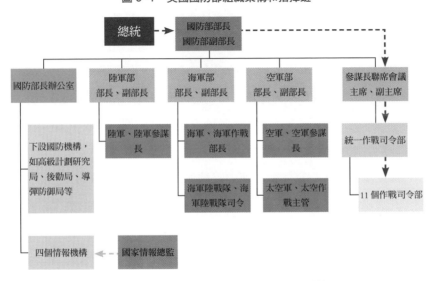

圖 6-1　美國國防部組織架構和指揮鏈

資料來源：DOD（備註：美國六大軍種中的海岸警衛隊受國土安全部管轄）

　　陸海空三部門由各自部長領導，並通過各部隊長官，如陸軍參謀長、海軍陸戰隊司令、海軍作戰部長、空軍參謀長、和太空作戰主管，進一步管理下轄的美國陸軍、海軍、海軍陸戰隊、空軍、太空部隊五大軍種（美國六大軍種中的海岸警衛隊受國土安全部管轄，配合國防部行動）。[43] 但三部門部長和部隊長官，僅負責日常的軍事訓練和管理，軍隊的實際作戰指揮則交於國防部的統一作戰司令部（Unified Combatant Commands）。

---

43 美國擁有六大軍種，包括陸軍、海軍、海軍陸戰隊、空軍、太空部隊和海岸警衛隊，其中海岸警衛隊隸屬於國土安全部（DHS），國防部負責管轄其餘五大軍種。海岸警衛隊主要為美國的水道、海洋和海岸提供國家安全和搜救服務，負責阻止毒品走私者和其他違反海事法的人。

美國軍隊最高作戰指揮權屬於總統，並通過 11 個作戰司令部具體執行。美國總統是美國武裝部隊的總司令，而國防部長是總統的主要國防政策顧問。在軍事行動中，指揮鏈條是從總統到國防部長，到參謀長聯席會議主席，到作戰司令部的作戰指揮官，再進一步下達到對應部隊。國防部目前有 11 個作戰司令部，包括北部（北美）、南部（南美）、中央（中東）、歐洲、印太、非洲、太空司令部等，負責地區的具體作戰指揮權。

2015 年，在世界經濟論壇的"全球最大僱主"榜單中，美國國防部以 320 萬僱員人數（現役部隊 + 文職官員等）登上榜首。根據 2024 財年美國防部預算報告，2024 財年美軍現役部隊（active component end strength）數量將達到 130.5 萬人，比 2023 年增長 0.9 萬人，預備役部隊數量將達到 76.86 萬人，比 2023 年增長 0.3 萬人。在現役部隊中，陸軍規模最大，佔到 34.6%，其次是海軍（26.6%）、空軍（24.9%）、海軍陸戰隊（13.2%）、太空部隊（0.7%）。如果考慮預備役，並且將國民警衛隊納入陸軍部、將海軍陸戰隊納入海軍部、將太空部隊納入空軍部，則陸軍部、海軍部和空軍部分別佔比 46%、29% 和 25%。

幾大軍種中，海軍陸戰隊兼顧陸地作戰和海上作戰實力，也最為著名。在美國傳統基金會出具的 2023 年美國軍事實力報告中，海軍陸戰隊戰力被評為"強"（strong），而陸海空三軍分別獲得"邊緣、弱、非常弱"的評價。

海外駐軍方面，截至 2020 年，美國在至少 80 個國家擁有約 750 個基地；據美國國防部下屬的人力數據資源中心（DMDC）的數據，截至 2022 年 6 月美國在海外共計擁有駐軍 17.4 萬人。海外駐軍人數最多的國家是日本，目前有 5.5 萬人海外駐軍，主要由海軍和海軍陸戰隊構成，其次為德國（3.6 萬人）和韓國（2.6 萬人）。這三個國家還擁有最多的美國海外基地——分別為 120 個、119 個和 73 個。

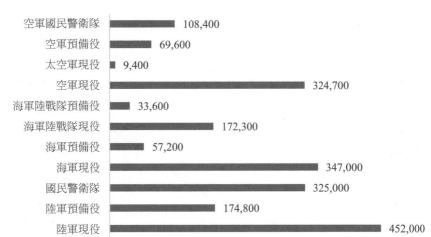

圖 6-2　美國現役和預備役軍人人數（2024 財年）

資料來源：DOD

圖 6-3　美國海外駐軍分佈情況

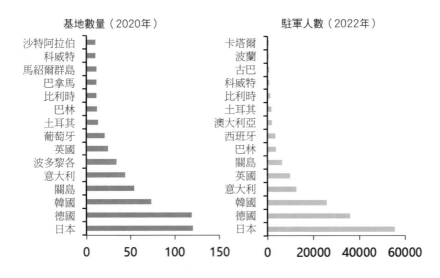

資料來源：aljazeera、DOD

（二）錢：獨佔全球近四成軍費開支，軍費開支穩定增長

　　根據瑞典斯德哥爾摩國際和平研究所（SIPRI）公佈的全球軍費數據，美國軍費開支每財年約為 8000 多億美元，佔 GDP 的 3% 至 4%，絕對值和 GDP 佔比均普遍領先於全球其他國家。據 SIPRI，2022 年全球軍費開支達到 2.24 萬億美元，美國就佔據了將近四成。

圖 6-4　2022 年美國軍費開支 8000 多億美元，大幅高於全球其他主要經濟體

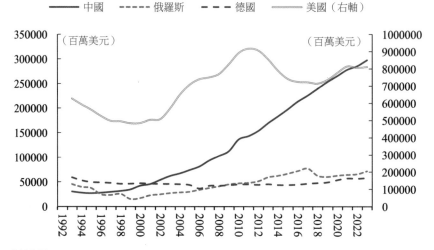

資料來源：SIPRI

備註：美國的所有數據均為財政年度（上一年的 10 月 1 日至第二年的 9 月 30 日）而非日曆年。美國軍費開支包括國家情報計劃總開支的一部分，SIPRI 已將其定義為與軍事相關的活動。圖表中各國軍事按 2021 年不變的價格和匯率進行折算。

　　美國防部提出年度國防資金預算，國會擁有國防預算的審批權。美國國會主要通過兩項年度法案來監督國防預算：國防授權法案（National Defense Authorization Act，簡稱 NDAA）和國防撥款法案（Defense Appropriations Act），授權法案確定預算規模，撥款法案提供資金。每年年初，國防部會向國會遞交下一財年的《國防授權法案》，該法案需要經過兩院軍事委員會審核批准、參議兩院投票通過、總統簽字後，才能正式生效。法案包括包含下一財年（當年 10 月至次年 10 月）的國防預算，從其支出細項可以直接看出美國在軍事方面的部署動向。

　　雖然美國各界都對軍費增長持有擔憂，但從近年國防預算可以看出，美國軍費開支依然在不斷增長，難以削減。2023 年 12 月 14 日，美國國會通過 2024 財年《國防授權法案》，總額高達 8863 億美元，相對 2023 財年增長 3%。其中，美國國防部得到 8414 億美元，美國能源部獲得 324 億美元，為其他國防相關活動撥款 4 億美元，未在武裝力量委員會管轄內的防務活動得到 121 億美元。

　　分拆來看，運營維修和軍事人員支出佔到國防開支的六成。以 2024 年為例，運營維修（O&M）和軍事人員開支分別佔到 39% 和 21%。運營維修（O&M）包括從醫療保健到軍事設備維護的日常運營和維修，包括支付大部分文職僱員的工資和福利，這也是近年來美國軍費增長中最大的部分，也引起了美國各界和國會議員的擔憂。但是，由於運營維修中多為福利、工資、賠償、設備維護等硬性支出，因此很難削減。

表 6-1　美國國防開支分配

美國國防預算（百萬美元）	2022	2023	2024
軍事人員開支	166,788	172,445	178,874
運營維修	308,042	352,110	329,897
採購	155,513	167,586	170,049
研發和測試	119,497	140,114	144,980
周轉和管理基金	4,484	1,748	1,683
軍事建設	13,583	16,714	14,734
家庭住房	1,561	2,354	1,941
國防部支出總計	769,467	853,072	842,157

資料來源：DOD

圖 6-5　運營維修和軍事人員開支是美國國防實際開支佔比最大的兩塊

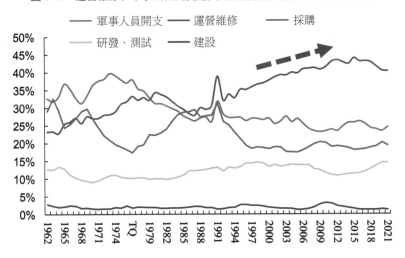

資料來源：DOD

　　雖然國防費用開支每年在增長，但各大軍種都在費盡心思、爭取更多的經費，其中尤其以海軍和空軍經費增加較快。在拜登政府提交的 2024 年國防預算中，美國國防部可支配的部分為 8414 億美元，其中海軍部預算總額為 2558 億美元（較 2023 年財年增加 110 億美元），陸軍部為 1853 億美元（較 2023 年財年減少 57 億美元），空軍部為 2592 億美元（較 2023 年財年增加 95 億美元），其餘部門為 1418 億美元。從經費的分拆來看，也可以看出美國軍方發展重點為海軍和空軍兩大軍種。

　　從採購武器方面，2024 財年 NDAA 授權海軍簽訂最多 13 艘弗吉尼亞級潛艇的長期採購合同，還包含落實與澳大利亞和英國達成的 "奧庫斯" 三方協議所需的四項重要授權，包括允許向堪培拉轉讓三艘 "弗吉尼亞" 級潛艇等條款；授權國防部簽訂稀土元素的長期採購合同，稀土元素主要用於製造美國主要軍事武器系統和可充電電池中使用的永磁體；基於陸基戰略威懾計劃，向下一代陸基彈道導彈 "哨兵" 項目分配 43 億美元撥款，向新一代的 "哥倫比亞" 級彈道導彈核潛艇分配 61 億美元撥款等等。

　　美國海外駐軍的花費也是相當高昂的。該部分資金開支不僅來自於美國國內的國防預算經費，被駐扎地區和國家也要貼補一部分財政資金。美國每年對海外軍事行動、海外基地的開支主要反映在海外應急行動（Overseas Contingency Operations，OCO）賬戶中，特朗普執政期間，OCO 賬戶平均每年的預算規模在 900 億美元左右。隨著阿富汗戰爭收尾，拜登政府對預算制度進行調整，不再單獨設置海外應急行動（OCO）預算，海外軍事支出有所下降。

　　以亞洲方面的海外基地來看，美國在日韓兩國平均每年花費約為 85.75 億美元，日韓兩國政府補貼 46 億美元，和租金減免等。據美國政府問責署統計，從 2016 年到 2019 年，美國國防部為日本駐軍劃撥了大約 209 億美元，為韓國花費 134 億美元，主要用於支付軍費、建設設施和進行維護。日本和韓國政府方面，則分別提供了 126 億美元和 58 億美元來支持美國駐軍開支。除了直接開支之外，日本和韓國還提供了間接支持，例如減免美軍使用的土地和設施的租金等。

　　德國方面，2020 年美國為德駐軍劃撥經費 72.3 億歐元，德國則劃撥

1.3 億歐元。據 2020 年德國《明鏡》週刊報道，2010 年以來德國已經為駐德美軍累計提供了近 10 億歐元的經費，其中 6.5 億歐元是建設經費，3.3 億歐元是國防開支。德國擁有美國在歐洲最大的海外軍事基地 —— 拉姆施泰因空軍基地，是美國歐洲司令部和非洲司令部兩個地區司令部的空軍總部所在地，也是北約聯合空軍司令部所在地。

除了通過定期的軍費支出支持國防建設，美國還通過 "代理人戰爭" 的方式介入全球局勢。相比於直接僱傭軍事人員、購買設備來維持龐大的戰爭機器運轉，這種方式更為 "高效" 的服務於美國的軍事霸權。2022 年俄烏危機爆發以來，美國國會共計批准對烏克蘭千億美元的援助資金，並且拉攏西方盟友通過凍結資產、限制貿易和金融交易、高科技貿易管制和中止重大項目、切斷人員流動等方式對俄羅斯進行全方位的制裁和封鎖。

2022 年，美國國會為烏克蘭撥款 1130 億美元，包括 466 億美元的直接軍事援助。對烏軍事援助與美國國防預算一樣，也需要通過美國參眾兩院的批准才能正式撥付。在 2022 年底的中期選舉中，拜登政府丟掉眾議院從而失去對於財政的直接控制權，導致 2023 年對烏援助資金大幅減少。但由於 2022 年美國國會批准的對烏援助資金，並非是短期一次性支出資金，多數為設備購買和武器生產的長期資金，因此尚且能夠對 2023 年的烏克蘭作戰行動構成支撐。2023 年 8 月 23 日，美國參議員格雷厄姆在基輔舉行的新聞發佈會上表示，美國僅花費了不到年度軍事預算 3% 的資金來援助烏克蘭，但成功地將俄羅斯的作戰能力削減了一半。

美國對烏克蘭的軍事援助資金，還提升了美國國內軍火商的產能和利潤。俄烏危機爆發後，美國軍方迅速開始協調美國國內軍火產能，2022 年 3 月五角大樓便召集美國最大的八家軍火製造商的負責人，討論美國軍工業將如何長期滿足烏克蘭的武器需求。俄烏危機以來，美國軍火商股價快速攀升，一方面，美國對烏援助資金直接拉動了美國國內軍火商的訂單，2023 年 12 月 7 日，美國國務卿安東尼·布林肯表示，美國對烏克蘭的軍事援助資金 90% 用於在美國本土生產援烏武器裝備，這讓美國經濟受益；另一方面，歐洲國家加緊採購先進武器系統，持續推進軍備建設，紛紛從美國採購最新式無人駕駛飛機、導彈和導彈防禦系統等武器裝備等。

據美國國務院，2022 財年美國對其他國家和地區的武器銷售額較上一財年激增近 5 成，美國國務院將直接商業軍售額激增主要歸因於俄烏衝突中美國對烏克蘭的支持，並聲稱武器轉讓和國防貿易是美國外交政策的重要工具。

除此之外，美國通過對盟友直接施壓或輿論影響的方式，拉動歐洲協同加強對烏援助。據歐盟統計，自俄烏危機以來，歐盟及成員國已對烏克蘭提供了超過 910 億美元的財政、軍事、人道主義和難民援助，其中軍事援助金額超過 290 億美元。尤其是一些處於俄烏戰場邊緣的小國，立陶宛、愛沙尼亞和拉脫維亞對烏援助佔 GDP 比例均超過了 1%，遠高於德國及英國（0.5% 左右）、美國（0.32%）等大國。

（三）權：誰執牛耳？總統與國會的漫長拉扯

近三十年內，美國對外發動了多次大規模戰爭，和無數次小規模軍事活動 —— 1991 年海灣戰爭、1999 年科索沃戰爭、2001 年阿富汗戰爭、2003 年伊拉克戰爭。2022 年的俄烏衝突，雖然美國並未親自下場，但卻通過武器、軍費、經濟援助等，打起了一場以烏克蘭為馬前卒的 "代理人戰爭"。2023 年 10 月巴以局勢驟然升級，美國不僅向中東地區增派軍事力量，還多次否決聯合國安理會通過有關巴以局勢的決議草案，阻礙和平進程。在冷戰鐵幕落下的三十年中全球熱戰不熄，以美國為首的北約集團或直接出現在戰場之上，或隱身於戰爭幕簾之後操縱局勢。

誰擁有美國對外發動戰爭的權利？—— 這是一筆總統和國會糾葛不清的愛恨情仇。美國憲法第一條第 8 款規定國會有權宣戰（Congress shall have the power... To declare war），從而賦予了國會對外宣戰的權利；第二條第 2 款規定總統是軍隊總司令（The President shall be Commander in Chief of the Army and Navy of the United States, and of the Militia of the several States），從而給予了總統軍隊調動的權利。

但是，鑒於現代戰爭的形態和參與形式愈發複雜，美國憲法也並沒有明確 "宣戰" 和 "發起戰爭" 之間的區別，因此美國憲法對於立法機構和行政機構在發動戰爭權利的分配是相當模糊和曖昧的 —— 這也是美國立法者對權力制衡和效率的精巧思量，既不會使得戰機被低效率的國會拖累，又不會使得總統過分越權。

冷戰鐵幕下，總統對外調動軍隊、發動軍事行動的權利一度被快速擴大。直到 20 世紀 70 年代，美國深陷越南戰爭泥潭，引發了民眾的強烈抗議，國會認為總統濫用了戰爭權力，必須對其加以限制。

1973 年 11 月，國會不顧尼克松總統的行政否決，通過《戰爭權力決議》法案。[44] 該法案規定，總統必須在動用美國武裝力量投入戰鬥後 48 小時內向國會遞交書面報告，說明原因並估計衝突的範圍和時間。如果國會最終沒有決定宣戰，則美國軍隊必須在總統向國會遞交書面報告 60 天內撤出；且國會隨時可以通過一項兩院共同決議案，不需總統簽署，即可終止美國軍隊的軍事行動。

然而，總統並未放棄對於戰爭權利的所屬權，雙方的拉扯也繼續持續了五十年之久。1981 年，里根總統在沒有諮詢或向國會提交報告的情況下將軍事人員部署到薩爾瓦多；1999 年，克林頓總統在科索沃轟炸的時間超過了法律規定的 60 天期限；2011 年，奧巴馬總統在未經國會授權的情況下向利比亞發起軍事打擊。2001 年至 2002 年，在 "9 · 11" 事件的陰影之下，國會先後通過《使用軍事力量授權法》及《授權對伊拉克使用武力決議》，授權總統在遭受恐怖主義威脅等情況下，不經過國會審議即可下達作戰命令的權力，一定程度上將發動戰爭的權利進一步讓渡給總統。然而在二十年後，隨著美國國內反戰情緒不斷抬頭，且直接捲入地區衝突的風險不斷提升，2021 年和 2023 年國會相繼廢除了以上兩個法案，再次收回了總統的權利。

可以看出，美國總統與國會之間就 "軍權" 的分配也處於動態變化中 —— 總統為積累政治籌碼、建立功勳，對外發動軍事作戰的傾向更強，但國會則是天平的另外一頭 —— 至於天平具體傾斜向哪一方，一方面要看總統與國會的力量制衡強弱；另一方面，也取決於美國受到外部軍事威懾的程度。在外部威懾較大的時候（如 "9 · 11" 事件後），則國會

---

44 尼克松總統在他的否決權隨附的信息中辯稱，該決議 "將試圖通過僅僅立法行為剝奪總統根據憲法適當行使近 200 年的權力"。

傾向於向總統讓渡權利，以保證對外作戰的靈活性；但當總統存在過分越權、或陷入戰爭風險加大的時候（如越南戰爭時期），則國會也會收縮權利、加大制衡，以防止國家窮兵黷武、消耗國家財力。

（四）北約：美國軍事力量的外延和有效補充

北約是美國近幾十年維護全球軍事霸權的外延。北約本是冷戰中的產物。但冷戰隨著柏林牆倒塌而終結、華約解體後，北約並未消失，反而逐步成為了全球最大軍事同盟，並且頻頻繞過聯合國授權發動對外作戰行動。1999 年北約聯軍在未經聯合國授權下發動了對貝爾格萊德的空襲，21 世紀以來，北約又參與了幾場重要的地區熱點武裝衝突，包括 2001 年阿富汗戰爭、2003 年伊拉克戰爭、2011 年利比亞內戰和敘利亞危機等。2022 年俄烏危機以來，踐行中立國政策二百多年的瑞典和二戰後確立的重要中立國芬蘭雙雙申請加入北約，進一步擴大了美國為首的軍事聯盟的影響力。

當然，美國也需要為北約投入資金支持、軍備支持等。北約相關的開支資金分為三個方面，一是定期的支出，每年經費預算約為 30 億美元，美英法德四國分攤其中的 54%，剩餘由其他成員國分攤。北約年度預算開支約為 25 億歐元左右（對應 30 億美元），主要包含三個方面的支出：（1）北約總部文職人員工資和行政費用開支，（2）聯合作戰、戰略指揮、雷達和預警系統，（3）國防通信系統、機場港口運營。30 億美元的開支由各國根據經濟水平進行分攤——以 2024 財年為例，美國和德國各自負責 16% 左右，其次是英國的 11% 和法國的 10.5%。

圖 6-6　美、英、法、德四國合計承擔北約日常經費的 54%（2024 財年）

■ 經費佔比

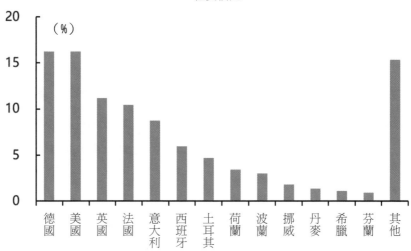

資料來源：NATO

圖 6-7　2022 年北約預算支出結構

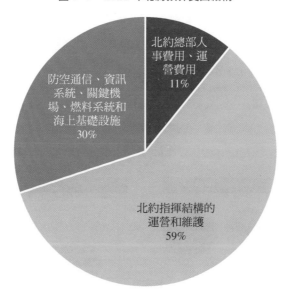

資料來源：NATO

第二個方面，則是北約成員國每年的國防開支，美國要求北約各國提升國防開支至 GDP 的 2%。

我們可以將北約抽象理解為一個"大病保險"組織，那麼參保人花費的身體保養費用越高、越有利於組織的其他成員國。美國國防預算開支佔到本國 GDP 的 3% 以上，屬全球領先水平，自然也希望北約其他成員國增大國防預算的開支。

2006 年北約成員國承諾將其國內生產總值（GDP）的 2% 用於國防，2014 年北約通過的國防投資承諾，要求盟國要在 2024 年完成 2% 的目標，且重大新裝備上的投入達到年度國防開支的 20%。然而在次貸危機後歐洲經濟乏力的大背景下，2014 至 2016 年間歐洲成員國的軍費增長依然十分緩慢，特朗普總統執政後曾經一度對北約同盟國施壓，並且試圖削減對北約的直接預算投入。

俄烏衝突發生後，不少北約歐洲成員國迅速決定增加軍費。在俄烏衝突開始 4 天後，德國總理朔爾茨宣佈將軍費佔 GDP 的比重從 1.53% 提高到 2% 以上。2022 年 6 月 30 日北約峰會上，西班牙這個軍費開支佔國內生產總值比例最低的北約成員國，也宣佈到 2029 年該國的軍費開支將提高至的 2%。2023 年 6 月，法國議會審議通過《2024 至 2030 年軍事規劃法案》，未來七年法軍將獲准 4133 億歐元的國防預算，較上一個七年（2019 至 2025 年）的 2950 億歐元預算額度的增幅達 40%，法國國防預算佔 GDP 比例將在 2025 年達到北約 2% 的標準。

圖 6-8　北約的核心決策機構是北大西洋理事會

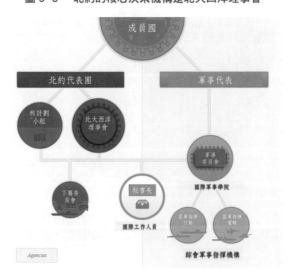

　資料來源：NATO

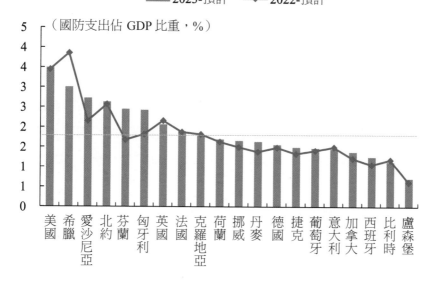

圖 6-9　北約主要國家國防支出佔 GDP 的比例

▬▬2023-預計　◆2022-預計

（國防支出佔 GDP 比重，%）

美國　希臘　愛沙尼亞　北約　芬蘭　匈牙利　英國　法國　克羅地亞　荷蘭　挪威　丹麥　德國　捷克　葡萄牙　意大利　加拿大　西班牙　比利時　盧森堡

資料來源：NATO（備註：僅展示北約主要經濟體，比例基於 2015 年價格折算）

　　第三個方面，則是北約成員國對外發動軍事行動的開支，由參戰的成員國自負。

　　北約（作為一個組織）並沒有自己的武裝部隊，依賴於盟國提供部隊和裝備。過去北約對外發動軍事行動，投入軍隊、武器、資金援助的規模由各自成員國決定。以阿富汗戰爭，各國對外行動的花費為例：

　　‧ 美國：截至 2021 年，美國在阿富汗戰爭上花費約為 2.26 萬億美元，包括 8000 億美元的直接作戰費用、850 億美元對阿富汗軍隊的訓練費用，3000 億美元美軍傷亡撫恤金、戰爭開支對應的 5000 億美元的利息。

　　‧ 英國：截至 2020 年，英國在阿富汗的軍事行動總成本為 227 億英鎊（約 270 億美元）。

　　‧ 德國：截至 2018 年底，對阿富汗的干預使德國納稅人損失了約 164 億歐元（約 168 億美元），其中德國聯邦國防軍花費 120 億歐元。

二、美國軍事力量如何 "霸權" 全球

　　我們所討論的軍事霸權，"霸" 在何處？

　　在美國建國初期，在經濟發展上搭乘歐洲的便車，在外交方面奉行的

是"門羅主義"的對外政策，不干涉歐洲各國之間的爭端。[45] 對於當時內政尚未全面穩定的美國而言，這是性價比最高的選擇。

而自從二戰後美國一躍成為全球超級大國，其外交政策就開始奉行霸權主義，從以遏制蘇聯為指導思想的杜魯門主義，到尼克松總統的現實威懾政策，再到小布什總統著名的"人權高於主權"命題，美國不斷給自己的霸權行為罩上合理的外殼，干涉國際秩序、清除異己，倚仗軍事霸權維護其本國利益。其"霸"一字，就體現在美國對國際秩序、別國主權、別國公民人權的無視。

（一）俄烏危機不止不休：美國僅僅是"拱火者"嗎？

2022 年 2 月 24 日，俄羅斯對烏克蘭發動特別軍事行動，此後戰爭持續延宕升級。雖然俄烏雙方在 2022 年上半年連續進行五次和平談判，但最終不了了之，之後雙方圍繞著烏東四州展開接近兩年激烈的爭奪。我們基本可以把局勢的演繹拆分為三個階段，第一階段是 2022 年 2 月至 2022 年 6 月，戰場態勢屬"俄攻烏守"，俄方在烏東四州的大部分地區取得控制權，在 5 月取得馬里烏波爾戰役的勝利，6 月將作戰目標進一步擴大至烏東四州之外的尼古拉耶夫州、敖德薩州和哈爾科夫州。第二階段是 2022 年 6 月至 2022 年 12 月，戰場態勢出現逆轉，進入"烏攻俄守"階段，烏克蘭方面接連發動 9 月哈爾科夫大反攻和 11 月赫爾松大反攻，俄方逐步從赫爾松河右岸撤軍向第聶伯河左岸集結設防，並出現多次換帥的調整。第三個階段則是 2023 年以來，局勢進入僵持狀態，兩軍戰線基本穩定在頓巴斯至第聶伯河一線，國際社會包括中方雖然就俄烏局勢進行多次斡旋，但目前依然沒有出現明確的談判信號。

復盤接近兩年的俄烏危機，誰最受益，誰最受損？

首先，從參戰雙方來看，烏克蘭和俄羅斯經濟、人民財產和生命均受到了較大影響。烏克蘭經濟下滑最為嚴重，2022 年烏克蘭 GDP 約 1047

---

45 門羅主義（Monroe Doctrine）發表於 1823 年，即歐洲列強不應再殖民美洲，或涉足美國與墨西哥等美洲國家之主權相關事務。而對於歐洲各國之間的爭端，或各國與其美洲殖民地之間的戰事，美國保持中立。

億美元，同比下降 29.1%，重工業、電力行業和農業受影響最嚴重。據世界銀行評估，烏克蘭戰後重建及恢復成本已上升至 4110 億美元，是 GDP 水平的 4 倍。據美國官員估算，烏方目前已有數以十萬計人員死傷，為補充戰力，烏克蘭戰時徵兵的年齡範圍和身體素質評審標準也在持續擴大。俄羅斯方面，經濟受衝擊幅度相對較弱，2022 年 GDP 萎縮 2.1%，普京總統在 2022 年 12 月底表示 2023 年 GDP 增速有望轉正至 3.5%。據英國國防部評估，俄羅斯國防部正規軍約有 18 萬至 24 萬人受傷，約 5 萬人死亡。

其次是地理位置毗鄰俄烏戰場的歐洲，雖然未直接捲入戰爭，但卻遭受嚴重的價格衝擊，居民生活成本飆升，企業大規模停工停產，資金大量外逃。2022 年歐盟跟隨美國對俄進行多輪制裁，疊加疫後全球供應鏈恢復不暢，全球大宗商品價格出現大幅波動，能源和糧食嚴重依賴進口的歐洲經受了嚴重的價格衝擊。高通脹一方面導致居民實際工資嚴重縮水，購買力下降，消費恢復乏力，另一方面抬升企業生產成本，歐洲製造業 PMI 自 2022 年 2 月開始連續震盪下行，7 月落入 50 榮枯線之下，此後維持長期的低位震盪，截至 2023 年 12 月尚未出現明顯抬升跡象。地緣政治風險持續抬升疊加能源危機，加速歐洲製造業對外轉移，大量產業資金外流，2022 年從德國淨外流的外國直接投資（FDI）高達 1250 億歐元，創下歷史記錄。資金外流進一步推動歐元貶值，2022 年 9 月歐元兌美元匯率跌破 1:1 平價，達到二十年以來的低位。

最後，反觀美國，則通過付出 1000 多億美元援烏的成本，獲得了諸多好處，包括國際資金回流美國、美元指數上漲、拉動美國天然氣和美制軍火熱銷歐洲等等。

第一，俄烏危機下全球資金避險情緒上升，國際資本持續回流美國，驅動美元指數升值，強化美元國際貨幣地位。美國雖然也在 2022 年面臨了全球大宗商品漲價的輸入性通脹衝擊，迫使美聯儲開始多次大步連續加息，但相對而言通脹和加息對美國經濟的衝擊相對較弱。究其原因，2020 年至 2021 年美國政府快速擴張槓桿，推出多輪大規模財政補貼擴張居民資產負債表，疊加居民槓桿率較低、利息支出負擔小，勞動力市場持續剛性短缺，居民收入增速維持高位，使得疫後美國經濟體現出較強的韌性。但是，美國的財政政策毫無紀律性，也一度衝擊了美元的信用體系，美元指數自 2020 年的 100 左右快速回落至 2021 年底的低點 89。

俄烏危機爆發後，抑制全球資金的風險偏好，疊加美聯儲持續大步加息抬升美債收益率，驅動國際資本持續回流美國。2022 年國際資本淨流入美國 1.61 萬億美元，同比增長 45%，創 1978 年有數據記錄以來新高。利差和資本回流的雙驅動下，美元在 2022 年進入一輪強升值週期，美元指數在 2022 年 9 月一度突破 110，達到二十年以來的高位。美元升值不僅有利於降低美國的進口商品價格，緩解輸入性通脹的壓力，也再次強化了美元資產的保值屬性，重塑美元國際貨幣的地位。

第二，俄歐關係進一步走向對立，歐洲在軍事安全和能源安全上更為依賴美國。

2019 年 11 月，法國總統馬克龍直言，美國和北約盟友之間“幾乎沒有”戰略決策上的協調，北約正走向“腦死亡”。而俄烏危機恰如一劑“強心針”，讓北約再度政治復興。一方面，俄烏危機後，歐洲地緣政治緊張促使芬蘭和瑞典選擇拋棄“中立國”的低位，向北約尋求集體防禦保護，將再次擴大北約版圖，擴大俄羅斯與北約的邊界線；另一方面，美國對北約已有國家的控制力和影響力再度增強，各成員國紛紛選擇從美國訂購最新式國防裝備，並增強本國軍費開支。俄羅斯與歐洲進一步走向對立，也使得歐洲在軍事安全和能源安全上更為依賴美國，歐洲尋求戰略獨立自主的空間更為狹窄。

能源方面，俄烏危機爆發之前，2021 年歐盟從俄羅斯進口天然氣 1550 億立方米，約佔其天然氣總進口量的 45%，歐盟從美國進口的液化天然氣僅為 220 億立方米。但在 2022 年，歐盟來自俄羅斯的天然氣佔比已不到 25%，自美國進口的液化天然氣增至 560 億立方米，在短短一年期間快速增加了 1.5 倍。2022 年秋季北溪管道破裂後，由於俄歐關係持續緊張，管道也並未重啟修復工作。據路透社報道，俄羅斯方面認為未來與西方關係改善到重啟天然氣管道的程度的可能性很小，該項目已被“埋葬”（buried）。

縱觀俄烏危機，美國作為一個實際的得利者，雖然沒有直接介入戰爭，但不僅在事前持續拱火，極不尋常地頻頻發出戰爭警告以及相關情報信息，在危機爆發之後，更是以各種方式推波助瀾，延長戰爭。具體來看，在戰爭前後，美國通過以下幾種方式達成其目的：

在俄烏危機之前，通過向烏克蘭等東歐國家輸出"民主"意識形態，加速烏克蘭境內親美和親俄勢力對立，並領導北約東擴擠壓俄羅斯戰略空間，給俄烏矛盾最終演變為暴力衝突埋下禍根。一方面，2004 年和 2014 年烏克蘭先後爆發兩次"顏色革命"，其中美國通過宣傳政府大選舞弊、資助反對派示威遊行和參選、操控所謂"獨立媒體"影響輿論、直接干預選舉等方式，扶持親西方政府在烏克蘭掌權，推動烏克蘭政府將加入歐盟和北約作為對外戰略目標，加劇了烏克蘭社會的分裂和俄烏矛盾。

另一方面，從 1989 至 1990 年開始，美國和德國一再明確地向當時的蘇聯領導人表示，"北約不會向東、朝著蘇聯擴張哪怕一英寸"，而交換條件是"蘇聯解散華約"。然而在蘇聯解體後，以美國為首的北約連續進行五次東擴，北約成員國從 16 個增加到 30 個，向東推進了 1000 多千米。北約東擴後將不斷加強針對俄羅斯的軍事部署，增加在波羅的海三國駐軍，在羅馬尼亞和波蘭等東歐國家部署反導系統，在靠近俄邊境地區頻繁舉行大規模軍事演習，挑戰俄羅斯的根本安全利益。最終，烏克蘭在 2023 年提出申請加入北約，猶如一根火柴點燃了積聚在東歐板塊已久的矛盾。

在俄烏危機之中，一方面，美國及核心盟友持續突破對烏軍援武器紅線，從最初的單兵防禦裝備一路升級到了主戰坦克和 F-16 戰機，連極不人道的集束彈藥和貧鈾彈也被納入了援烏清單，無異於給局勢火上澆油；另一方面，"北溪 2 號"被破壞事件疑點重重，該事件徹底割裂俄羅斯與歐洲的能源合作關係，而美國難以擺脫嫌疑。2022 年 9 月由俄羅斯經波羅的海向歐洲供應天然氣的"北溪 1 號""北溪 2 號"管道遭遇爆炸事件後陷入癱瘓，這一事件導致俄羅斯和歐洲方面陷入了更深度的相互猜忌，更是擠壓了歐洲未來與俄羅斯恢復能源合作的空間，加速歐洲轉而訂購美國能源。

2023 年 2 月，美國資深記者西摩·赫什發文指控"北溪"管道被炸是美方所為，並提出美國就破壞"北溪"管道已經籌劃良久，最終選擇在 9 月炸毀該管道，主要是防止德國因秋冬能源短缺而就援烏問題猶豫不決。雖然美國至今否認這一指控，但赫什通過詳實的材料和比較完整的證據鏈，還原了"北溪"管道爆炸實施的細節，有理有據，將美國推向了全世界的質詢台。不可否認的是，北溪管道被炸之後，德國挺烏姿態愈發激進，援烏武器從最初的頭盔升級至豹式坦克和"愛國者"反導系統，並計劃 2024 年對烏軍援規模從 40 億歐元增至 80 億歐元。

總而言之，縱觀俄烏危機，是一場典型的，美方沒有直接介入，只出錢出武器，但牽制了美國重要競爭對手，並在金融、經濟、貿易等諸多領域實際獲利的"代理人戰爭"。這種戰爭形態很有可能成為未來美國介入地區安全局勢的新方式，而美國近期圍繞著中國周邊國家加快軍事技術轉移、軍事合作、海外基地建設等活動，都更值得我們警惕。

（二）歐洲如何戴上"美式鐐銬"？

二戰後，美國通過馬歇爾計劃和北約組織，逐步控制歐洲的經濟與軍事防務，並挑撥"新、老歐洲"之間的對立關係，誤導歐洲軍事技術研發路線，從而削弱歐洲本身的軍事實力。重重"鐐銬"之下，歐洲處處受限，成為美國的"附庸"，不得不為美國的全球戰略服務。

在經濟方面，美國以馬歇爾計劃滲透歐洲經濟，並以軍事安全為由，管控歐洲的商業項目。1948 年 4 月美國國會通過《1948 年對外援助法》，開始對歐洲實施長達四年、共計 131 億美元的援助。該法案規定："受援國要撤銷關稅壁壘，取消或放鬆外匯限制，保障美國人的投資自由"，並規定"……只要行得通，就要確保 50% 以上的援助基金用於採購美國貨物"。依靠馬歇爾計劃，美國一直在歐洲市場保持領先優勢。據美國商會發佈的《2021 年跨大西洋經濟》報告，2018 年在歐洲的美國企業實現了 6700 億美元的產值，超過了日本（1610 億美元）、加拿大（1250 億美元），以及中國（160 億美元）。

在取得歐洲市場主導優勢後，美國繼續以軍事安全為藉口，限制歐洲與中國的商業項目合作。在信息通信領域，美國對華為 5G 技術進行打壓，並敦促歐洲國家放棄華為 5G 項目。2020 年 7 月，英國宣佈要在 2027 年前移除已建的華為 5G 設備，這將使英國的 5G 建設進度耽誤兩至三年、成本增加 20 億英鎊。

在軍事方面，美國通過北約實現對歐洲軍事領域的直接控制，並挑唆歐洲內部矛盾，長期監視盟國，轄制和干涉各國軍事技術研發，從而達到間接控制。

（1）直接控制：以保護之名義，將歐洲諸國國家安全問題與北約綁定，並通過北約實現對歐洲的軍事控制。

美國以保護之名義在北約各國設立軍事基地，部署核武器，但實際上也達到了軍事上監視和控制歐洲諸國的目的。自二戰結束以來，美國一直在歐洲維持龐大的永久軍事存在，一方面，美國在歐洲擁有大約 46 個軍事基地，包括約 23 個空軍基地，7 個海軍基地，1 個海軍陸戰隊和太空部隊基地以及其他的支持設施；另一方面，美國在歐洲佈置大量核武器，目前美國在 5 個北約國家（比利時、德國、意大利、荷蘭和土耳其）的 6 座軍事基地共存放了約 100 枚核彈。2022 年 6 月，拜登總統宣佈將增加美國在歐洲的長期軍事存在，在歐洲各地部署更多美軍及戰機、軍艦等武器軍備。此後，在 2023 年美國國防預算，英國便被列為正在進行 "特殊武器" 儲存地點基礎設施建設的國家之一，意味著美國有可能將北約部署核武器的範圍擴大至英國。

（2）間接控制：挑唆新老歐洲國家對立

冷戰結束後，歐美裂痕逐步顯現。美蘇冷戰鐵幕落下後，歐盟不失時機的加速推進一體化進程，並且在 1999 年推出歐元，擺脫對於美元的依賴。彼時，美國和歐盟之間也在許多重大問題上出現嚴重分歧。特別是 2003 年伊拉克戰爭期間，法國、德國公開反對聯合國安理會授權美國對伊拉克實施軍事打擊，否認美軍佔領伊拉克的合法性，使得歐美關係降至半個世紀以來的最低點。

伊拉克戰爭加速了老歐洲國家與美國的 "貌合神離"。2003 年，由於歐盟在伊拉克有巨大的市場份額與石油資源利益，僅法、德兩國就持有伊拉克近 120 億美元的外債。當時歐洲由中東進口的石油佔其消費量的

43%，一旦石油供應中斷，歐盟經濟將嚴重受挫。所以法、德等國明確反對伊戰，特別是法國否決安理會授權對伊動武 —— 事實證明，歷次在中東地區發生的戰爭，對於歐洲經濟的衝擊也大於美國。

圖 6-10　近幾十年間，中東幾次戰爭對歐洲的經濟衝擊都大於美國

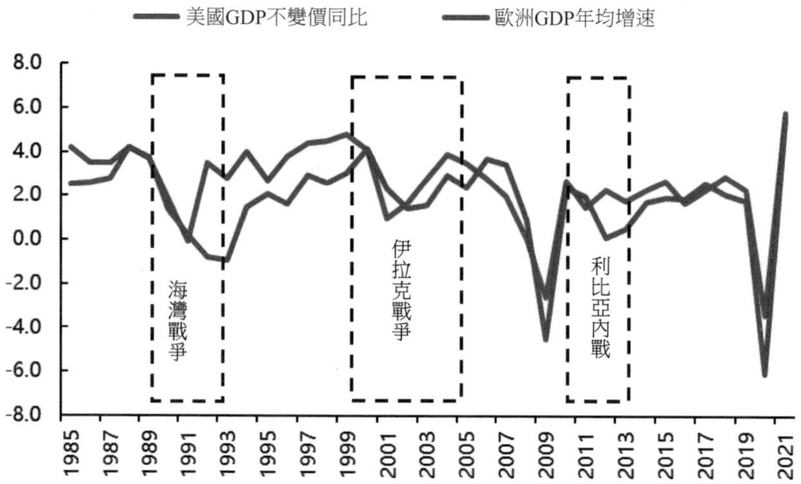

資料來源：WIND；數據截至 2021 年；單位：%

　　為此，美國前國防部長拉姆斯菲爾德以是否支持美國對伊動武為標尺，將法、德、比等稱為 "老歐洲"，將中東歐國家稱為 "新歐洲"，以瓜分伊拉克勢力範圍的方式拉攏 "新歐洲" 國家，藉此打擊反對伊戰的法、德為首的 "老歐洲"，打破歐盟在防務與安全問題上的統一立場。

　　伊拉克戰爭結束後，美國持續挑撥 "新歐洲" 和 "老歐洲" 的對立，藉以分化歐盟，鞏固在歐洲的軍事主導地位。例如，針對歐洲的難民危機，美國鼓勵德國、法國等國家接收難民，挑起 "老歐洲" 國家與拒絕接收難民的 "新歐洲" 國家的矛盾。就俄羅斯問題上，美國也在不停地挑動極端反俄的 "新歐洲"，和 "老歐洲" 的對立。在 2022 年俄烏衝突爆發後，法、德、意等國曾呼籲俄烏停火，並試圖在俄烏之間勸和促談。但歐盟新成員國大多是從前蘇東陣營中脫離出來的國家，對俄羅斯更為忌憚，並在安全問題上尤為依仗美國。在俄烏衝突發生前後，美國不斷傳播 "俄羅斯威脅論"，渲染俄羅斯 "侵略" 烏克蘭的危機情緒，引導中東歐國家成為堅定主戰派。

（3）間接控制：鼓勵歐洲依賴美制武器、限制其軍事技術研發

一是，美國鼓勵歐洲購買美制武器，棄用自主研發武器。從 2018 年起，美國推出"歐洲資本重組激勵計劃"，向歐洲國家提供資金援助，激勵其購買美國武器，如斯洛伐克獲得 5000 萬美元的款項用於採購直升機，克羅地亞獲得 2500 萬美元購置步兵戰車。這個計劃不僅可以讓歐洲國家加強對於美式武器的依賴度，讓美國軍工企業獲益，還要求所有接受資助的國家必須自己也投入數額相當的資金，以提高美軍的軍售額。對於一些沒有自主研發能力的國家，美國更是直接採用威逼利誘的方式，例如美國多次限制土耳其購買俄羅斯 S-400 防空導彈系統，威脅其如果買俄羅斯的導彈，美國就停止向土耳其出售 F-35 戰機。

2022 年俄烏危機之後，北約諸國大量購買美制武器，例如德國聯邦國防軍購買了 35 架可掛載美國核彈頭的 F-35 戰鬥機，波蘭從美國訂購價值 37.5 億美元的軍事設備，其中包括 116 輛 M1A1 艾布拉姆斯坦克，羅馬尼亞正在就購買 F-35 戰鬥機與美國進行談判。據歐盟防務機構，歐盟 2022 年軍費開支達到了創紀錄的 2400 億歐元，比 2021 年增長了 6%，其中正在申請加入北約的瑞典軍費開支則增加了 30% 以上。

三是，美國對歐洲地區國家軍事技術研發進行控制。歐洲是現代工業的發源地，軍事能力在二戰以前冠絕全球，二戰中美國最優秀的活塞式戰鬥機 P-51 野馬使用的就是英國的梅林發動機。但近年來歐洲的軍事技術出現嚴重斷層，特別是戰鬥機領域，歐洲曾成功研製"颱風"戰鬥機和"陣風"戰鬥機等第四代戰鬥機，但第五代戰鬥機研發已經斷檔，遠遠落後於美、中、俄三國。

歐洲在第五代戰鬥機上發展滯後，除了有歐洲各國自身對於第五代機研發路徑的爭議，也離不開美國對歐洲施加的影響。一方面，當歐洲國家想獨立研製第五代戰機時，美國以"造不如買"的理由，鼓勵歐洲購買自己的 F-35 戰鬥機。2019 年，F-35 價格已從最初的 2.4 億美元降至 8000 萬美元，甚至低於法國"陣風"戰機近 1.2 億美元的售價。較低的定價讓 F-35 得以搶佔歐洲戰鬥機市場，擠壓歐洲戰鬥機製造商，使歐洲國家沒有動力研製下一代戰鬥機。

另一方面，美國極度抵觸歐盟進行軍事技術獨立研發。當歐盟在 2017 年發起 "永久結構性合作"（PESCO）防務方案，想獨立開展軍事技術研發時，美國甚至威脅道 "如果歐盟拒絕美國軍火製造商參與其對新武器系統的研發，那麼歐盟可能會在面臨包括俄羅斯在內的威脅時孤立無援"。為此，2022 年，在俄烏衝突的背景下，歐盟各國加速推進 PESCO 協議，意圖減少對其他國家尖端技術和武器平台的依賴。

同時，阿富汗戰爭讓歐洲各國專注於無人機項目，放緩了第五代戰鬥機的研發進程。2001 年，美軍首次在阿富汗戰爭使用無人機，成功擊斃塔利班基地組織二號頭目阿提夫，開創了無人機執行攻擊任務的先河，讓歐洲各國認識到無人機戰鬥機的作用。此後，美國宣稱 "F-35 將是世界最後一種有人駕駛戰鬥機"，即下一代戰鬥機將是無人戰鬥機，歐洲無人機戰鬥機研發受到鼓舞，推出 "歐洲無人機計劃"（Eurodrone），卻也打擊了與其存在資源競爭的第五代歐洲戰鬥機計劃（FCAS）項目，放緩了第五代戰鬥機的研發進度，導致歐美在第五代隱身戰鬥機的技術差距進一步加大。

對此，部分歐洲國家構想放棄第五代戰鬥機，希望在第六代戰鬥機上 "彎道超車"，例如 2022 年英意日本聯手推動的未來戰鬥機計劃 —— "全球作戰航空計劃"（Global Combat Air Programme，GCAP）。但是，俄烏危機爆發以來，歐洲多國開始大幅採購美制 F-35 戰鬥機，這又給歐洲六代機戰鬥機研發的資金和未來發展都帶來了更多的不確定性。

（三）攪局中東：戰火背後的石油與軍工生意

中東局勢的混亂，與其複雜的地理位置、遜尼派與什葉派宗教衝突有關，但也與美國的攪局有密不可分的關係。近三十年來以美國為首的北約組織，在中東地區外或發動或參與了多次大規模軍事行動 —— 1991 年海灣戰爭、2001 年阿富汗戰爭、2003 年伊拉克戰爭、2011 年利比亞內戰、2011 年敘利亞危機。在美國沒有直接介入的地區衝突事件中，美國也通過干涉聯合國決議、經濟金融制裁、貿易封鎖、操縱國際輿論等方式來間接介入。

冷戰時期兩極格局的形成提升了中東的戰略地位，疊加美國在 20 世紀 60、70 年代石油淨進口量銳增，美國逐步重視中東地區、也一直在調整同中東主要產油國的外交關係。在冷戰時期，由於美蘇兩國都在爭奪中東地區的話語權，美國在中東地區主要戰略是遏制蘇聯在中東地區的滲透，其通過軍事援助、經濟援助、技術援助、組建地區安全組織等方式，在冷戰期間的大多數時期爭取到了伊朗、沙特、以色列等國的支持，彼時美國與中東主要國家關係較為緊密。

蘇聯解體後，美國進一步深入介入中東局勢，而美以關係的日益密切，也使得美國與阿拉伯世界的關係逐步出現裂痕，美國與伊朗、伊拉克、沙特等主要國家的關係也出現了劇烈的變化和重整。在複雜的中東局勢之中，美國對中東地區的戰略也逐步轉移為：穩定地區形勢，不允許中東出現地區超級大國，以防動搖美國在中東地區的絕對話語權，防止中東各國利用石油供給，要挾美國為首的西方世界 —— 第一次石油危機已經讓西方世界深刻地意識到了這個問題。美國蠻橫介入中東局勢，其中最顯著的代表就是無視聯合國安理會反對，於 2003 年發動的伊拉克戰爭。

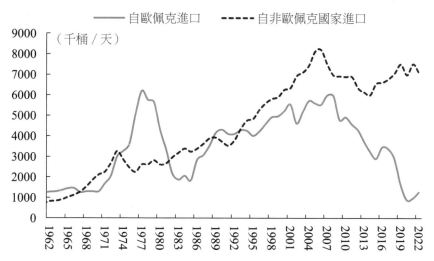

圖 6-11　20 世紀 70 年代，美國對歐佩克石油進口依賴度大幅提升

資料來源：WIND

兩伊戰爭中，伊拉克政府是美國對抗伊朗霍梅尼政權的主要棋子。二戰結束後美國扶持了親美的巴列維國王政權，並且在冷戰期間向伊朗輸送了大量援助，對伊朗開啟世俗化改造。但在巴列維政權的統治下，伊朗貧

富差距日益擴大，這使得 20 世紀 70 年代伊朗爆發宗教革命，宗教領袖霍梅尼建立什葉派新政權。而為了對抗霍梅尼，在 80 年代的兩伊戰爭中，美國開始對伊朗進行武器禁運並暗中支持伊拉克的薩達姆，寄希望他能夠幫助美國推翻伊朗政權。八年戰爭，伊拉克得到源源不斷的支持，而伊朗則孤立無援損失慘重，耗盡國力。

20 世紀 90 年代開始，美國對兩伊實施 "雙重遏制" 戰略。伊朗在 20 世紀 90 年代國力衰弱、而伊拉克則快速發展，1991 年伊拉克悍然入侵科威特並受到多國部隊的打擊。1993 年，克林頓政府推出 "雙重遏制" 政策（Dual Containment），即同時遏制伊拉克及伊朗的發展。在 2002 年 1 月的國情咨文中，布什政府宣佈將伊朗與朝鮮、伊拉克一起列為 "邪惡軸心國"。

2003 年，美軍無視聯合國反對，悍然出兵伊拉克，打響為時九年的伊拉克戰爭。2002 年美國國會通過《授權對伊拉克使用武力決議》，授權總統使用一切 "必要和合適" 軍事手段，保護美國國家安全。然而在美國出兵之前，聯合國安理會並沒有在伊拉克找到大規模殺傷性武器，事後證明在薩達姆政權倒台後，美軍也始終未能在伊拉克境內找到任何大規模殺傷性武器存在的證據。

美國前副總統切尼則在事後否認了自己曾經就伊拉克大規模殺傷性武器發表過 "毫無疑問" 的表述，而發動戰爭的時任總統小布什則表示，"事實是大部分相關情報是錯誤的" ——耗時九年、導致 20 萬平民死亡的伊拉克戰爭，就在美國政客雲淡風輕的否認中 "蓋棺定論"。美國政客對別國人民生命安全的漠視，將美國軍事霸權的 "霸" 一字體現的淋漓盡致。

通過這一場花費 1 萬億美元、美軍傷亡四千餘人的戰爭，美國得到了什麼好處？

一是石油資源。英美公司成為戰後伊拉克大油田的主要控制方，並且美國強化了對於中東其他產油國的控制。截至 2021 年，伊拉克地理條件得天獨厚，其石油探明儲量 1469 億桶，約佔世界總儲量的 9%，居世界第 5 位。英國 BBC 報道，布什政府在 "9 · 11" 之前就制定了控制伊拉克石油計劃的文件。在美國自伊拉克撤軍之前，美國駐軍基地均與伊拉克油井分佈地高度重合。

伊拉克戰爭之後，美國對伊拉克重建的一項重要工作就是恢復對伊拉克油田的開採，且所有對伊拉克戰爭有異議國家的石油開採商，都被排除在競標之外。據美國劍橋能源研究協會估計，國外大石油公司從 2003—2010 年在伊拉克的勘探開發的投資額可能達到 300 多億美元，而且戰後伊拉克大油田 70% 以上的權益都將被美英公司控制。

從更大範圍和更深層次而言，美國通過伊拉克戰爭重創了中東地區的反美力量，強化了對於中東的控制。在 "9·11 事件" 後，美國始終懷疑薩達姆政權在支持某些相關力量與美國為敵。美國藉口反恐重創伊拉克之餘，也進一步陳兵於伊朗西側，以此形成對伊朗、敘利亞的包圍和威脅，進一步彈壓了中東地區的反美國家，便於美國更好的掌握石油資源。

二是武力威懾。利用媒體全程直播，美國對全球各國展示了精確制導武器的威懾力。在伊拉克戰爭前，美國媒體就進行了密集報道，於戰前造勢。2003 年 3 月 20 日，美軍利用導彈攻擊了被懷疑為薩達姆等高層領導人所在地，以 "斬首" 突擊拉開戰爭的序幕；3 月 29 日，五角大樓表示美英聯軍已在伊拉克投擲了 6000 枚精確制導炸彈，並且發射了 675 枚 "戰斧" 巡航導彈。4 月 15 日，美軍宣佈，伊拉克戰爭的主要軍事行動已結束，聯軍 "已控制了伊拉克全境"。

而伊拉克還在使用機械化、半機械化武器為主戰武器，據新華社，雙方主戰武器 "代差" 的距離甚至超過了海灣戰爭、科索沃戰爭。而這一場 "代差" 甚為明顯的戰爭，則由 CNN、FOX、BBC 歐美媒體以 24 小時直播的方式向全球播放，讓全球各國真真切切地 "看" 到美國航空母艦上衝天的導彈，和巴格達上空耀眼的炮火，CNN 還會利用三維動畫模擬美軍的坦克編隊如何在沙漠中向巴格達前進。美國通過伊拉克一戰所釋放出來的武力威懾，不僅是面對中東地區，更是通過媒體，面向了全世界老百姓。

伊拉克戰爭後，美國軍火熱銷中東，海灣國家紛紛加購或者升級武器裝備，2003—2009 年，美國成為埃及（佔埃及武器進口的 72%）、以色列（從美國進口武器佔比 94.93%）、沙特（從美國、英國及法國進口的武器佔比分別為 35.5%、34%、19%）等國主要的武器採購方。實際上，美國至今依然受益於中東局勢不穩所帶來的訂單激增，2016 年至 2020 年期間，美國約有 47% 的武器出口銷往中東，僅沙特就佔美國武器出口總額的 24%。

奧巴馬政府執政以來，美國逐步推動 "重返亞太" 的策略，對中東地區的介入方式也發生了變化 ——"由明線轉暗線"，逐步減少直接的軍事參與，而是通過外交、經濟金融制裁、貿易談判等手段，間接影響中東地區局勢。特朗普執政後，進一步加速美國從中東地區撤軍的步伐，2018 年底美國政府宣佈從敘利亞全面撤軍，2020 年 11 月美國國防部宣佈，在 2021 年 1 月 15 日前，在阿富汗和伊拉克的美國駐軍分別減少到各 2500 人。

美國加速從中東地區撤軍，主要來自於三方面因素的影響，一是連年對外直接戰爭後，美國國內民眾的反戰情緒日益上升；二是隨頁岩油技術得到突破之後，中東石油在美國能源供給中的地位開始下降；三是亞太地區經濟和戰略地位近十年來快速崛起，美國要集中戰略力量並加強在亞太地區的影響力。但在，減弱軍事直接介入的同時，為了穩固美國在中東地區的影響力、削弱中東國家的話語權，並且保護美國重要的鐵杆盟友 —— 以色列，美國採用了外交、經濟金融等方式，來暗中影響和操縱中東局勢。

第一條便是外交手段干涉中東地區事務，代表性事件就是不斷增強以色列國力，以切入和影響切入中東阿拉伯世界。美國不斷扶持以色列為首的非阿拉伯親美政權的影響力，不僅是受強大的猶太院外集團遊說的影響，也服務於美國削弱阿拉伯世界凝聚力的戰略訴求。長期以來，在巴以問題的解決上，美國以 "和平談判" 為皮，卻採用了諸多拉偏架的行為支持以色列，邊緣化巴勒斯坦。一方面，美國加大在預警能力、聯合反恐、分享情報等方面的對以援助，將美國駐以色列大使館從特拉維夫遷至耶路撒冷，親自為以色列站台；另一方面，推動以色列加大與中東地區國家建交，包括撮合巴林、阿聯酋同以色列在 2020 年簽署《亞伯拉罕協議》，2023 年欲以美國—沙特防務協議促進沙特和以色列的關係正常化。美國諸多行為使得巴勒斯坦問題不斷被邊緣化，巴勒斯坦人民的生存空間進一步受到擠壓，最終導致 2023 年加沙地帶爆發高烈度反抗，以生命的代價換取國際社會的關注，爭取外交話語權。

第二條是經濟金融貿易制裁的手段，例如通過將伊朗剔除 SWIFT 系統，對其施加壓力。2012 年與 2018 年，伊朗兩度遭遇美國金融制裁並剔除出 SWIFT 系統，伊朗的經濟、金融和國際貿易受到了嚴重的衝擊和孤立。由於無法參與國際金融結算，伊朗政府推出 "以物換物"，用原油和凝析油交換投資或者生產所需的原料和設備等，或者與別國採用除美元之外的第三方貨幣結算，但也難以對衝伊朗被排除出全球金融和貿易體系的影響。

第三條是通過操縱意識形態、灰色援助等方式，干涉地區事務。2010 年底，在北非和西亞的阿拉伯國家發生了一系列以 "民主" 和 "經濟" 等為主題的反政府運動，此後繼續波及突尼斯、埃及、利比亞、也門、敘利亞等國，引發政權更迭和大規模社會騷亂，被廣泛稱作 "阿拉伯之春" 運動。"阿拉伯之春" 並非是一場偶然的社會政治運動，美國長期對中東地區的意識形態滲透和對非政府組織的支持，均是 "阿拉伯之春" 的重要誘因。法國情報研究中心主任埃里克·德納塞在《阿拉伯革命背後隱藏的一面》一書指出，美國為助推阿拉伯反政府運動投入了大量的人力和物力，包括大力支持非政府組織，培訓中東地區的反對派骨幹分子等。"阿拉伯之春" 的直接後果是，迫使突尼斯的本·阿里、埃及的穆巴拉克、利比亞的卡扎菲、也門的薩利赫等領導人先後下台，間接後果則是引發了社會的持久動盪，加速極端宗教勢力的蔓延，給阿拉伯世界造成的傷痛不亞於一場全面地區戰爭。

（四）印太地區威懾升級：單列預算，擴充軍備，美日韓 "世紀大和解"

進入 21 世紀第二個十年，隨著美國在中東地區的反恐任務告一段落，以及中國的快速崛起，太平洋方向逐步成為美國全球戰略的重心。2011 年，奧巴馬政府推出 "亞太再平衡戰略"，逐步顯現出美國遏制中國的政策傾向，2017 年特朗普政府正式提出 "自由而開放的印太戰略"。從

"亞太（Asia—Pacific）"到"印太（Indo—Pacific）"，一詞之變化指向美國有意抬高印度在亞太地區的"權重"，以"對沖"中國日益增長的影響力。2021 年，拜登政府完成全球軍力部署態勢評估，並再次強調印太地區對於美國國家安全是"最重要的區域"。[46] 此後以印太戰略為核心，美國連續推出美日印澳"四方安全對話"（QUAD）、印太經濟框架（IPEF）、美英澳"奧庫斯"聯盟（AUKUS）三大支柱，意圖在地區事務、軍事技術和經濟貿易等領域，全面提升美國在印太地區的影響力。

軍事方面，美國不斷新增海外基地和駐兵，以鞏固在印太的"軍事霸權"。

一是單列印太地區軍事預算，逐步加大投入。2020 年 6 月，美國國會首度在 2021 財年國防授權法案中設立"太平洋威懾倡議"（PDI），劃撥 14 億美元經費，用以支持"戰區導彈防禦、遠征機場和港口基礎設施、燃料和彈藥儲存"。此後，PDI 的預算規模快速擴張，在 2024 財年國防預算中，美國國防部為 PDI 提出 91 億美元預算申請，擴張速度遠高於美國國防整體預算。

圖 6-12　2023 財年"太平洋威懾倡議"（PDI）預算構成

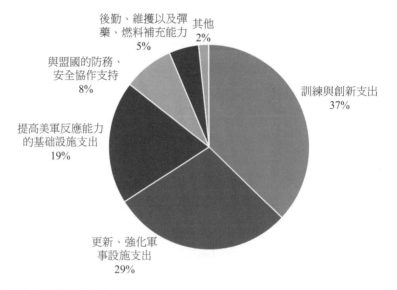

資料來源：美國國防新聞網

---

46 為與文中提到的美國諸多戰略概念保持一致，後文中我們採用"印太"這一表述。

二是新增軍事基地，擴充軍力規模，提升戰備能力。一方面，美國積極新建軍事基地，增強美軍在亞太地區的偵察、預警和武裝威懾能力。2017 年，美國在韓國新建了平澤基地（漢弗萊斯營），這是美軍在世界範圍內規模最大、軍事設施最完善的海外基地，總面積 1468 萬 ㎡，耗資 12 萬億韓元（約為 92 億美元），可容納部署 4.3 萬人；2023 年美國宣佈在菲律賓新增開 4 個軍事基地，其中一處距離中國台灣島僅約 400 公里，一處基地則靠近中國南沙群島，其監視和對抗中方的意圖昭然若揭。

另一方面，美國智庫和部分國會議員提出印太"火力環"戰略，意圖構成太平洋縱深防禦。2019 年，美國以"俄羅斯違約"和"中國不受約束"為藉口退出"中導條約"，從而突破了禁止試驗、生產和部署射程 500 至 5500 公里的陸基巡航導彈和彈道導彈的約束，開始大力發展新型中程常規武器。2022 年 8 月，美國智庫戰略和預算評估中心推出報告《火力環：後中導條約世界的常規導彈戰略》，提出要根據美國導彈射程（1000 公里以內的近程、1000—3000 公里的中程和 3000—5500 公里的中遠程）的不同，以中國領土為核心，構建從內環（日本到菲律賓的一系列島嶼）到中環（尚未找到合適地點）、再到外環（帕勞、關島等地）的三個火力同心圓。這一戰略規劃雖然依然處於概念層面，但已經引發了美國國會諸多強硬派議員的興趣，例如美國國會眾議院中國事務特別委員會主席加拉格爾提出《2023 年火力環法案》，以督促五角大樓開始確立在太平洋部署導彈系統的潛在地點，並尋找制定部署戰略的盟友。在 2024 財年的國防預算申請中，美國空軍為西太平洋的天寧島空軍基地重建項目申請 7800 萬美元的撥款，天寧島位置正處於"外環"邊緣，美軍此舉不乏未來將其作為陸基遠程導彈部署地之意。

三是增加在印太地區軍事活動的頻率與強度，構建美日韓軍事同盟。特朗普政府僅在 2017 年至 2020 年，就在南海地區實施了 19 次"航行自由行動"，2020 年甚至派出雙航母戰鬥群進入南海地區。拜登總統上台後，美聯合盟友進行軍事演習的規模進一步升級，2022 年 7 月啟動的"環太平洋—2022"軍演創下多項歷史紀錄。其中，參演國包括美國、法國、德國、印度、日本、韓國、新加坡、英國等 26 個國家，總共出動 2.5 萬官兵、38 艘水面艦艇、4 艘潛艇和超過 170 架飛機參演，規模龐大。

2023 年美國推動日韓 "世紀大和解"，為構建美日韓三方軍事同盟掃清障礙。美國素來希望通過韓日和解使美韓軍事同盟與美日軍事同盟合圍，達到 "1+1+1>3" 的效果。但日韓歷史積怨頗深，韓國前總統文在寅執政期間，韓日關係更是快速惡化，日本加強對韓國半導體材料的出口管控，給處於日本半導體產業鏈下游的韓國予以重創。作為反制，韓國則一度要求廢除《韓日軍事情報保護協定》，日韓關係走向歷史冰點。

但這一形勢在美國的籠絡和朝鮮半島局勢日益緊張的背景下出現變化。2023 年上半年韓國總統尹錫悅就歷史問題主動向日本讓步，此後日韓實現兩國領導人互訪，重啟 "穿梭外交"，不僅為日本和韓國的軍事合作破除了障礙，也意味著韓國在加速向 "美日聯合體" 靠攏，加速三方同盟的構建。此後，美日韓三方密集舉行了空中、海外等聯合軍事演習，年內美國航母 "尼米茲" 號、"里根" 號和 "卡爾·文森" 號接連訪問釜山，以此對朝鮮發出威懾信號。2023 年 12 月，美日韓宣佈正式啟動實時共享導彈預警情報系統，無疑是在東北亞地區緊鑼密鼓推進 "聯盟威懾" 戰略，服務其遏華戰略。

四是美國增強對印太地區國家的軍售力度，突破國際核不擴散條約和規模殺傷性武器的紅線。近年來，美國向印太地區出售的作戰裝備層次越來越高。早期美國對印太地區的軍售非常慎重，但近年來美軍對印太地區軍售越來越具備 "主動進攻" 的色彩，比如美國向日本提供的 AN/TPY-2 型 X 波段雷達和海基中段反導攔截彈，以及出售給台灣當局的 "海馬斯" 遠程火箭炮系統、"魚叉" 反艦導彈，都是具有強威懾力的戰略性裝備，甚至 2023 年美國宣佈將向澳大利亞出售 3 艘美國 "弗吉尼亞" 級核潛艇，違反了國際核不擴散條約，突破了不能出售規模殺傷性武器的底線。

配合著軍事存在感不斷升級，2022 年以來拜登政府加速推進 "印太經濟框架"，增加與印太盟國夥伴在數字經濟、投資和供應鏈等方面的合作，意圖在核心關鍵領域 "去中國化"，加速美國在印太地區對核心技術供應鏈的管控。總之，在 "中國威脅論" 的助力下，美國在印太地區打造集國家安全聯盟、經濟聯盟於一體的印太戰略同盟，以鞏固在印太地區的主導地位。

三、技術研發：軍用技術兼顧市場效率

美國作為全球軍事技術的頂尖強國，以戰爭起家、以戰爭致富，但並非一味窮兵黷武，其軍事技術的發展也並非閉門造車。縱觀二戰至今，美國軍用技術研發始終跟市場部門保持密切聯繫，民用與軍用技術研發在不同時期，以不同的方式相互合作、互為補充。除了輸出直接的武力威懾，美國軍用技術對外出口獲得軍火銷售，對內拉動民用技術進步，給美國社會帶來了豐厚的回報，這也是美國社會體系能夠容許政府多次向外發動軍事行動的核心邏輯支撐。

（一）歷史回溯：美式軍民融合的三個階段

在二戰期間，美國湧現了大量的軍工複合體集團。1944 年 11 月，當時的美國總統羅斯福給總統科學顧問范內瓦・布什寫了封信，信中提到的第一個問題就是，戰爭期間研發的軍用技術，如何能夠最快的運用於民用，以給退伍軍人提供就業崗位？

1945 年，作為對羅斯福總統的回應，范內瓦・布什提交了一封著名的報告 ——《科學：無盡的前沿》（*Science, the Endless Frontier*），並系統地提出四大建議：以軍工技術促進民用科學發展、持續推進醫學領域研究、政府協助公共和私人研究活動、持續選拔青年科學人才，以確保美國的科研水平可以一直保持在二戰期間的領先水準。

范內瓦・布什提出的以軍工技術促進民用科學發展，也成為了貫穿二戰之後美國軍事技術和全社會創新研發的主線。

第一階段：二戰結束至 70 年代末，以軍帶民，國防部投資研發軍用技術後，再轉為民用開發。

二戰期間，美國發展壯大出一大批軍工複合體，包括波音公司、通用動力、通用電氣、洛克希德・馬丁等。戰後美國進入美蘇爭霸期，為對抗蘇聯軍事威懾，及滿足美國在北約國家的軍事擴張需求，美國國防部牽頭，為軍用技術發展提供了資金、稅收、立法等一系列支持，保證軍事技

術的優先發展。從 1953 年至 1979 年，國防及太空研發費用，基本佔聯邦政府科研經費的 60% 以上，其餘資金分配至健康、基礎科學、能源、資源等領域。

圖 6-13　美國國防與太空技術研發資金基本佔到聯邦政府研發資金一半以上

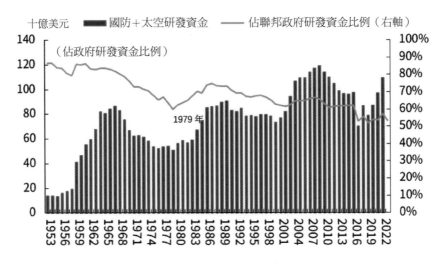

資料來源：AAAS

　　國防部高級研究計劃局 DARPA 就是這一時期的產物 —— 該機構還有多個別稱，"五角大樓之腦"，現實版的 "神盾局"。1957 年，蘇聯 1 號人造衛星的發射震驚美國朝野，1958 年艾森豪威爾總統指示成立國防部高級研究計劃局（Defense Advanced Research Projects Agency），宗旨就是引領國防部前沿技術研發，為美國國家安全問題提供超前技術儲備。自建立以來，DARPA 在軍事技術方面取得了多項重大突破，包括精確制導彈藥、隱身技術、無人機和紅外夜視技術，包括對 GPS 的前身 Transit 研發做出巨大貢獻。

　　DARPA 目前依然非常活躍，6 個技術辦公室的 220 名僱員負責推進約 250 個項目。DARPA 僱員基本都是來自於產業、科研機構的頂尖科研人員，任期通常為三至五年，這也意味著 DARPA 的技術研發基本依賴外部機構，而且對負責的項目有非常大的自主權 —— 這種自主權在聯邦政府的研發機構中都是非常罕見的，比如國家科學基金會的項目基本要經受同行評審小組的審議，但 DARPA 項目經理對其所負責領域，和相關子項目有非常大的自主權。DARPA 在國防部內部的研發體系中佔據非常重要的位置，國防部約 25% 的科技項目經費（Science and Technology Funding）投入於 DARPA 研發。DARPA 這種獨立、高效、快速的模式，是為了能夠在眾多高度不確定性的前沿項目中，快速篩選出能夠取得突破的項目。

在資金、政策的投入下，美國軍工複合體進一步發展壯大，並且進一步將軍事技術用於民用領域，其中最為典型的案例就是航空航天軍用技術向民用領域的轉移。據 1972 年美國國防部《研究和發展對航空進步的貢獻》報告指出，在波音公司 60 年代壟斷全球的波音 707 飛機的研製中，從軍用型號向民用型號的技術轉移量超過了 90%。747 客機的研發過程中，也得益於波音公司曾經參與過 60 年代初的 C-5A 軍用運輸機計劃的大量結構分析和氣動力的風洞實驗。此外，普惠公司研製的 JT-9D 渦扇發動機、麥道公司和洛克希德公司研製的 DC-10 和 L-1011 寬體客機也充分吸收了 C-5A 軍事航空項目的經驗。

第二階段：冷戰後期，以民帶軍，積極吸收民用技術進步，國防部成為民用技術的採購方。

雖然在冷戰期間，美國國防投入大量研發資金，但是資金使用效率相對較低。另一方面，隨著冷戰逐步進入尾聲，外部威懾逐步降低，美國軍隊規模持續回落；另一方面，美國經濟增長陷入停滯，民眾也不支持向國防預算投入大量資金，國防預算資金增速逐年放緩。

在這一背景下，美國軍方迅速做出戰略調整，將國防部從技術的主要投資方，變為民用技術的大型採購集團。凡是能夠在市場上買到的技術，都通過訂單的方式解決。

第三階段：冷戰結束至今，軍民一體化，頂層架構、統一規範、技術互動。

1992 年，美國國會通過《國防技術轉軌、再投資和過渡法》，強調推動軍民技術的相互轉化，鼓勵發展軍民兩用技術。1997 年美國在《國防授權法案》中正式提出"兩用技術計劃"（dual-use technology program），強調要協調軍民兩用項目，在最大範圍內將商業技術整合到軍事系統中。此後，又陸續出台軍民兩用科學技術計劃（DUS&T）[47]、獨立研究與開發計劃（IR&D）[48]等項目支持。

表 6-2　美國促進軍民融合發展的法規梳理

高度開放的國防生產體系	國防生產和科研對社會高度開放，民營企業和民間機構進入國防領域基本上無法律上障礙
鼓勵民間力量參與國防生產科研	制定或修訂《聯邦技術移轉法》《1994 年聯邦採辦合理化（FASA）》《聯邦採辦條例》《國防授權法》《小企業研發加強法》《小企業》等法律法規
採用商業慣例、規範和標準	制定《聯邦採辦改革法》（1994 年）、《國防技術轉軌、再投資和過渡法》（1992 年）等
促進國防科技的民用化	制定《國防部國內技術轉讓條例》（1993 年）、《技術轉移商業方案》（2000 年）、《國家技術轉讓與促進法》（1995 年）、《聯邦技術轉讓商業化法》（1997 年）等
明確國防領域知識產權權屬	制定《聯邦採辦條例》《聯邦採辦條例國防部補充條例》《拜杜法案》《史蒂文森—懷德勒技術創新法案》（1980 年）、《貝赫—多爾法案》《技術轉移商業化法案》（2000 年）等
優先發展軍民兩用技術	制定《國防部國內技術轉讓條例》（1993 年）、《國防授權法》（1998 年）、《國防技術轉軌、再投資和過渡法》（1992 年）、《國家安全科學技術戰略》（1995 年）、《國防科學技術戰略》（1996 年、1997 年和 2000 年）等

資料來源：王晉、藍定香：〈美國軍民融合發展的體制與政策研究〉，《美國西部》，2018 年。

　　小布什前總統執政後，國際反恐需求提升，美國政府大幅度提高了國防預算，大力推行以信息技術等新技術為核心的新軍事變革，強調利用民用經濟中發生的高新技術，來實現國防科技的跨越式發展。

　　自此，美國軍民技術融合發展進入了一個新的時期，正式確立了美國以政府主導規劃、科研機構領銜研發、產業資金充分參與的軍民一體化發展。我們將在第二節進一步充分介紹這一體制。

---

47 兩用科學技術計劃 Dual Use Science and Technology Program，簡稱 DUS&T：計劃從 1998 年起實施，到 2005 年軍方已不再發佈正式的項目指南。計劃鼓勵國防部和工業界聯合資助合作開發兼具軍事用途和商業潛力的雙重用途技術。

48 獨立研究與開發計劃 Independent Research and Development，簡稱 IR&D：政府通過制定國防科研獎勵機制和補貼機制，對企業尚未獲得國防部合同之前的自籌經費進行一定補償。

（二）軍民一體化：政府協調、科研領銜、產業充分參與

經歷了三十年的發展，美國軍民一體化已經相當成熟和穩定。本節將從聯邦政府、科研院校、產業資金三個參與方來分別介紹。

參與方一：政府層面負責建立協調機制，明確技術規範，圈定技術方向。

· 建立協調機制

聯邦政府層面，設國家安全委員會、經濟顧問委員會、白宮科學與技術政策辦公室、國家安全顧問和國家經濟委員會等機構，構建統籌協調機制，確定研發項目、研究各部門經費分配、對國防和民用研究資源進行整合、調度和協調。

美國國防部層面，也推出了多個機制尋求軍民技術融合，但主要以三個機構為主：DARPA、SCO、DIU。一是享譽盛名的 DARPA，充分吸收民間頂尖研發力量、為軍方尋求突破前沿、領先、長期的技術儲備（詳見前文介紹）。

二是國防部戰略能力辦公室 SCO，作為對 DARPA 的有效補充。由於 DARPA 的技術發展週期基本處於三至五年，2012 年國防部設置戰略能力辦公室（SCO），力求融合當下最新的技術更迭，順應信息化時代信息技術每兩年更新一次的"摩爾定律"。兩者相比，DARPA 強調原始創新，研發未來十至十五年的顛覆性技術儲備；SCO 更關注近期現實作戰需求。

三是以國防創新試驗小組 DIU 為代表、更小更快的創新樞紐單元。在 2014 年《更佳購買力 3.0》戰略的指導下，國防部及各軍種相繼成立若干創新樞紐機構，如美國特種作戰司令部在佛羅里達州設立的 SOFWERX 創新中心，美國空軍在內華達州拉斯維加斯市設立的 AFwerX 創新中心，國防部在矽谷、波士頓和奧斯汀設立的國防創新試驗小組（DIU），以實現國防部具體需求與創新企業精準對接、快速簽約。

如果說 DARPA 是領銜和融合軍民技術的研發機構，那麼 DIU 更像是國防部派出去的"星探"小組，尋找並吸納民企中的顛覆性技術。DIU 直接向國防部長負責，具有高度的自主權，而且鼓勵風險投資，追求短期效益，投資週期僅為三至六個月。2016 至 2021 年，DIU 與 245 家公司簽訂了價值 8 億美元的合同，其中 73% 是小型企業，33% 是第一次與國防部合作。2017 年通過 DIU，美國空軍發現了初創僅三年的"閃光認知"（Spark Cognition）公司，並開啟了利用人工智能算法實現空軍作戰任務規劃、提升決策能力的"量子計劃"。

圖 6-14　國防部三大科技創新機構

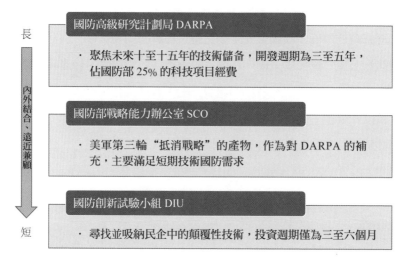

資料來源：DOD

· 圈定國防核心技術研發方向

國防部每四年更新一次《國防科技戰略（NDS）》，將其作為國防部最高戰略指導文件，也是國防部制定接下來四個財年國防預算的基礎。[49] 圍繞著 NDS，國防部進一步制定和更新未來國防科研發展的重點領域與方向，形成以《聯合作戰科技計劃》《國防技術領域計劃》和《國防基礎研究計劃》為支撐的國防科研規劃體系，為美軍確定國防科研項目指南，分配預算投入和監管項目進度提供依據。

· 簡化採購程序，統一軍民技術規範

一方面，簡化採購程序，透明化政府招標需求。1994 年，美國參眾兩院通過具有里程碑意義的《聯邦採辦改革法》，法案提出盡量用民用標準替代軍用標準，簡化政府合同的處理過程等。該法案也成為後續國防部制

---

49 1997 年至 2014 年，國防部每四年進行一次防務審查 Quadrennial Defense Review，QDR，2018 年 NDS 正式取代 QDR。

定一系列採購條例的法律基礎。

另一方面，既然提高了民用技術的採辦比例，就要協調雙方的技術規則。1994 年美國國防部對其長期執行的 31000 個軍用規範進行重大調整，大幅降低了民用企業參與軍工生產的門檻。2011 年 7 月《國防部標準化工作指令》明確規定 "優先採用民用標準，只有無可用民用標準時，政府才制定相應的規範"。

參與方二：各大科研機構、高校實驗室負責過半的研發工作。

從國防部的研發資金流向來看，主要有三個機構具體承接國防部的研發工作：國防部直屬國家實驗室、高校和業界。以 2016 年為例，國防部直屬實驗室獲得了 23% 的基礎研究資金，大學獲得了 49%，業界獲得了 18%。

國防部是直屬實驗室的資助人，但以外包的形式，受大學和非盈利組織的管理運營。國防部下屬的 10 個國家實驗室，分別由陸軍部、海軍部、空軍部、國家安全局及國防部副部長辦公室進行資助；但在具體的管理上，則是以合約管理的方式，由麻省理工、卡耐基梅隆大學、蘭德公司、CAN 公司、美國航空航天公司、美國國防分析研究所、MITRE 公司負責具體運營和管理，這種模式也被稱為 GOCO（Government-Owned and Contractor Operated）模式。

圖 6-15　2016 財年，美國國防部 22 億美元基礎研究資金的分配情況

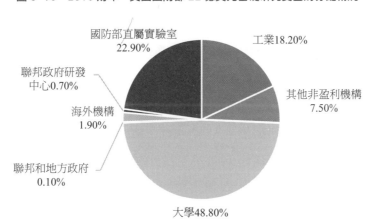

資料來源：everycrsreport

圖 6-16　美國國防部下設重點實驗室（2016 年）

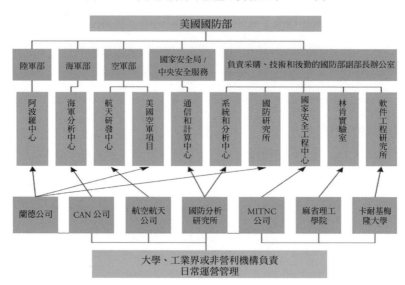

資料來源：鍾少穎、梁尚鵬、聶曉偉：〈美國國防部資助的國家實驗室管理模式研究〉，《中國科學院院刊》，2016 年。

參與方三：民營企業充分參與軍用技術研發，將技術快速轉化為市場成果。

目前美國法律體系對於民用企業進入國防領域基本是沒有限制的。國防部建立了多層次、多類別的交流平台，與社會溝通技術研發需求、裝備採購信息等。《美國聯邦信息公開法》明確，除 "國防和外交政策、部門內部人事規則、貿易秘密、個人隱私、地理情報資料等" 之外，各類信息均應盡可能全部公開。

民營企業與政府之間如何分配合作項目的技術所有權？《拜杜法案》《聯邦採辦條例》《聯邦採辦條例國防部補充條例》等法律規定，在一般情況下，承包商可以選擇保留國家財政投資產生的國防領域知識產權的所有權，但國防部門擁有審批權、強制許可權、免費使用權。此外，《史蒂文森—懷德勒技術創新法案》（1980 年）、《技術轉移商業化法案》（2000 年）鼓勵政府將技術轉讓給企業，並讓企業利用這些技術從事民品研發生產。

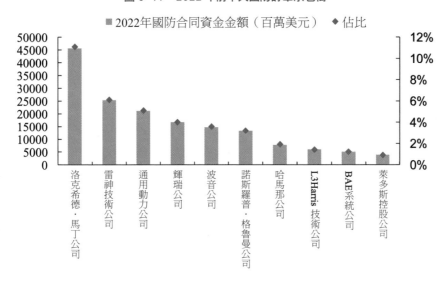

圖 6-17　2022 年前十大國防訂單承包商

資料來源：DOD

（三）壟斷與反壟斷：強制性分包小企業

　　美國軍工複合體作為二戰產物，對國防技術研發已經形成壟斷。美國在二戰後便形成了一大批具有超強研究和開發能力的軍工集團，並且逐步演變為與政客、說客、資本組成的軍工複合體集團，並且進一步形成壟斷之勢。二戰結束後前 100 家大企業的訂單量始終佔據全部國防合同份額的三分之二左右，到 80 年代中期佔到全部分額的 70%，而前 20 名佔 50%，前 5 名佔 20%。

　　為防止壟斷過分擠壓中小企業研發能力，國防部設計了中小企業強制分包制度。2003 年，美國國防部出台了《國防工業基礎轉型路線圖》，提出改變國防工業生產過度集中、打破國防工業巨頭壟斷地位，大量吸收中小企業進入軍工領域的設想。2013 年出台的《國防授權法案》要求將中小企業承擔主承包合同的金額比例從 23% 提高到 25%，小企業承擔分包合同的金額比例達到 40% 以上。

　　二是採取強制性分包方式支持中小企業。美國制定了強制性分包的裝備採辦制度和小企業創新計劃（SBIR）等扶持政策，要求大型國防企業採用分包模式。目前已經形成了系統主承包商、分系統 / 部件轉包商和零部件、原材料供應商三個層次的金字塔型分層次競爭體系。國防部還特別為中小企業預留總包、分包合同比例。比如以 2020 財年為例，國防部要求小企業在主要合同中佔比為 22%，其中來自不發達地區企業、退伍軍人、女性創業公司均有一部分比例。

為了能夠完成對於中小企業的訂單分包，國防部在其採購和合同管理辦公室配備了小型企業專業人員，可以為企業提供國防採購計劃、政策和法規等信息指導。

表 6-3　美國國防部對小型企業的軍工訂單採購比例的分包目標

	2017 財年	2018 財年	2019 財年	2020 財年	2021 財年	2022 財年	2023 財年
小企業	22.00%	22.00%	21.80%	22.05%	21.95%	22.50%	22.43%
不發達地區小企業	3%	3%	3%	3%	3%	3%	3%
殘障退伍軍人擁有的小型企業	3%	3%	3%	3%	3%	3%	3%
小型弱勢企業	5%	5%	5%	5%	5%	9.50%	10.57%
女性擁有的小企業	5%	5%	5%	5%	5%	5%	5%

資料來源：美國國防部

（四）戰略干擾：真真假假，令對手捉摸不透的恐懼

前面一節主要闡述了美軍的技術研發制度。但是，美軍同樣也認識到了一個問題，先進的裝備一旦在戰場上投入使用，一定會引來各方的追隨和效仿。信息化時代，先進武器和技術的保密也變得越來越困難。針對這一問題，美軍一方面加大技術儲備和創新，盡量掃除領域盲點；另一方面，美軍反而利用了這種跟隨效應，發動三次 "抵消戰略"，干擾別國軍事發展戰略，"抵消" 競爭對手的競爭優勢。

第一輪 "抵消戰略"：20 世紀 50 年代，以核武器抵消蘇聯優勢，最終失敗。

上世紀 50 年代初，美軍發起所謂第一輪"抵消戰略"，其核心是通過優先發展，來抵消蘇軍的人力數量優勢。然而，蘇聯核力量的迅速發展，導致美國第一輪"抵消戰略"失敗。

第二輪"抵消戰略"：20 世紀 70 年代，以"星球大戰"計劃為核心，拉動蘇聯軍事力量擴張，消耗蘇聯國力。

美軍於 1984 年高調推出"星球大戰計劃"的戰略陷阱，誘使蘇聯進行太空軍備競賽，消耗蘇聯國力，成為摧垮蘇聯的第一張"多米諾骨牌"。蘇聯解體後，"星球大戰計劃"很快在 2014 年全面下馬。時任國防部副部長羅伯特·沃克在 2016 年 3 月 9 日紀念海灣戰爭二十五週年的講話上提出，因為"第二輪'抵消戰略'向蘇聯決策者輸入了巨大的不確定性因素，迫使他們不得不改變自身的戰爭考量……進而對冷戰的結束產生了重大影響。"

第三輪"抵消戰略"：2014 年提出，利用優勢增加對手軍力發展成本，確保美國競爭優勢。

自從 2014 年 11 月，時任美國國防部長哈格爾明確提出第三次"抵消戰略"。2016 年 3 月，時任美國參謀長聯席會議副主席保羅·塞爾瓦在年度防務項目會議上說，美國軍方旨在通過第三次"抵消戰略"應對潛在對手，並將在 2017 財年投入 150 億美元用於支持該戰略。第三次"抵消戰略"提出了一系列頗具想像力的技術，包括推動定向能武器、電磁軌道炮、高超音速武器等新概念武器。

美軍高調宣傳意欲何為？如果第三次抵消戰略真的是美軍制勝之道，反而應該秘密行事，以出奇兵。但是近年來，美國反覆就該戰略進行高調宣傳，實際上是希望加大競爭對手的焦慮，迫使或誘導對手國家尾隨追趕，消除對手國家改換技術路線、另闢蹊徑的可能性。

這些看起來極具威懾力、顛覆性的新概念武器設想，其即是有強大的領先技術儲備做支撐——以 DARPA 為代表的美國國防科技體系，已經在相關領域深耕多年，技術領先水平大體與全球其他國家保持在一個代差以上；又是虛實並存、真真假假的，暗含了某些類似"星球大戰計劃"的戰略陷阱，對別國戰略造成干擾。

表 6-4　美軍三次"抵消戰略"

	時間	環境	戰略對象	戰略目標	關鍵機構	效果
第一次抵消戰略	20 世紀 50 年代提出	蘇聯在中歐具有壓倒性的常規軍事優勢	蘇聯	利用美國在核技術、轟炸機和遠程導彈領域內的優勢地位來抵消蘇聯的優勢	國防部先期研究項目局（DARPA）	蘇聯核能力逐步提升，實現與美國相互摧毀的核均勢，第一次"抵消戰略"失敗
第二次抵消戰略	20 世紀 70 年代末提出	越南戰爭後美軍暴露多重問題，蘇聯在常規軍力方面處於優勢	蘇聯	依靠在技術和工業領域的優勢地位，大力投資研發精確打擊、信息技術等，推動新一輪軍事革命，在軍事領域保持領先	淨評估辦公室（ONA）	以質量對數量的第二次"抵消戰略"應對蘇聯取得巨大成功，甚至從某種程度上促進了蘇聯解體
第三次抵消戰略	2014 年提出	中俄等國軍事實力不斷提升，美國認為自身的軍事優勢弱化，面臨的挑戰多樣化	中國、俄羅斯等	通過技術創新發展，運用非對稱手段對對手優勢實施抵消，增強對手軍力發展成本，通過技術創新維持美國在大國軍事競爭中的絕對優勢	戰略能力辦公室（SCO）	——

資料來源：解放軍報

四、美國頂尖軍民融合科技公司代表

　　美國的軍工工業的基本體制雖然是私有企業，但由於軍工的特殊性，美國政府與軍工企業保持了密切的互動，並提供了財政補貼、稅收優惠、訂單傾斜等一系列支持。根據美國國防新聞網發佈的"2023 年度世界防務百強榜"，全球軍工前十名企業中，美國包攬 6 個。美國的軍工企業之所以既有數量，更有質量，是美國軍民融合模式下的產物，也是構成了美國的軍事霸權的重要組成部分。

表 6-5　2023 年全球軍工前十名企業中，美國包攬 6 個

排名	公司	國家	2022 年國防收入（百萬美元）	2021 年國防收入（百萬美元）	國防收入變化	2022 年總收入（百萬美元）	國防收入
1	洛克希德·馬丁公司	美國	63334	64458	-2%	65984	96%
2	雷神技術公司	美國	39600	41852	-5%	67100	59%

排名	公司	國家	2022 年國防收入（百萬美元）	2021 年國防收入（百萬美元）	國防收入變化	2022 年總收入（百萬美元）	國防收入
3	諾斯羅普‧格魯曼公司	美國	32435	31429	-3%	36602	89%
4	中國航空工業集團公司	中國	30971	30155	-3%	82600	37%
5	波音公司	美國	30843	35093	-12%	66608	46%
6	通用動力公司	美國	30400	30800	-1%	39400	77%
7	BAE 系統公司	英國	25239	25775	-2%	26290	96%
8	中國兵器工業集團有限公司	中國	17964	17712	1%	82779	22%
9	L3Harris 技術公司	美國	13927	14924	-7%	17062	82%
10	中國兵器裝備集團公司	中國	13484	13745	-2%	43473	31%

資料來源：美國國防新聞網 "2023 年度世界防務百強榜"

（一）波音 Boeing：全球第三大軍工複合體

波音是全球最大的民用及軍用飛機製造商。波音公司前身是 1916 年由威廉‧波音創立的太平洋航空製品公司，以製造軍用飛機起家，二戰時期著名的 B-17、B-47、B-52 型轟炸機就是波音公司的產品。二戰結束後，波音軍機訂單大幅下滑。為此，20 世紀 60 年代，波音公司將業務重心轉向民用飛機領域，成功研發出波音 707、727、737 等噴氣式客機，並在 1997 年併購當時最大的軍用飛機廠商麥道公司，標誌著波音成為全球最大的民用和軍用飛機製造商，確立全球民用飛機製造霸主地位。

波音公司是美國民品營收佔比最高的軍工集團，是軍轉民的成功案例。2021 年，波音公司民品營收佔比已經達到 44%，超過洛克希德‧馬丁（4%）、雷神技術（35%）、諾斯羅普格魯曼（15%）、通用動力（21%）等其他頭部軍工企業，是目前美國軍工企業向民用轉移的成功案例。

例如，在波音民用 707 客機的研發中，波音靠著此前研發軍用 KC135

加油機和 B-47 轟炸機的經驗，應用了 35° 後掠翼以及翼吊式發動機佈局等軍用技術，順利研發出世界第一架在商業上取得成功的噴氣民航客機。1972 年美國國防部、NASA 的《研究和發展對航空進步的貢獻》專題報告稱："在波音 707 飛機的研製中從軍用型號向民用型號的技術轉移量超過了 90%。"

（1）波音在業務架構、研發、生產中均兼顧了軍民兩用。

自把業務重心轉向民用飛機領域以來，波音公司在產品、技術、組織架構等方面快速轉型，以同時滿足軍用需求及市場效率。

第一，變革組織架構，迎合軍民融合發展。20 世紀 90 年代以前，波音公司下設民機集團、防務系統集團、航天與通信集團三大分公司，存在缺乏民用相關配套業務的問題。

1996 年，波音收購麥道後，整合了雙方的金融業務，成立波音金融公司，為客戶，特別是航企提供融資和租賃服務。20 世紀初，波音金融公司的業務中，約有 75% 是與民用相關的融資服務。2016 年，波音宣佈組建全球服務集團，加強自己全球範圍內的備件、改裝等售後支持服務能力。現在，波音確立了民用飛機，防務、空間與安全，波音金融，波音全球服務集團四大集團，有效提升了軍民分塊業務的管理效率。

圖 6-18　波音四大集團的形成歷程

資料來源：波音官網

第二，波音飛機生產線可在民航和軍用生產中靈活切換。波音在民用飛機的研發中便採用了大量的軍機技術，節約了大量研發成本。在生產線方面，波音可隨時對民航飛機生產線進行改裝，以保證民航和軍用飛機生產的靈活性，如波音向美國海軍交付的 P-8A "海神" 飛機和波音 737-800 客機來自同一生產線。

第三，產品軍民兩用，兼顧商業與軍事價值。波音公司的很多產品能夠滿足客戶的多元化需求，不僅擁有很高的商業價值，也具備軍用級別的能力。例如，波音提供的 "國際移動衛星 -5" 可以為海上艦船、飛行航班提供全球移動寬帶通信服務，同時通過美國國防部的細微修改，即可具有高速的軍用移動通信能力，實現軍民兩用。

（2）政府支持：國防部訂單傾斜，高額稅收優惠，研發資金支持。

美國對軍工企業的最重要支持方式之一，就是對美國企業的軍品採購。波音能夠成長為巨頭，與美國政府的訂單傾斜密不可分。美國前總統克林頓的首席經濟顧問羅賓曾提及，波音是美國擁有的 "國手級企業" 的唯一領域，政府必須完全支持它。

第一，政府訂單傾斜。按照《購買美國貨法》《武裝部隊採購法》，聯邦政府、國防部等在採購中優先購買美國貨，以扶持美國產業，比如美國總統的 "空軍一號" 就來自波音。2021 年波音 63% 的利潤，是由美國國內貢獻的。

在特殊時期美國政府還會為波音定向 "輸血"。例如，2019 年波音 737MAX 機型停飛和 2020 年疫情的接連影響下，波音公司受到沉重打擊，民機訂單量銳減。其中，波音 2019 年、2020 年民機總訂單量分別為 380 架、184 架，同比下降 53%、51%，為自 1977 年以來的最低水平。為了幫助波音公司渡過難關，美國政府加大了採購力度，2019 年波音防務、空間與安全集團（BDS）來自美國的收入達到 194.6 億美元，同比增加 18.0%，2020 年也保持了 196.6 億美元的較高規模。靠著防務業績增長的對沖，波音在民機訂單接連 "腰斬" 的情況下，把兩年間每年的營收降幅維持在 24% 左右，勉強渡過了難關。2022 年之後，隨著波音公司的民用收入逐步回升，來自美國的軍售收入則出現小幅回落。

圖 6-19　2019 年以來波音民用收入顯著下滑，2020 年及 2021 波音防務、空間與安全集團（BDS）來自美國的收入佔總收入的比重迅速抬升，成為波音業績的重要支撐

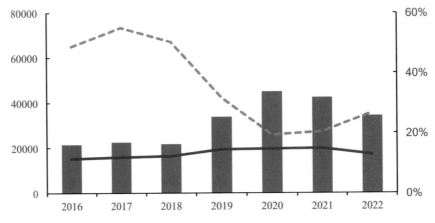

資料來源：美國國防新聞網，波音年報

　　第二，大量的稅收優惠與研發補貼。例如，聯邦政府通過 "全部完成合同徵稅" 法，規定波音公司只有完成合同項下大飛機的製造時，才需繳納稅款，該方法放寬了航空製造商繳納稅款的時間，變相補貼飛機產業。地方政府層面，2003 年華盛頓州與波音公司簽署了關於民用客機總裝設備稅收減免的協議，並頒佈了 2294 號法案，給波音公司民用客機生產予以極大的稅收優惠，幫助波音公司至少減免了 32 億美元。

　　2020 年疫情衝擊下，4 月特朗普政府推動頒佈了 2 萬億美元的 CARES 法案，特別為航空相關行業免除了一年內 7.5% 的旅客運輸航空消費稅、6.25% 的貨物運輸航空消費稅等，在當年幫助波音減稅 11.75 億美元。

　　第三，研發項目撥款資助。例如，在 F-35 研發項目中，美國國防部給波音公司預先撥款 7.5 億美元專門用於前期研究工作，並授予其對特定設施的使用權。在波音 787 項目上，波音公司得到的多項政府補貼額度佔到項目啟動資金的 41.6%。根據歐盟的估計，在 2004 年前二十年間，美國政府通過研發項目對波音公司的補助高達 166 億美元。

　　波音作為美國最大的軍工企業，也保持了與政府的緊密聯繫。一方面，波音設立 "波音政治行動委員會"（BPAC）專門進行政治遊說工作，

2019 年至 2021 年，波音分別花費 1381、1263、1345 萬美元用於政治遊說，投入金額位居全國第 13、14、16 名。

另一方面，國防部和波音公司之間的雙向 "旋轉門" 體系，使得高級防務官員在政府官員和防務承包商這兩種身份之間來回切換。截至 2016 年，波音公司聘請了 84 名前國防部官員擔任高管。目前，波音董事會成員中有美國空軍前總監察長斯泰西・哈里斯、美國海軍第 31 任海軍作戰部 約翰・M・理查森等，甚至第 33 任美國國防部副部長帕特里克・沙納漢也曾是波音公司供應鏈和運營部的高級副總裁。

（2）波音屬美國軍工複合體的重要一環，也是美國實現軍事霸權的重要工具。

憑藉遊說與政商合作，波音公司得到了美國政府的大力扶持，波音也成為了美國對外輸出霸權的重要載體。

一方面，美國干涉他國航企的生產、補貼、關稅政策，霸道的 "強買強賣" 時有發生。美國常常利用民用航空的貿易談判，限制他國航企的生產和出口補貼，以保證波音的價格優勢。例如，2004 年美國向 WTO 提出訴訟，指責歐盟長期向空客公司提供非法補貼，搶佔了美國波音公司的市場份額，並同時壓迫其他國家降低乃至取消民用航空產品的進口關稅。

美國 "強買強賣" 式推銷時有發生。2022 年 4 月，美國參議院預算委員會共和黨首席議員格雷厄姆台灣行。在與蔡英文的會談中，其明確要求華南民航購買 24 架美國波音 787 寬體噴氣式飛機，這將證明 "美台友誼堅若磐石"。很明顯，美國就是以 "美台關係" 作為要挾，迫使台灣的民航公司購買波音 787。對這項採購，中國台灣方面持保留態度，表示購買與否要讓航空公司自己決定。

另一方面，波音的軍事研發能力為美國防空領域提供必要的技術支撐。在軍用飛機領域，波音經典作品 B-52 系列戰略轟炸機是當今世界上航程最遠的轟炸機之一，可掛載 B-28、B-53、B-61 等多型號核彈，是美國空軍的戰略核威懾主力。CH-47 系列運輸直升機作為美國陸航的運輸主力，是美軍服役的直升機當中載重量最高的型號之一。

波音也積極配合美政府，頻頻現身於美國對外軍售項目、經濟制裁等

"霸權"舉措中。例如，2022 年俄烏衝突發生後，波音公司也積極響應歐美國家對俄制裁措施，撕毀與俄羅斯航空公司簽訂的售後協議，宣佈暫停向俄羅斯航空公司提供零部件和維修支持，並關閉莫斯科辦事處。這讓俄羅斯航空公司的運營面臨更大挑戰的同時，也給俄羅斯航空安全帶來了極大的隱患。

（二）SpaceX：從商業航天走向軍用

在商業航天領域，SpaceX 公司主要有航天運輸和"星鏈"商業衛星兩大業務。一是航宇製造和航天運輸業務，SpaceX 先後研發出獵鷹 1、獵鷹 9 可回收火箭、獵鷹重型火箭、星艦系列飛船等。2021 年公司進行了 32 次航天發射，佔美國全年 51 次發射的 63%。二是"星鏈"商業衛星運營業務，SpaceX 是世界上最大的商業衛星運營商，截至 2022 年 1 月，SpaceX 總計發射 2042 顆"星鏈"衛星，正式運營 1469 顆，佔全球在軌運行衛星總數 30%。

（1）SpaceX 是美國"民轉軍用"的典型範例

與"軍轉民用"的波音不同的是，SpaceX 發展模式是"民轉軍用"。SpaceX 在創辦的二十年內，依靠 NASA 訂單起家，依賴聯邦政府的研發經費和 NASA 的技術轉移，並且在成功後反哺軍方的技術發展。

2002 年，SpaceX 在美國航空長期被波音等巨頭壟斷下，艱難起家。在 SpaceX 建立之初，美國軍用航天領域長期被洛克希德馬丁和波音成立美國聯合發射聯盟（United Launch Alliance）壟斷，聯盟包攬了美國軍方、NASA 和政府機構的火箭發射任務。SpaceX 作為初創公司，自然也競爭不過洛馬和波音兩大巨頭，而是把目標放在尋找低成本的太空運輸方式，形成廉價有效的商業航天模式，相應業務是為美國民用和商業客戶發射火箭和衛星。

2008 年，依靠 NASA 技術與訂單雪中送炭，SpaceX 進入高速發展期。伴隨著與同領域的其他小型民營航天企業的激烈競爭，SpaceX 靠著積極響應 NASA 推出的商業化軌道運輸項目（COTS），最終脫穎而出。2008 年 12 月，SpaceX 獲得了 NASA 多達 12 項、金額在 2 萬美元至 10 億美元之間的火箭發射項目合同，從此開啟了與 NASA 的長期合作。2010 年 6 月和 2012 年 8 月，SpaceX 又相繼獲得了 NASA 給予的共計 49.3 億美元的合同，與 NASA 共同開發設計"龍飛船"（Dragon），將宇航員送至太空。

在與 SpaceX 達成合同後，NASA 還給予相應的技術支持，以幫助 SpaceX 突破技術瓶頸。雙方技術合作涉及運載火箭研製、發動機建模、增材製造技術等關鍵領域，為當時技術還不夠成熟的 SpaceX 雪中送炭。此番政企間的技術合作，離不開美國國會在 1986 年通過的《聯邦技術轉讓法》，該法案授權政府科研機構向私營企業轉讓技術，或簽訂合作研發協議。可以說，該法案有力推動了國防科技和民用科技的統合，在確保軍事技術水平提高的同時，也促進了民用工業技術水平的提高，收到了事半功倍的效果。

在得到美國政府的大力扶持後，SpaceX 獲得了巨大成功，並在可重複使用液體燃料火箭等方面取得突破性成功。2008 年，SpaceX 設計、製造並發射了世界首個由私人投資的軌道級液體燃料火箭獵鷹 1 號。2017 年，SpaceX 獵鷹 9 號運載火箭助推器著陸並成功回收，是全球第一枚可以多次重複使用的液體燃料火箭。2018 年，SpaceX 發射的獵鷹重型運載火箭成為現役運載量最大的火箭。2020 年，SpaceX 成功將"龍飛船"太空艙送入軌道，兩名美國宇航員順利到達國際空間站，這是自 2011 年以來美國首次使用國產火箭和飛船從本土將宇航員送往空間站，標誌著美國載人航天運輸走向商業化。

在取得成果的同時，SpaceX 也開始了積極的"反哺"行動，參與了美國軍方多個領域的合作研發。2017 年 3 月，SpaceX 與美國空軍簽訂了一項 9650 萬美元的合同，發射下一代全球定位系統衛星 GPS-III。此外，2020 年 10 月，美國國防部太空發展署（SDA）向 SpaceX 授予了 1.49 億美元的合同，要求建造 4 顆彈道導彈和高超音速導彈探測與跟蹤衛星，這是 SpaceX 公司首次正式拿到美國軍方的衛星生產合同。

在與軍方密切合作的同時，SpaceX 也在不斷強化自己與政府的聯繫。2020 年，SpaceX 在政治遊說上的支出達到了 220 萬美元，超過了其競爭對手藍色起源公司。在高管人員上，2020 年，SpaceX 僱傭了前 NASA 的人類探索與運營副主管威廉・格斯滕運邁爾，以加深和 NASA 的聯繫。此外，2022 年馬斯克因在火箭的可重複利用和新能源系統設計製造等方面的重大突破，當選美國工程院院士，加入美國工程學界的最高學術團體，進一步強化了和學界的聯繫。

（2）"星鏈計劃"的背後：爭奪未來的太空霸權

"星鏈"計劃是 SpaceX 公司提出的一個低軌衛星互聯網星座。按照早期計劃，SpaceX 公司將向近地軌道發射約 1.2 萬顆 "星鏈" 衛星，分佈於三個高度層次的軌道上，分別距離地面 340 千米（7500 顆）、550 千米（1584 顆）和 1150 千米（2825 顆），而根據 SpaceX 公司 2019 年 10 月上交美聯邦通信委員會（FCC）的提案，該公司還準備在此基礎上追加發射 3 萬顆 "星鏈" 衛星，最終總數將達到驚人的 4.2 萬顆。

儘管 SpaceX 公司是一家商業航天公司，"星鏈"計劃是一項商業航天項目，但事實上，美國軍方早已敏銳地嗅到該計劃在軍事上的巨大潛力，並已開始探索其軍事應用，以求增強美軍控制太空的能力。

一是 "星鏈" 衛星已具備初步的機動變軌、探測能力，將改變整個太空防衛格局。2018 年 5 月，在美國小火箭計算中心彈道對抗演習中，"星鏈" 對經北極上空飛向華盛頓、洛杉磯和西雅圖的共計 51 枚核彈頭完成了在軌攔截。同年 7 月，在另一場飽和打擊對抗演習中，"星鏈" 對多達 350 枚洲際彈道導彈彈頭進行攔截，全部獲得成功。現任美國武裝部隊北方司令部司令特倫斯・奧肖內西將軍曾評價道："解決彈道導彈問題的最佳方法是在其命中前將其擊毀……'星鏈' 項目具有重大意義，將改變整個太空防衛格局。"

二是 "星鏈" 可提供高效情報信息支援，更好地支持美軍在全球範圍內作戰。SpaceX 在 2018 年初就開始為美國空軍的 "全球閃電" 項目作測試，藉助 "星鏈" 系統最初兩顆測試衛星，向一架飛行中的美軍 C-12 型軍用運輸機搭載的終端發射電波，其信號傳輸速率達每秒 610 兆字節，是目前美軍戰區每秒 5 兆最低傳輸速率要求的 102 倍。同時，與地面通信網絡相比，這種高速星聯網原則上不受任何地形限制，可以為地球上任何位置的用戶提供網絡服務，更好地支持美軍在全球範圍內（包括北極地區）

作戰。為此，2020 年 5 月，美國陸軍與 SpaceX 公司簽訂為期三年的 "合作研究與開發協議"（CRADA），以測試 "星鏈" 衛星提供的寬帶網與軍事通信網絡連接的可行性。

三是搶佔太空資源，進而控制全球航天發射活動。在衛星通信領域，由於相近頻率上的信號相互干擾，原則上不同衛星不允許共用頻率。根據聯合國《外層空間條約》的規定，國際電信聯盟採取 "先佔先得" 的方式分配衛星頻率和軌道資源。SpaceX 公司申請並發射海量通信衛星，便可搶佔大量近地、低軌道資源和優質的 Ku、Ka 等頻段頻譜資源，進而形成資源優勢和行業壁壘。未來 "星鏈" 計劃一旦完成，當數萬顆 "星鏈" 衛星在近地軌道密密麻麻地 "包裹" 地球的時候，其他國家的太空活動都得事先向美國報備。若沒有美國提供的太空數據，將無法從事正常的航天發射活動。

此外，SpaceX 也常常披著民事應用的外衣，介入它國的太空探索和戰爭中。例如，2021 年 7 月和 10 月，中國空間站因 SpaceX 發射的 "星鏈" 衛星 1095 和 2305 與其距離過近，不得不進行兩次 "主動緊急避碰"，不排除美國藉此探測中國的太空感知能力的可能性。2022 年俄烏危機突發後，烏克蘭副總理費多羅夫在推特上向美國太空探索技術公司 SpaceX 首席執行官馬斯克求助，希望獲得星鏈協助。幾個小時後，馬斯克就響應稱 "星鏈服務已經在烏克蘭啟用，更多用戶終端設備也正在運送途中"。迄今，SpaceX 已向烏捐贈了大約兩萬個 "星鏈" 終端，已經成為了烏軍的重要通信工具，以保障作戰和通訊能力。

參考文獻

[1]　鍾少穎、梁尚鵬、聶曉偉：〈美國國防部資助的國家實驗室管理模式研究〉，《中國科學院院刊》，2016 年。

[2]　陳軍平：〈試論美國在北約建立初期的地位和作用〉，《法制與社會》，2007 年。

[3]　苑基榮：《軍工複合體：美國的支柱與噩夢》，中國社會科學出版社，2011 年。

[4]　王加棟、白素霞：〈美俄航空工業軍民融合發展戰略及其對我國的啟示〉，《工業技術經濟》，2009 年。

[5]　鄭可、王世超、陳立江：〈美國軍民一體的國防科研與軍事科研體系探究〉，《產業與科技論壇》，2022 年。

[6]　葉選挺、劉雲：〈美國推動軍民融合的發展模式及對我國的啟示〉，《國防技術基礎》，2007 年。

[7]　王晉、藍定香：〈美國軍民融合發展的體制與政策研究〉，《中國西部》，2018 年。

[8]　張兆垠：《大道榮光 —— 軍民融合論》，新華出版社，2017 年。

[9]　馬小軍、惠春琳：〈美國全球能源戰略控制態勢評估〉，《現代國際關係》，2006 年。

[10]　張芳：〈美國在伊拉克戰爭中的得失分析〉，新疆大學，2012 年

[11]　陳軍平：〈試論美國在北約建立初期的地位和作用〉，《法制與社會》，2007 年。

[12]　馬小軍、惠春琳：〈美國全球能源戰略控制態勢評估〉，《現代國際關係》，2006 年。

[13]　程遠、陳灝、趙廣：〈美國三大國防科技創新機構對我國的啟示〉，《中國軍轉民》，2021 年。

[14]　國務院發展研究中心 "軍民融合產業發展政策研究" 課題組：〈美國推進國防科技工業軍民融合發展的經驗與啟示〉，《發展研究》，2019 年。

[15]　趙陽、劉娜：〈美國第三次 "抵消戰略" 意在向對手國家進行戰略干擾〉，《解放軍報》，2016 年。

[16]　張超漢、劉靜：〈WTO 框架下美國大飛機補貼實證研究 —— 以 "歐盟訴美國大飛機補貼案" 為例〉，《國際經貿探索》，2020 年。

[17]　劉聖中、初煒昌：〈美國政府對軍工企業的支持政策研究 —— 以波音公司為例〉，《南昌航空大學學報（社會科學版）》，2019 年。

[18]　李翠亭：〈"阿拉伯之春" 的歷史後果 —— 兼論美國對阿拉伯世界的民主輸出〉，《武漢大學學報（人文科學版）》，2014 年。

[19]　李海東：〈美國對 "阿拉伯之春" 運動政策探析〉，《當代世界》，2013 年。

第七章

爭霸蔚藍：
海洋霸權孕育的世界霸主

　　海洋是人類重要的生存和發展的依賴，隨著人類活動大規模向海洋拓展，海洋在國家發展中的重要性日漸凸顯，並且深刻地影響著國際秩序的演進。自第二次世界大戰結束後，新崛起的美國迅速取代英國成為新的世界霸權國，同時也成為新的海上霸權國，主導海洋規則制定權，現有國際海洋秩序也尚未完全擺脫海洋霸權主義的控制。

　　在美國構建海洋霸權的過程中，海洋軍事力量是海洋秩序的決定性影響因素之一，後續美國海權的內涵和外延由過去以政治軍事為主，轉為軍事和經濟並重，並通過不斷通過完善海洋政策、發展海洋科技以及控制海洋貿易，實現其海洋經濟利益。近年來，美國頻頻插足印太區域，炒作中國台灣問題，導致台灣地區淪為美國海外霸權的重要抓手和中美關係的長期熱點。

一、美國海軍力量概覽

（一）組織架構：行政和作戰兩套組織形式

　　美國海軍隸屬於美國國防部（DoD，Department of Defense），即是讀者所熟知的"五角大樓"。國防部下設三個軍事部門：美國陸軍（DA, Department of the Army）、美國海軍（DoN, Department of the Navy）和美國空軍（DAF, Department of the Air Force）。其中，由於海軍全球部署，管理複雜，美國海軍獨有行政和作戰兩套不同的組織結構形式，前者負責平時艦隊的運營，後者才有作戰指揮權。

一是從行政指揮鏈看：

海軍的行政領導機關是隸屬於國防部的海軍部，海軍部長由文官出任，經參議院提名並通過，由總統委任，負責管理整個海軍部，包括徵兵、組織管理、後勤供應、研發採購、培訓、和維護等職能，但沒有作戰指揮權。

海軍部的行政單位眾多，主要可分為岸上司令部、系統司令部和兵種司令部三大體系。其中，最為重要的是擁有實際兵力的 6 個兵種司令部，包括：水面艦艇司令部（直轄指揮艦、兩棲攻擊艦、巡洋艦等）、海軍航空兵司令部（下轄航母、艦載機聯隊和岸基飛機部隊）、潛艇司令部（下轄潛艇中隊），以及特種作戰司令部、遠徵作戰司令部和軍事海運司令部。但值得注意的是，兵種司令部只負責本兵種的行政管理、戰備訓練和維護保障，沒有作戰指揮權，只是作戰部隊的提供者。

除兵種司令部外，還有向艦隊行動提供維修、燃料、彈藥、培訓、醫療等方面支持的 13 個岸上司令部，包括海軍人事司令部、海軍軍醫局、美國海軍學院、海軍法務司令部、美國海軍天文台等。此外，還有提供技術支持的 5 個系統司令部，包括：海軍海上系統司令部、海軍信息戰系統司令部、海軍後勤系統司令部、海軍航空系統司令部和海軍設施工程司令部。

二是從作戰指揮鏈看：

美國軍隊最高作戰指揮權屬於總統，美國總統是美國武裝部隊的總司令，國防部長是總統的主要國防政策顧問。在對外軍事行動中，指揮鏈條從總統到國防部長，到參謀長聯席會議主席，再到美國 11 個作戰司令部的作戰指揮官，及下屬部隊。防長即是國防政策的主要制定者，也可以直接向作戰司令官下達命令。

從結構上看，海軍作戰體系分為三級。第一級是國防部下屬的作戰司令部，各自擔負特定的作戰任務，統轄配屬的海陸空及陸戰隊作戰部隊，指揮具體作戰、演習行動，是美軍作戰部隊的實際使用者。第二級是海軍在這些作戰司令的架構下相應設立的海軍職能司令部，執行作戰司令部下達的海軍任務。第三級是海軍職能司令部之下的編號艦隊，負責特定的作戰海域，所有被分派進入其任務區的海軍兵力均接受該艦隊指揮。

（二）經費：2024 財年獲撥款增幅最高

2024 財年，海軍、陸軍、空軍三軍的軍費預算分別佔到總體軍費預算的 30%、22%、31%，海軍增幅最高。在美國國防部提出的 2024 財年合計達 8420 億美元國防預算中，海軍預算總額（含海軍陸戰隊）為 2558 億美元（較 2023 財年增加 111 億美元，下同），其次為空軍的 2592 億美元（+90 億美元），陸軍的 1853 億美元（+78 億美元）。

此外，美國海軍軍費預算也包含了採購武器開支的費用，如 2024 年海軍預算中斥資 481 億採購 9 艘新作戰艦艇，涉及 1 艘哥倫比亞級戰略核潛艇、2 艘阿利·伯克 Flight3 型驅逐艦、2 艘弗吉尼亞級攻擊型核潛艇、2 艘星座級護衛艦、1 艘約翰·劉易斯級艦隊油輪和 1 艘 AS（X）潛艇支援艦等。

此外，美國海外駐軍的花費也是相當高昂的。該部分資金開支不僅來自於美國國內的國防預算開支，被駐扎地區和國家也要貼補一部分財政資金。目前，美國海外軍事行動（Overseas Operations）主要針對印太、歐洲以及中東三大地區。其中，印太地區主要為太平洋威懾倡議（PDI）；歐洲地區為太平洋威懾倡議（EDI）、北約安全投資計劃（NSIP）、國防部對北約的支持以及烏克蘭安全援助倡議（USAI）；中東地區為伊拉克和敘利亞聯合特遣部隊（CJTF-OIR）以及其他戰區需求和相關任務等。

（三）軍事力量：全球海軍實力的執牛耳者

早在 2015 年，在世界經濟論壇的"全球最大僱主"榜單中，美國國防部就以 320 萬僱員人數（現役部隊＋文職官員等）登上榜首。根據 2024 財年美國防部預算報告，到 2024 財年，現役部隊（active component end strength）數量將達到 131 萬人，較 2023 年增長 0.9 萬人。

從結構看，若加上海軍陸戰隊，美國海軍是美國現役軍隊中人數最多的部門。分項看，陸軍規模最大，佔到現役部隊的 34.6%，其次是海軍（26.6%）、空軍（24.9%）、海軍陸戰隊（13.2%）、太空部隊（0.7%）。幾大軍種中，海軍陸戰隊兼顧陸地作戰和海上作戰實力，也最為著名，且在行政上隸屬於美國海軍部。若將其考慮在內，則美國海軍現役部隊佔比將進一步增至 39.8%，是美國現役軍隊中人數最多的部門。

龐大的部隊數量塑造了美國覆蓋全球的艦隊。目前，美國海軍共有七支艦隊，番號分別為第二艦隊、第三艦隊、第四艦隊、第五艦隊、第六艦隊、第七艦隊和第十艦隊。其中，第十艦隊是信息戰部隊，未部署軍艦，因此美國海軍實際上擁有六支真正的作戰艦隊，分別對應美軍全球六大戰區。

圖 7-1　美國現役和預備役軍人人數（2024 財年），若加上海軍陸戰隊，
則美國海軍是美國現役軍隊中人數最多的部門

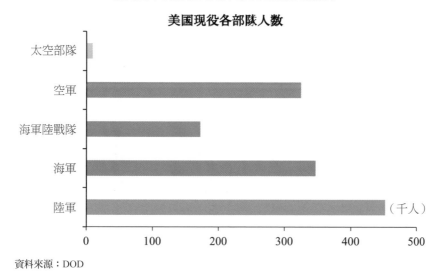

資料來源：DOD

同時，美國海軍艦隊的艦艇和導彈實力也大幅領先中俄兩國。根據美國傳統基金會（The Heritage Foundation）公佈的 2022 年美軍實力指數報告，在代表海軍最頂尖戰力的航空母艦和大型水面戰艦層面，美國海軍持有數量均大幅超過中俄兩國，數量是中國的 3 至 4 倍左右。此外，衡量打擊和防空武器密度的導彈密度層面，美國海軍也大幅超過中俄兩國，是中國的近 7 倍。

圖 7-2　中美俄三國軍用艦艇數量對比

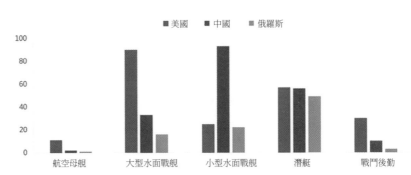

資料來源：The Heritage Foundation，*2022_Index Of US Military Strength*；註：美國海軍彈道導彈潛艇不包括在內

圖 7-3　中美俄三國海軍導彈密度對比

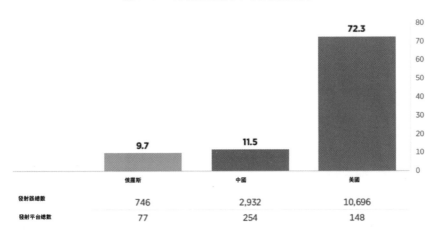

資料來源：The Heritage Foundation，*2022_Index Of US Military Strength*；註：導彈密度的計算方法是發射器總數除以發射平台總數

二、美國海洋霸權霸在何處？

（一）充當世界警察，干涉他國領土內政

（1）逐步撤軍與實現對美洲海域的"軟"控制

南美洲與美國所在的北美洲隔海相望，被稱為"美國的後院"。如果美國控制了美洲海域，就意味著掌控了自己的南大門。因此，20 世紀以來，美國通過軍事經濟等綜合手段，持續加強對拉丁美洲國家的滲透和

影響。

20 世紀初，美國以軍事佔領的形式確立自身在拉美地區的霸權，20 世紀中逐漸從拉美撤軍，側重於對經濟和政治上的 "軟" 控制。20 世紀初，拉美國家政治形勢極不穩定，經常爆發內亂，美國海軍就藉幫助平息內亂之名，對中南美洲和加勒比海地區採取武裝干涉、軍事佔領政策，確立自身在該地區的霸權。20 世紀中葉，經濟危機爆發後，美國開始減少軍費支出，美國政府開始積極調整對拉美的政策，逐漸從拉美撤軍，側重於對經濟和政治上的 "軟" 控制。

在這個過程中，海地、多米尼加和智利就成為被美國覬覦和掌控的拉美國家。具體來看：

一是海地。從 1915 年 7 月，美國總統伍德羅‧威爾遜命令 330 名海軍陸戰隊官兵佔領太子港開始，直至 1934 年，美國對海地實施長達十九年的軍事佔領。在佔領海地的同年 9 月，美國參議院就批准《海地—美國公約》，允許美國對海地進行為期十年的安全和經濟監管，同時來自美國的代表對海地所有政府決定都擁有否決權，由各級美國海軍陸戰隊指揮官擔任海地各部門行政官員。

在 1934 年撤出海地後，美國依舊對海地的經濟和政治系統進行控制。例如，20 世紀 90 年代初，海地軍政府迫使首位民選總統阿里斯蒂德下台，海地陷入混亂。美國就此再度介入海地局勢，並且明確要求海地將大米進口關稅降低至 3%，以換取幫助流亡總統阿里斯蒂德返海。結果是，美國廉價稻米和阿里斯蒂德同時來到了海地，美國稻米傾銷、佔領海地市場，海地脆弱的農業體系徹底崩潰，大量農民失業，經濟大幅動盪。

二是多米尼加。1916 年，美國派遣海軍少將納普對多米尼加實行軍事管制，直至 1924 年開始撤軍，軍事佔領多米尼加近八年。在佔領期間，美國政府將多米尼加的財政移交給了紐約國家城市銀行（後改名為花旗銀行），同時成立多米尼加國民警衛隊（GND），由美國海軍陸戰隊直接控制。

自撤出多米尼加後，美國仍然組織監督該國的大選，扶植親美政權，如扶持原在美國海軍陸戰隊任職的拉斐爾‧特魯希略擔任多米尼加總統，通過這位代理人統治多米尼加達三十一年之久。在經濟上，美國則繼續控制著該國的海關，控制該國的財政收入，如美國和多明尼加政府的代表於 1924 年 12 月簽署了一項條約，該條約賦予美國對該國關稅收入的控制權，直至 1941 年該條約才被正式廢除。

三是尼加拉瓜。1912 年，美國海軍陸戰隊出兵佔領尼加拉瓜，駐軍直到 1934 年。駐軍期間，美國解散了當地武裝，訓練了本地的國民警衛隊，成為美國撤軍後該國的統治力量和傀儡。在撤軍後，美國繼續扶持尼加拉瓜國民警衛隊司令索摩查擔任尼加拉瓜總統，以代理人形式把持政權長達四十三年。

（2）北約為延伸，對歐洲海域進行強權管理

二戰後，美國通過馬歇爾計劃和北約組織，逐步控制歐洲的經濟與軍事防務，重重"鐐銬"之下，歐洲處處受限，成為美國的"附庸"，不得不為美國的全球戰略服務。

從軍事角度來看，美國以保護之名義在北約各國設立軍事基地及艦隊，以達到在軍事上監視和控制歐洲諸國的目的。自二戰結束以來，美國一直在歐洲維持龐大的永久軍事存在。一是，美國在歐洲擁有大約 46 個軍事基地，包括約 23 個空軍基地，7 個海軍基地，1 個海軍陸戰隊和太空部隊基地以及其他的支持設施。在美國最大的 15 個海外軍事存在中，有七個位於北約國家（六個歐洲國家和土耳其），可以說歐洲是美軍在海外擁有軍事基地和設施最多的地區。

此外，美國海軍六大艦隊之一的第六艦隊（United States Sixth Fleet）長期駐扎在歐洲，轄區範圍環繞歐洲和非洲的北冰洋、大西洋、印度洋一帶，被稱為"現代地中海憲兵"，司令部即設置在意大利那不勒斯，曾參與海灣戰爭、南斯拉夫空襲、伊拉克戰爭以及利比亞戰爭等一系列戰役。此外，第六艦隊配備一艘"喬治·布什"號核動力航母，其是美國建造的尼米茲級航空母艦的 10 艘中最後一艘航母，也是尼米茲級航母中造價最高，技術最先進的航母。

（3）積極介入印太地區，干涉太平洋地區領域之爭

隨著美國在中東地區的反恐任務告一段落，以及中國的快速崛起，印

太地區逐步成為美國全球戰略的“最重要的區域”。無論是奧巴馬政府推出的“亞太再平衡戰略”，2017 年特朗普政府提出“自由而開放的印太戰略”，還是 2022 年拜登政府發佈首份區域戰略報告《美國印太戰略》，都顯現出美國遏制中國的政策傾向。

為了遏制中國的發展，美國以關鍵島嶼歸屬問題為突破口，與日本、越南、菲律賓等國合縱連橫，以達到孤立中國的目的。其中，涉及中國南沙群島和中日釣魚島之爭，就由於美國的頻繁干涉而長期懸而未決。此外，日俄北方四島之爭也因美國介入而打上其烙印。

表 7-1　美國長期插足亞太地區的關鍵島嶼歸屬問題

爭端	時間	形式	介入方式
中國南沙群島之爭	2014 年 2 月	表態	時任助理國務卿丹尼·拉塞爾（Daniel R. Russel）在眾議院國際事務委員會的聽證中，明確表達了對於中國“斷續線”主張的質疑，這是美國政府首次公開指責中國的南海主張。
	2016 年 7 月	表態	美國對所謂的菲律賓對中國的南海仲裁案表達支持，並警告中國不得“採取挑釁性聲明和行動”。
	2019 年 7 月	表態	美國國務院的聲明中首次明確將中國在南海的主張稱為“非法海洋主張”，這是美國將中國“斷續線”稱為“模糊主張”“過度主張”以來的又一次重大升級。
	2020 年 4 月	表態	美國國務院針對越南漁船撞上中國海警船沉沒的事件稱，“中國海警船撞沉了越南漁船”，指責“中國一系列維護非法海洋主張並使其東南亞鄰國處於不利地位行動中的最新事件”。
	2021 年 1 至 2 月	軍演	美國“羅斯福”號航母打擊群、美海軍“麥凱恩”號導彈驅逐艦多次非法進入南海。
	2023 年 3 月	軍演	美國派遣“米利厄斯”號導彈驅逐艦非法進入中國西沙領海
中日釣魚島之爭	1996 年 9 月	表態	美國會研究局 1996 年 9 月 30 日的報告明確指出，《美日安保條約》適用釣魚島。
	2012 年 11 月	立法	美參議院全體會議決定，在 2013 財年“國防授權法案”中加入補充條款，明確規定釣魚島是《美日安保條約》第 5 條的適用對象。
	2021 年 1 月	表態	拜登與日本首相菅義偉舉行電話會談，明確表示“釣魚島是規定美國防衛義務的《美日安保條約》第五條的適用對象”。

爭端	時間	形式	介入方式
日俄北方四島之爭	2004 年 12 月	表態	美國國防部長拉姆斯菲爾德在華盛頓與日本環境大臣小池百合子會晤時稱，在這四個有爭議的島嶼問題上，他 "理解日本的立場"，並承諾說，未來一旦有機會，美國將在俄日有關談判中站在日本一方。
	2022 年 2 月	表態	美國駐日本大使拉姆·伊曼紐爾重申了：美國支持日本在北方領土問題上的立場並承認日本自 1950 年代以來對這四個有爭議的島嶼擁有主權。
	2023 年 4 月	軍事合作	美國務院日韓事務副國務卿蘭伯特對外表示，為監視頻繁穿越津輕海峽的中國與俄羅斯海軍編隊，以及強化北海道、北方四島等地防務，駐日美軍將加強與日本自衛隊在北部地區的合作。

資料來源：新華網、新浪網

（二）以航路霸權為由，挑戰各國海洋主權

二戰結束後，為解決公海航行自由的問題，各國開始重新建立世界海洋秩序。在此期間，聯合國先後召開三次海洋法會議，並在 1982 年最終通過了《聯合國海洋法公約》，確立毗鄰區（領海基線以內 24 海里）、專屬經濟區（領海基線以內 200 海里）概念，明確沿海國在以上區域內享有主權以及專屬管轄權。

《聯合國海洋公約》的出台，威脅到了美國軍艦的航行自由。例如印度、韓國、埃及等國以公約為基礎，要求別國軍艦在通過自己領海時需要提前通知，而更多的國家則要求提前批准。這對美軍的全球力量投送、後勤支持等產生了嚴重影響，威脅到美國的海洋霸權。

美軍太平洋司令部覆蓋的區域中，專屬經濟區主張達到了世界海洋面積的 38%，如果不在這個區域實施 "航行自由行動"，可能限制美國在世界三分之一海域中開展常規軍事行動和軍事演習的能力。

——美國國防部 2015 年《亞太海上安全戰略》報告

對此，美國在海洋公約落地前，搶先推出 "航行自由計劃"。1979

年，卡特政府制訂了"航行自由"行動計劃。該計劃允許美國派出軍艦或飛機進行"自由航行"或"飛越"，以確認美國所主張的"航行自由權"沒有受到影響，也是美國軍艦頻繁駛向各國領海的依據。

美國所謂的"航行自由"，實質上是以強大的海軍力量挑戰全球海洋秩序，維護海洋霸權。一方面美國宣稱"航行自由計劃"與《聯合國海洋公約》的精神和原則保持一致，但卻堅持不加入《聯合國海洋公約》。另一方面，美國推行的"航行自由計劃"違背了海洋公約所確立的國際海洋法秩序。《公約》規定了領海、毗連區、專屬經濟區、公海和國際海底區域等海域的概念。除公海和國際海底區域外，其餘海域均為國家管轄海域，但美國卻奉行"領海之外即公海"的主張，否定毗連區、專屬經濟區的存在，堅持美國軍艦可以自由進出上述海域。

海岸警衛隊成為美國踐行"航行自由"，維護海洋霸權的重要工具。海岸警衛隊名義上是海洋執法力量，卻在平時以"航行自由"的旗號，侵犯他國內海，試圖充當"世界海岸警衛隊"，並在近年來頻頻針對中國。根據美國國防部發佈的 2021 財年的"航行自由行動報告"，美國海軍全年累計在全球執行所謂"航行自由行動"共 37 次，涉及全球 26 個國家和地區，其中就有 5 次與中國大陸有關，1 次與中國台灣地區有關。

例如，2019 年 3 月，美國海岸警衛隊"伯索夫"號巡邏艦首次從台灣海峽高調通過。5 月，"伯索夫"號與菲律賓海警船在黃岩島附近舉行演練。2020 年 11 月，美國海岸警衛隊以中國"非法捕魚"和"擾亂鄰國海洋秩序與權益"為由，宣佈將增加在南海地區的艦機部署等。2023 年 6 月，美國海岸警衛隊"斯特拉頓"號炮艦過航台灣海峽。

從目的來看，美國試圖以"航行自由"的名義，挑戰中國海洋主權。美國通過有計劃地頻繁進入南沙群島、台灣海峽等海域開展"航行自由行動"，以企圖否定中國在南沙群島、台海的領土主權和海洋權益，將這些領海"公海化"，擴大與複雜化我國與菲律賓、越南等國的島嶼歸屬問題。

三、兼顧黃油與大炮，實現軍事與經濟並重

冷戰結束後，美國海權的內涵和外延由過去以政治軍事為主，轉為軍事、經濟並重，強調以獲取經濟收益為目標。因此，近幾十年美國不斷通過完善海洋政策、發展海洋科技以及壟斷海洋貿易，實現其海洋經濟利益，並進而鞏固其海洋霸主地位。

（一）完善政策法規，始終領跑世界海洋開發和利用

為加強海洋綜合管理，美國不斷完善海洋政策，領跑世界海洋的開發和利用。早在 1961 年，美國國會就通過了“海洋開發計劃”，以其超前的謀略極大影響著世界海洋格局。2000 年 7 月，美國國會通過了《關於設立海洋政策委員會及其他目的的法案》，為制定新世紀協調性和綜合性的海洋政策提供了法律保障，開啟了海洋綜合管理的新篇章。

從立法和政令角度，小布什政府發佈《21 世紀海洋藍圖》，極大地豐富了海洋綜合管理的內涵；奧巴馬總統簽署行政令，出台美國第一項以保護海洋環境和推動可持續發展為主的國家海洋政策；特朗普總統發佈新政令，更加強調經濟發展和安全利益；拜登政府制定並實施首個政府各部門全面參與的海洋氣候行動計劃。這使得美國的世界海洋領導地位得到了不斷的鞏固和增強。

表 7-2　近年來美國頒佈的海洋相關重要法案

法案	時間	主要內容
《拯救我們的海洋法案》	2018 年 10 月	旨在解決制約海洋經濟發展的海洋垃圾等問題。
《拯救我們的海洋 2.0 法案》	2020 年 12 月	要求設立非政府的海洋廢棄物基金會，加強國際合作與協調，建立基礎設施補助計劃等。
《數字海岸法》	2020 年 12 月	要求將沿海數據與決策支持工具、最佳實踐等有效結合，提高對沿海地區的管理能力。
《藍色地球法案》	2021 年 2 月	支持創新、加快海洋技術的發展並改善對重要海域的監測，加強海洋數據管理。

法案	時間	主要內容
《造船廠法》	2021 年 4 月	1920 年《瓊斯法案》的新時代版本，計劃投資 250 億美元升級政府造船廠和私營維修船塢，以及建造和維護美國海軍艦艇設施。
《2022 年海岸警衛隊授權法案》	2022 年 9 月	提出一系列網絡安全和數據管理新要求，加強港口和船舶系統的網絡安全保護。
《2023 年海岸線和漁業恢復補助金法案》	2023 年 2 月	要求國家海洋和大氣管理局撥款以恢復海洋及海岸帶棲息地、清除海洋垃圾、保護海洋生態環境，同時刺激經濟發展。
《2023 年海洋地區機會與創新法案》	2023 年 6 月	通過技術研發、職業培訓和跨部門合作，建立海洋創新集群，促進美國沿海社區和海洋經濟發展。

資料來源：根據美國國會資料整理

從行政角度來看，美國成立聯邦政府內閣級別的國家海洋委員會，提高聯邦政府涉海事務統籌協調的成效和工作效率。2010 年，奧巴馬總統簽署《關於海洋、我們的海岸和大湖區管理的行政令》，成立了內閣級別的國家海洋委員會（National Ocean Council），直屬總統行政辦公廳，負責統籌和協調聯邦各部門的涉海工作，以便有效地貫徹落實國家海洋政策。

（二）發展海洋科技，扶持相關企業，與軍事互通

美國海權戰略的成功離不開海洋科技的領先，海洋科技強國戰略為美國海洋科技創新的快速發展提供了強有力的政策支撐。一方面，美國為促進海洋科技發展提供穩定持續的資金支持，以滿足海洋深度探索對研究設備、科考船隊以及觀測網絡等研究基礎設施建設的要求。美國聯邦政府 1950 年成立國家科學基金會（NSF），主要向全美 2000 多所大學、企業和其他研究組織提供海洋科學的基礎研究、關鍵研究設備和科研教育經費。

圖 7-4　2019 年以來 NSF 所提供的經費支持穩定在 2 億美元左右

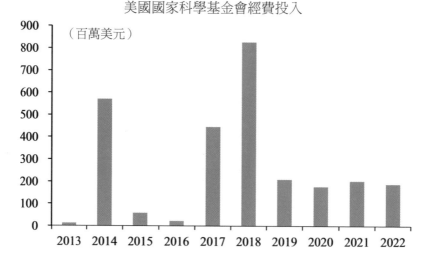

美國國家科學基金會經費投入

資料來源：NSF

2022年美國國家科學基金會經費投向（百萬美元）

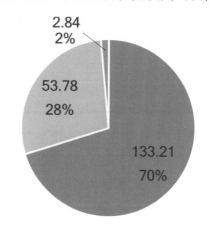

■ 學校　■ 實驗室或研究所　■ 企業

資料來源：NSF

此外，國家海洋和大氣管理局（NOAA）也通過海洋補助金計劃向科研機構和大學提供資金支持。2023 年，NOAA 在海洋科學方面的研發預算約 2.52 億元，其中向科研機構、大學分別提供 0.40 億元、0.94 億元的研發經費，其他補助項目 1.18 億元，主要包括海洋勘探與開發研究、海洋酸化研究和可持續海洋觀測等。

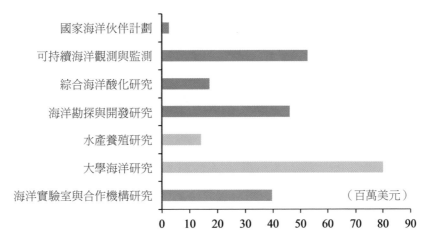

圖7-6　2023年NOAA海洋、海岸帶與五大湖研發預算

2023年美國國家海洋和大氣管理局海洋科學研發預算

資料來源：NOAA

　　在支持海洋科技研發的同時，美國也積極推動軍民融合，鼓勵軍民技術的相互轉化，實現軍事與經濟並重。一方面，"民改軍"艦船，即由民用船隻直接改造或者直接採取民用標準建造的軍艦是美軍海軍中一股不可忽視的力量。例如，全球最大的常規動力艦船"米格爾·基思"號就是由阿拉斯加級郵輪改建而來的"民改軍"艦船。相比於正規軍艦，"民改軍"艦船具有成本較低、建造週期短的優勢，如排水量達9萬噸的"米格爾·基思"號造價為5億多美元，而10萬噸的"福特"號航母，造價卻高達130億美元。

　　另一方面，在美國軍民融合的過程中，國防部的大量訂單由私人企業承擔，湧現了眾多具有全球頂尖實力的軍工企業。2023年8月，美國防務新聞網發佈2022年世界軍工企業百強排行榜中，美國共上榜51家企業，6家進入前10名，顯示出美國軍工企業在全球的主導地位。其中，亨廷頓英戈爾斯工業公司（Huntington Ingalls Industries），是美國最大的軍事造船公司，在全球百強軍工企業中排名第十三位，主要為美國海軍和海岸警衛隊設計、建造、維修核動力和常規動力艦船，典型產品有美國福特級航空母艦、尼米茲級航空母艦、哥倫比亞級核動力潛艇等。據其官網介紹，該公司是美國海軍航母的唯一建造商，是美軍核動力潛艇的兩個建造商之一，建造了美國海軍 70% 的艦艇，具有極強的軍工研發實力。此外，亨廷頓的公司財報顯示，2022 年至 2020 年，公司收入的 82%、90% 和 88% 來自美國海軍，可見美國國防部訂單對軍工企業起到極強的支持作用。

（三）管制全球港口，控制海洋貿易，強化海洋強國地位

美國奉行 "誰控制了海洋，誰就控制了世界貿易；誰控制了世界貿易，誰就可以控制世界財富，繼而控制世界本身" 的信條，美國軍事上的絕對優勢促進了其海洋貿易的發展，對海洋貿易的控制和壟斷又進一步強化了其全球海洋強國地位。

美國以海洋軍事力量為基礎，通過管制海上貿易通道，盡最大可能控制海洋貿易。世界貿易運輸 90% 都要通過海運實現，從 1986 年，美國就宣稱要控制 16 個用於國際航行的海上咽喉要道，主要包括蘇伊士運河、巴拿馬運河、霍爾木茲海峽、馬六甲海峽、曼德海峽和直布羅陀海峽等，這對於美國構築海上霸權具有極大的戰略意義。下表顯示了美國對 6 個最主要的海路要道的控制情況。

表 7-3　美國對 6 個最主要的海路要道的控制情況

名稱	位置	戰略意義	控制權	與美國關係
蘇伊士運河	埃及東北部境內	亞洲和非洲交界處，連接地中海和紅海	埃及	MNNA 主要非北約盟友
巴拿馬運河	巴拿馬共和國中部的蜂腰地帶，橫穿巴拿馬	溝通太平洋和大西洋	巴拿馬	巴拿馬運河由美國建成，後由美國和巴拿馬共同組成的巴拿馬運河委員會管理
霍爾木茲海峽	伊朗南部	連接波斯灣和阿曼灣的航運要道，沙特阿拉伯等重要產油國海上輸出石油的 "必經之地"，被稱為 "海上石油通道的咽喉"	伊朗	因控制權問題，伊朗和美國數次爆發衝突
馬六甲海峽	馬來半島和印度尼西亞蘇門答臘島之間	連接太平洋與印度洋的戰略要道，歐洲、亞洲和非洲的海上交通紐帶	新加坡、馬來西亞、印度尼西亞共同管轄	在新加坡樟宜和森巴旺美國駐有海軍基地

名稱	位置	戰略意義	控制權	與美國關係
曼德海峽	阿拉伯半島西南端和非洲大陸之間，是紅海的南大門	從大西洋進入地中海，穿過蘇伊士運河、紅海，通印度洋的海上交通必經之地，被稱為"世界戰略的心臟"	也門、厄立特里亞、吉布提共同管轄	組建以美國為首反對伊朗軍事活動的護航軍事聯盟，積極爭奪控制權
直布羅陀海峽	歐洲伊比利亞半島南端與非洲大陸西北角之間	溝通地中海與大西洋的唯一水道	英國	英國對直布羅陀周邊3海里的領海擁有主權

資料來源：作者整理

　　同時，美國聯合盟友，構建海上貿易聯盟，利用排他性條款，強化海洋強國地位。一方面，美國與大量國家簽署貿易協定，打造海上貿易聯盟。截至 2022 年，美國已簽署共計 13 個涵蓋政府採購實質性內容的自由貿易協定（Free Trade Agreement，FTA）。其中，11 個為雙邊締約協定，貿易夥伴包括以色列、智利、新加坡、澳大利亞、韓國、哥倫比亞等，另外兩個協定屬多邊協定，分別是與加拿大和墨西哥兩國簽署的北美自由貿易協定（North American Free Trade Agreement, NAFTA），以及與多米尼加共和國和部分中美洲國家（哥斯達黎加、薩爾瓦多、危地馬拉等）簽訂的多米尼亞共和國—中美洲自由貿易協定（Dominican Republic-Central America FTA, CAFTA-DR）。

　　另一方面，在簽署貿易協定的同時，美國通過引入排他性條款，迫使他國在經貿關係上追隨美國。以美加墨的北美自由貿易協定為例，其第 32 章第 10 條中引入了極具排他性的"毒丸條款"，規定若美、墨、加三國中任意一方與非市場經濟國家簽署自由貿易協定，則其他協議夥伴有權在六個月後退出"美墨加協定"，並以新的雙邊協議取而代之。事實上，中國、俄羅斯等國已被美國商務部列入所謂的"非市場經濟國家"名單，可見美國簽署貿易協定，並不以增進區域內貿易便利和貿易公平為目的，而是有意增加了全球貿易壁壘。

四、案例分析：中國台灣地區

印太區域的戰略和佈局是美國海外霸權的至關重要的一環。2022 年白宮發佈的《美國印太戰略》中指出，印太地區擁有世界一半以上人口，佔據世界經濟總量的三分之二，其影響力越來越大。其中，中國台灣地處西南太平洋，遙望中國大陸東南沿海，控扼經馬六甲至東北亞航路，與日本、韓國和菲律賓等共同組成第一島鏈，天然成為美國印太佈局的關鍵節點，也是美國海外霸權的重要抓手和中美關係的長期熱點。

具體而言，美國利用中國台灣地區貫徹其海外霸權主要包含三個方面的內容：一、通過國會涉台法案等方式，從立法、締約、監督等方式持續操弄、炒作台灣問題，竭力提高台灣當局的政治外交地位，試圖將台灣當局推向世界舞台；二、通過軍售和竄訪等方式，蓄意製造台海緊張局勢，鼓動所謂的台獨分子對抗兩岸統一的進程；三、通過加強台美貿易，構建芯片聯盟等方式，迫使台灣地區在經濟上圍堵、封鎖中國，攫取經濟利益。

（一）涉台法案層出不窮，炒作台灣問題

自 2023 年 1 月美國第 118 屆國會宣誓就職以來，涉台法案層出不窮，呈現數量大、名目多、激進度高的態勢。一是從數量上看，截至 2023 年 6 月 30 日，美國參眾兩院半年間涉台的立法提案就高達 52 部。而與之相較，拜登執政前兩年的第 117 屆國會在 2021 至 2022 年兩年內總共提出 116 部涉台立法提案，特朗普政府任期內的 115 屆和 116 屆國會則各提出 28 部和 63 部涉台立法提案。

二是從名目上看，往往涉及軍事、外交、經濟、科技等敏感議題，涉台立法日益細化。在軍事方面，本屆國會藉烏克蘭危機，呼籲提升對台軍事援助，如《2023 年台灣民主防務租借法案》擬授權美政府以租借形式對台提供武器和補給，以強化台 "防衛能力"；在外交方面，國會鼓噪美台 "官方交往" 並繼續推動擴大台 "國際空間"，如《2023 年不歧視台灣法案》要求美國政府支持台灣地區加入國際貨幣基金組織；經濟和科技方面，美國大力推進深化與台灣地區的經貿關係並加強科技合作，如《2023 年台灣

稅收協議法案》授權政府與台灣當局簽署稅收協定，以期促進雙方在半導體等關鍵戰略產業的投資等。

三是從激進程度上看，涉台議案不但步步緊逼，妄圖虛化一個中國政策，持續推動美台實質關係深化升級，而且日益渲染"台海衝突"，並明確叫囂採用包括軍事手段在內的綜合性遏制和反制手段進行對抗。例如，《台灣代表處法案》提出將目前名為台北經濟文化代表處的台灣對外派出機構更名為"台灣代表處"，《2023年金融制裁以遏制中共對侵台法案》和《與台灣同一陣線法案》強調對華經濟和金融制裁，《防止台灣遭受侵略法案》甚至直接要求授權總統使用武裝部隊保衛台灣地區。

2023年下半年以來，中美關係呈現緩和趨勢，美國國會的涉台議題略有轉冷。2023年5月以來，美國國務卿布林肯、財長耶倫、總統氣候問題特使克里、商務部長雷蒙多、參議院多數黨領袖舒默、加州州長紐森等先後訪華，中美關係有所緩和，涉台議題相對轉冷，自7月1日到12月13日，參眾兩院共計提出涉台法案降至28部。儘管數量下降明顯，但下半年的法案仍然包含了深化外交關係、強化軍事合作、減免雙重徵稅等眾多方面的內容。

綜合來看，2023年涉台法案層出不窮，數量大幅高於往年，反映出兩黨在涉台問題上日趨形成共識，"對華強硬"成為政治正確。在政治極化的背景下，兩黨議員熱衷炒作對華議題、撈取政治資本、謀求自身政治利益。

（二）對台軍售和竄訪相結合，干涉中國內政

中國台灣面積約3.6萬平方千米，人口不足2400萬，戰略縱深狹小，國防實力和經濟體量都較為有限。因此，為把台灣地區打造成為遏制中國發展的"第一島鏈"的戰略要衝，美國以軍售和竄訪相結合的方式，干涉中國內政，鼓動所謂的台獨分子對抗兩岸統一的進程。

一方面，美國不斷增加對台軍售規模，軍事援助形式不斷豐富。1979年4月，美國國會通過《台灣關係法案》，允許美國政府向台灣當局提供防禦性武器。根據美台商業協會統計數據，1990年到2023年間，美國政

府對台軍售共計達 131 筆，軍售總金額超過 620 億美元。拜登政府上台以來，相較特朗普政府雖在軍售總額上有所收斂，但是卻先後提出 14 筆軍售案，涉及陸、海、空等多方面多領域，向台灣當局提供較為先進的一線主戰裝備和彈藥，也注意提升台軍的後勤保障能力，構建綜合作戰體系。

圖 7-7　特朗普任期內美國對台軍售超 180 億美元，為 1979 年後歷任美國總統之最，拜登政府為 44 億美元

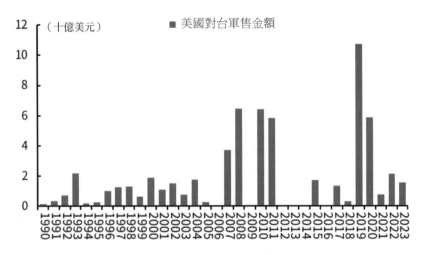

資料來源：美台商業協會所，數據截止 2023 年 12 月

圖 7-8　拜登任期內，美國對台軍售 2022 年達到 10 筆，總數為 1990 年來最高

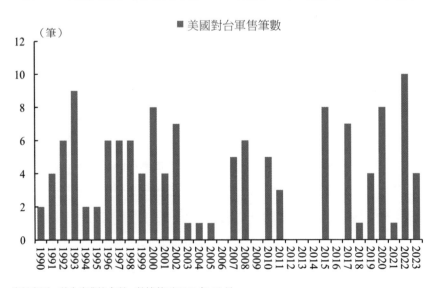

資料來源：美台商業協會所，數據截至 2023 年 12 月

除了傳統的軍售方式，拜登政府還著力推動對台軍事援助，屢屢創造"新歷史"。2023 年 7 月 28 日，拜登政府宣佈向台灣當局提供 3.45 億美元軍事援助計劃，該對台軍事援助計劃涉及到的武器裝備，將歷史上首次來自美國現有的軍事庫存，而非通過對台軍售計劃購買。而 2023 年 8 月，拜登政府又批准在"對外軍事融資"（Foreign Military Financing, FMF）項目下完成一筆對台 8000 萬美元無償軍事援助轉讓，以期"通過聯合與合成防衛、強化海域感知及海洋安全能力加強台灣的自衛能力"。這是美國歷史上首度在 FMF 這個通常保留給主權、獨立國家的項目下批准對台軍事援助。

另一方面，美國政府還通過官員竄訪等行為給所謂的台獨分子精神支持，為其"倚美謀獨"的行為站台。2018 年鼓勵美台各級官員之間進行互訪的《台灣旅行法》生效後，美台官員相互竄訪逐漸呈現常態化的趨勢，2022 年 8 月時任美眾議院議長佩洛西竄台更是開了惡劣先例。2023 年，美國助理貿易代表麥卡廷（Terry McCartin）、國防部副助理部長蔡斯（Michael Chase）、"美中戰略競爭特設委員會"主席加拉格爾（Mike Gallagher）、眾議院外交委員會主席麥考爾（Michael McCaul）、軍事委員會主席羅傑斯（Mike Rogers）等美國官員先後竄訪中國台灣，試圖加強和台灣當局的經貿與軍事合作。此外，2023 年 4 月，台灣地區領導人蔡英文過境美國，與眾議院議長麥卡錫會面，為歷史上台灣地區領導人首次在美國境內與眾議院議長會面，會後麥卡錫還呼籲繼續向台灣出售武器、進一步開展經濟合作以及在世界舞台上推廣"共同價值觀"。

同時，美國官員積極竄訪中國台灣的行為也引來其他部分國家官員的效仿。2023 年一年間，英國前首相特拉斯（Liz Truss），法國國民議會"法台友誼"小組組長波瑟雷（Eric Bothorel），日本自民黨副總裁、前首相麻生太郎等人也竄訪中國台灣，為"倚美謀獨"的行為站台。

（三）"拉打結合"，強化經貿關係，組建芯片聯盟對抗中國大陸

拜登政府上台後，美國不斷強化與台灣地區的經貿關係，拉攏台灣當局，提高台灣地區經濟的對美依存度。2021 年以來，美國與台灣地區之

間的貿易往來日趨緊密，美國對台灣地區的進口貿易額和貿易逆差迅速擴大，高新技術產品領域是主要貢獻項。此外，2022 年，拜登政府提出 "美台 21 世紀貿易倡議"，涉及貿易便捷與法規規定等 11 項議題，以強化經貿關係，促進與台灣地區之間的經濟合作，拉攏台灣當局，提高台灣地區經濟的對美依存度。

圖 7-9　美對台貿易額和貿易自 2021 年以來迅速擴大

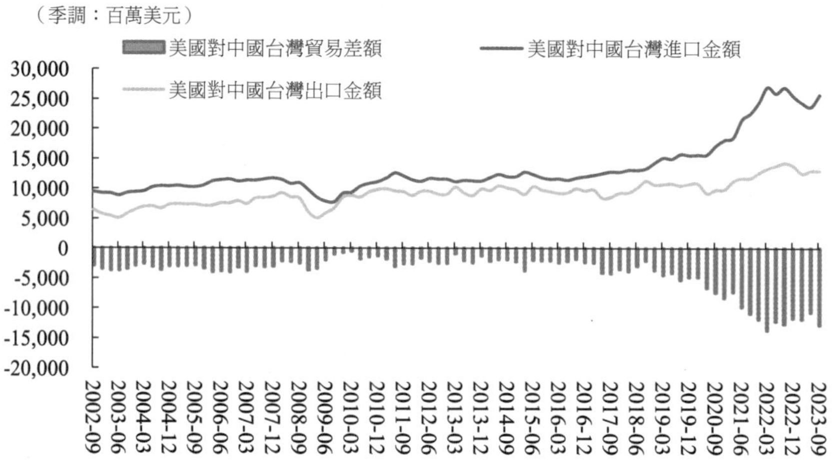

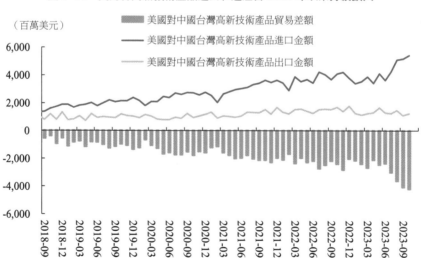

資料來源：iFinD，數據截至 2023 年第三季度

圖 7-10　美對台高新技術產品進口和逆差自 2021 年以來持續擴大

資料來源：iFinD，數據截至 2023 年第三季度

半導體產業是中國台灣經濟發展的重要支柱，也是美國打壓中國的工具。從上游的 IC 設計、中游的晶圓生產到下游的封裝和測試，以及設備、材料等領域，中國台灣半導體產業都有佈局，代表企業包括以 IC 設計為主業的聯發科、專精晶圓生產的台積電與聯電、封裝測試巨頭日月光等。其中，成立於 1987 年的台積電是全球芯片代工製造服務的龍頭，全球制程工藝的領導者，在半導體行業的中下游供應鏈中具有不可替代的地位。對此，美國以供應鏈安全為由，對內推進製造業回流，對外組建"芯片四方聯盟"（Chip 4），聯合台灣地區在半導體領域打壓中國，維繫自身在高新技術領域的霸權地位，以期達到以下三個方面的目的。

一方面，利誘台積電赴美，實現製造業回流，鞏固自身在芯片領域的優勢。根據《芯片與科學法案》，美國將向半導體行業提供約 527 億美元的資金支持，並為企業提供 240 億美元的投資稅抵免，以鼓勵非美本土企業赴美研發和製造芯片。例如，2020 年 5 月，台積電宣佈計劃在美國亞利桑那州投資 120 億美元建立芯片工廠，並在 2022 年 2 月宣佈追加至 400 億美元，興建二期工廠，以生產更加先進的 3nm 芯片。但實際上，受困於美國高昂的勞動力和土地成本以及高技術人才稀缺問題，台積電的建廠成本遠遠高於預算，2023 年 2 月，台積電財報電話會議上表示，受人力開支、許可證、合規性和通貨膨脹的影響，美國的建設成本可能至少是原來的四倍，甚至台積電首席財務官黃仁昭表示在美國建廠的投資可能會損害台積電的盈利能力。

另一方面，組建"芯片四方聯盟"，在聯盟框架下力圖主導產業發展和技術進步格局，保持美國的領先地位，遏制中國。2022 年 4 月，美國政府提議與韓國、日本、中國台灣地區建立"芯片四方聯盟"，該聯盟由美國官方主導，涵蓋從設備、材料、製造與封測技術等芯片生產全產業鏈，可以更好在全球芯片市場中遏制中國，確保美國在芯片產業中的領導地位。除"芯片四方聯盟"外，拜登政府試圖將更多盟友與夥伴納入芯片聯盟。2023 年 1 月，美國與日本、荷蘭在芯片領域結成"強大聯盟"限制中國獲得先進半導體製造設備，同月美印的"美印關鍵和新興技術倡議"（iCET）會議後，美國政府發表聲明稱"美印兩國將加強在半導體供應鏈方面的雙邊合作"，均表明美國試圖不斷擴大芯片聯盟的輻射範圍，遏制中國芯片產業發展，維繫自身在高新技術領域的霸權地位。

　　美國對中國半導體產業的制裁不斷加碼的過程中，台積電也被視為打擊中國半導體產業的重要一環。例如，2020 年 5 月，美國對華為進行出口管制，禁止台積電、高通、三星等企業為華為代工芯片，導致華為高性能的 5G 芯片手機長期斷供，直至 2023 年才推出使用自研 5G 芯片的智能手機 Mate 60 Pro，克服斷供瓶頸。此外，2021 年 11 月，美國商務部發佈《半導體供應鏈風險公開徵求意見》，要求台積電、聯電與日月光在內的台灣地區的半導體企業交出訂單出貨和客戶信息等敏感數據，導致兩岸半導體貿易受到持續影響。

第八章

權力的聲音：
美國如何操控全球輿論喉舌？

　　霸權不是目的，而是手段。美國依賴於在兩次世界大戰所建立起來的領先優勢，歷經幾十年，打造集金融、科技、人才、輿論、軍事等為一體的複合霸權體系。當前，美國的國際外交、財稅制度、貨幣體系、軍火工業、新聞輿論等系統均是以全球霸主的身份進行設計，並且通過大量發行美元、對外銷售軍火、把持全球產業鏈高附加值生產區間、把持全球新聞自由等方式，攫取全球生產力。

　　這其中，輿論霸權是美國操控全球意志，為己服務的重要工具。在輿論霸權體系之下，美媒奉"新聞自由"之圭臬，製造大量假新聞、假民意，賦予美國霸權行為道德上的合理性，成為美國干預和顛覆他人政權的輿論工具、政治武器。在中美競爭的路線圖中，雙方在輿論戰、信息戰等新戰場的對抗色彩也將逐步加重。

一、美國如何建立輿論霸權？

（一）行動主體：政府、媒體與國會

　　美國對輿論的管控和引導，有兩個非常明確的行動主體：美國政府和美國媒體，二者相互聯合、緊密配合。美國政府是美國全球輿論戰略的制定者和佈局者，通過運用輿論來影響和控制其他國家，服務於其利益訴求；而美國媒體則接受來自美國政府及社會資本的資助，在議題設置、話語設計等方面，配合國家的外交戰略，扮演美國對外輿論戰的"急先鋒"

和 "看家犬（watchdog）" 的角色。

美國學者席勒就曾精闢地指出美國政府與美國媒體的這種關係："美國聯邦政府不僅密切地捲入文化侵略的過程，而且還委令國防部（注意，不是美國新聞署）直接間接控制之。所謂 '直接'，指國防部統籌擬定全國廣播政策，決定頻道分配；所謂間接，各大廣播關係企業（如美國無線電公司屬下的國家廣播公司 RCA－NBC）皆承接大批的國防軍事合同。美國的傳播勢力之所以能夠所向披靡，完全是直接拜賜於政府既定的軍事外交政策。反之，傳播則成為軍事與外交的利器與急先鋒，相輔相成，互為結果。"

表 8-1　不少涉華法案要求美國政府為媒體撥款，支持其有目的性的負面報道中國

時間	法案名稱	提出議員	進程	撥款金額	內容
2021 年 4 月	S.1169《2021 戰略競爭法案》	Menendez Rober（民主黨）	提交至參議院	5 億美元/年	設立 "對抗中國影響力基金"，要求未來三年撥款 15 億美元，鼓勵媒體批評中國 "一帶一路" 倡議的報道。
2022 年 2 月	H.R.4521《2022 美國競爭法案》	Eddie Bernice（民主黨）	兩院表決通過	5 億美元	為美國負責 "外宣" 的全球媒體署（USAGM）以及培訓外國記者的當地媒體和項目撥款 5 億美元，以用於為海外受眾製作 "批評中國的新聞報道"。
2022 月 3 月	HR2471《2022 年綜合撥款法》	Jeffries Hakeem（民主黨）	兩院表決通過	2000 萬美元	為 "國際言論自由和獨立媒體" 項目提供不少於 2 千萬美元的資金，其中要求包括打擊包括中華人民共和國和俄羅斯聯邦在內的惡意行為者傳播的虛假信息的活動。
2023 年 2 月	HR1157《中華人民共和國惡意影響基金授權法案》	Barr Andy（共和黨）	提交至眾議院	3.25 億美元	支持民間社會和獨立媒體提高對 "一帶一路" 倡議、相關倡議、其他具有戰略或政治目的的經濟倡議以及強制性經濟做法相關活動負面影響的認識並提高透明度。

資料來源：美國國會

在部分議題上，美國媒體與政府關係並非一成不變，兩者有時唱 "對台戲"，外因來看，是為了塑造美國在在全球輿論視域下的民主形象 ——

內因來看，美國社會撕裂對立，媒體也捲入了政治鬥爭及利益集團的鬥爭中。如美國媒體界著名的"扒糞運動"（媒體抨擊資本家壟斷行為）、"水門事件"、2003 年美軍虐待伊拉克俘虜、2023 年西摩赫什揭露"北溪 2 號"爆炸真相等事件，都是由美國媒體率先公開的經典案例。

儘管這些事件使得美國在輿論場上承壓，但是，這種角色變異並不表明美國媒體與政府之間是批判和對抗關係，反而是美國政府和媒體通過這一些系列新聞，將自己與"新聞自由""民主國家"這一類詞匯進行捆綁，在全球輿論界構造了一種自詡"自由公正"的意識形態霸權，以方便對非西方民主體制的國家評頭論足。可以說，這些曝光並沒有在實質上挫傷美國的國家利益，某種程度上反而給美國媒體披上自由、民主的形象的"外皮"。

美國媒體的主體，也隨信息技術的發展得以擴展，互聯網企業亦成為美國操控國際輿論的重要行動主體。早在 2013 年斯諾登曝光的"棱鏡計劃"表明，美國國家安全局自 2007 年開始實施的絕密級網絡監控計劃，涉及微軟、谷歌、蘋果等 9 家美國大型互聯網公司。此外，2022 年 8 月，美國斯坦福大學網絡觀察室（Stanford Internet Observatory）發佈報告，稱美國政府藉助 Facebook、Instagram 和 Twitter 等社交平台，虛構大量中國新疆的賬號和媒體，操縱涉疆敘事。2023 年 7 月，美國一名聯邦法官向拜登政府發出了一份臨時禁令（preliminary injunction），不允許美國政府部門為了刪帖而直接或間接聯繫各大社交媒體公司。

（二）政府：負責輿論戰的架構設計和法律保障

一戰、二戰期間，美軍輿論需求催生出相關組織機構。1917 年，威爾遜總統設立公共信息委員會，這也是"美國政府官方第一個對外信息政策的機構"，旨在引導公眾輿論以支持美國參與第一次世界大戰，標誌美國政府首次嘗試向國內外受眾傳播既定信息。在第二次世界大戰期間，羅斯福總統相繼成立戰爭新聞辦公室及戰略情報局，兩者分別是美國新聞署和中央情報局的前身。其中，戰爭新聞辦公室旨在通過多種傳播媒介，向美國國民及海外對手傳播美國的作戰新聞、國家政策及政府的行為目標，確保自己在道義上佔據高點，在其扶助下美國之音無線電廣播應運而生；戰略情報局則對敵方進行虛假消息散播與電台干擾，打垮對手的作戰士氣。

冷戰期間，美國輿論戰組織架構趨於完善。1948 年，杜魯門總統簽署國家安全委員會文件《外國信息宣傳項目與心理戰計劃》，宣告組建國家心理戰略委員會，並在海外展開公開的心理戰行動。此後，艾森豪威爾總統於 1953 年成立美國新聞署，在"向全世界講述美國的故事"的要求下，美國新聞署開始在海外心理宣傳戰場上為美國的冷戰戰略服務，僅成立的第二年其便在世界 79 個國家設立了 210 個辦事機構。通過不間斷地滲透與影響海外受眾，美國不斷加大在世界範圍內輿論影響力，在由表及裏的縝密籌劃之下，美國全球輿論戰自此全面鋪開。

冷戰後期，美國整體輿論戰組織架構接近成熟。1983 年，里根簽署了第 77 號國家安全決策總統指令，正式確定美國開展公共輿論外交，以維護國家安全，並明確要求國務院、國防部、中央情報局、新聞署、公共事務委員會、信息局、國際開發署和國際廣播委員會等機構聯合參與。同時，該指令亦表明美國未來的公共外交活動應與媒體、高校、工業界及其他非政府機構緊密結合。以上涉及"多部門、多主體"舉措標誌著美國對外發動整體輿論攻勢的國家機制在冷戰後期接近成熟。可以說，美國當前的對華輿論戰思路在很大程度上正是借鑒和繼承了里根政府時期的佈局架構，並基於互聯網技術進行延伸與調適。

圖 8-1　美國開展對外輿論戰略的歷史演進時間軸

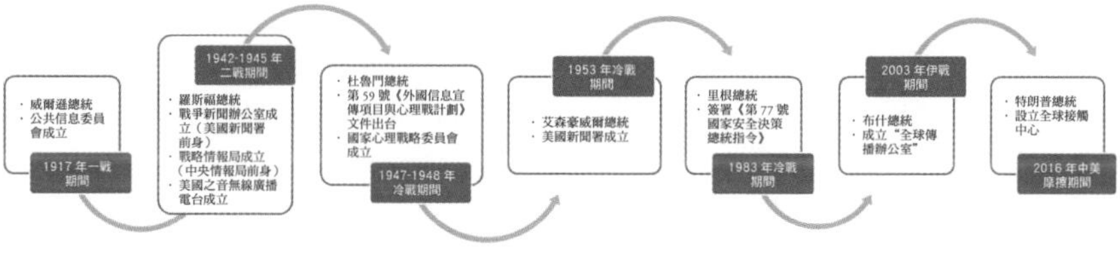

資料來源：原玥《美國對華輿論戰及我國的應對策略》

近年來，隨著中國國際地位提升，美國開設新機構，開展對華輿論攻勢。例如，2016 年特朗普政府設立了由國務院領導，國防部、國際開發署、廣播理事會以及情報機關等部門聯合參與的新部門——全球接觸中心，並成立中國小組，製造和散播對中國不利的信息。

截至目前，美國政府在對華輿論戰場的組織架構已經基本完善，呈現"境內"與"域外"相配合的典型特徵。一方面，美國干涉中國境內事務，試圖挑起國內矛盾，動搖黨的執政基礎。其中，以美國國務院下屬的全球公共事務局、東亞和太平洋事務局和全球接觸中心—中國行動小組為首的政府部門，負責捕捉、虛構並推送中國國內的敏感與熱點話題，挑起中國區域、民族間的內部矛盾，製造不穩定因素。

另一方面，美國日益重視在國際層面傳播有關中國的負面報道，抵消中國在地區層級的正面影響，維持美國現有霸權地位與國際影響力。其中，西半球事務局、非洲事務局、南亞和中亞事務辦公室等部門，負責在世界範圍內培植各國對中國的警惕性，曲解中國發起的全球倡議，渲染中國對國際安全及價值觀的"威脅"。

圖 8-2　美國國務院對華輿論的整體架構

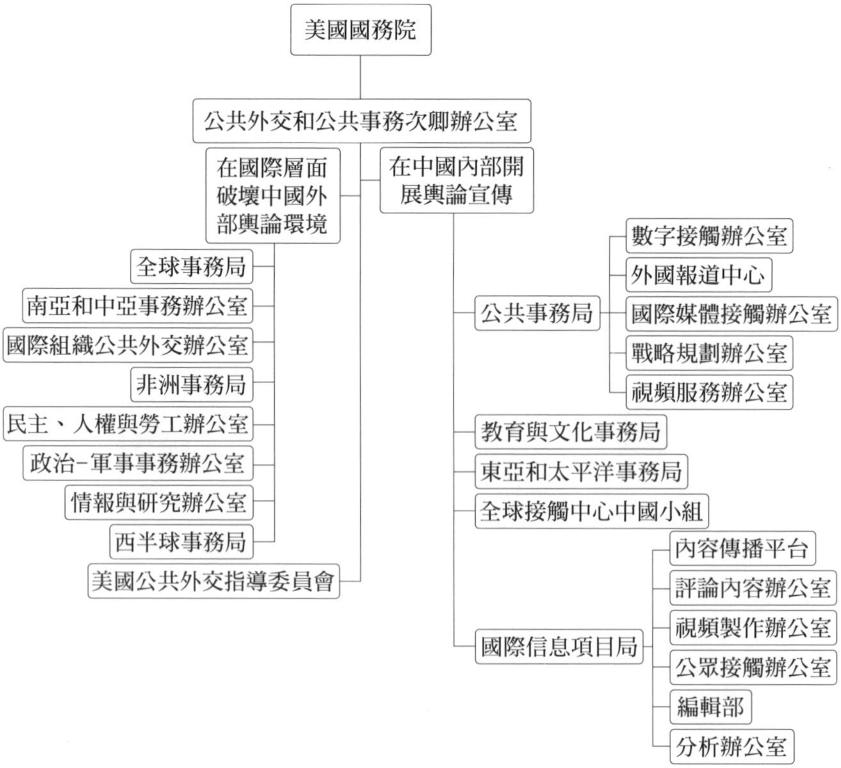

資料來源：原玥《美國對華輿論戰及我國的應對策略》

（三）媒體集團：接受政府的監管與引導

儘管憲法保障新聞自由，但美國政府仍對平面媒體、廣播媒體與互聯網媒體均進行監管。其中，印刷媒體受監管相對較小，互聯網站和廣播媒體受政府監管相對更多。本章我們重點討論美國政府對媒體的監管和引導，媒體如何具體引導輿論，將在後續章節進行闡述。具體來看：

第一，紙媒（報紙／雜誌）基本屬"事後監督"模式，其在事前基本不受聯邦政府監管——只要不誹謗、不犯法。但事後，美國法院可以依據《誹謗法》《間諜法》《版權法》等對印發不適宜內容的報紙和雜誌商進行追責。例如，1917 年國會頒佈《間諜法》，限制個人與報紙發佈美國在一戰局勢上的消極言論，並限制違規報刊的運營。據統計，在實行《間諜法》的第一年裏，總共有 44 家報紙喪失了郵寄權。

第二，廣播媒體（電台／電視）主要由聯邦通訊委員會（FCC）和美國國際媒體署（USAGM）進行監管，前者主管國內媒體，後者主管國際媒體。其中，聯邦通訊委員會（FCC）"制定、推薦和管理與電子媒體相關的政策和許可程序，包括美國及其領土內的"，對於不符合美國主流價值觀的廣播電台，其可以禁止其註冊登記。美國國際媒體署依據 1994 年《國際廣播法》，對所有美國政府的國際廣播電台進行監管，其中包括著名的美國之音、亞洲之聲、自由歐洲之聲等。

第三，美國已經建立比較成熟的網絡內容監管法律體系，涉及國土安全部、聯邦調查局、國家安全局等部門。"9·11 事件"後，美國關於網絡監管和治理的相關立法明顯增加，相繼出台《愛國者法案》和《國土安全法》，用於限制與恐怖主義相關的網絡信息發佈、傳播、利用。2015 年國會出台《網絡安全信息共享法案》，進一步擴大了對網絡的監管範圍，允許私營企業將其用戶信息與國土安全部共享，國土安全部有義務將其數據分享至所有相關政府機構，包括聯邦調查局和國家安全局。

同時，美國政府不僅僅局限於對國內媒體企業的監管，也在積極擴張媒體版圖，打造覆蓋全球性的媒體集團。1912 年，CFR（Council on Foreign Relations，外交關係協會）在紐約成立，其成員涵蓋全球知名媒體企業高管：（1）《華盛頓郵報》、《紐約時報》、《華爾街日報》、《太陽報》

（英）、《週末報》（丹麥）等報刊；（2）福克斯新聞、美國全國廣播公司、英國天空廣播公司等廣播媒體；（3）Youtube、Meta 等互聯網媒體。

儘管 CFR 宣稱自身是無黨派的私人組織，但與美國政府保持千絲萬縷的聯繫。

一是在機構職責上，CFR 強調 "致力於向公眾介紹美國和世界面臨的外交政策選擇"，旨在為美國的核心利益服務。

二是幾乎所有的美國外交部長、國防部長和中央情報局局長都是該機構的成員，甚至小布什（2001－2009）、克林頓（1993－2001）、老布什（1989－1993）、卡特（1977－1981）等 8 位美國前總統也曾加入該機構。

三是 CFR 主席一直由美國政府人員擔任，如截至目前擔任協會主席二十年之久的理查德‧哈斯（Richard Haass），曾擔任美國國務院政策規劃主任。在哈斯將於 2023 年 6 月卸任後，接替的主席人選為邁克‧弗羅曼（Mike Froman），也曾擔任美國貿易代表和副國家安全顧問。

具體來看，CFR 通過其兩個主要國際附屬組織，建立了跨越歐美、東亞的全球性媒體網絡：彼爾德伯格集團（主要覆蓋美國和歐洲）和三邊委員會（覆蓋北美，歐洲和東亞）：

前者，即彼爾德伯格集團，會定期組織的年會 —— 彼爾德伯格會議（Bilderberg Meeting）。每年約 130 名各國政界領導人以及工業、金融、學術界和媒體專家受邀參會，其中約三分之二來自歐洲，其餘來自北美。在 2022 年的參會人員中，就有英國《金融時報》首席外交事務評論員吉迪恩（Gideon）、《經濟學人》主編貝多斯（Beddoes）、丹麥《週末報》主編克拉斯尼克（Krasnik）、荷蘭《赫爾辛基日報》主編涅米（Niemi）等。此外，美國中央情報局局長、商務部長、國家安全委員會主任等也盡數出席。可以說，美國政府通過彼爾德伯格集團，實現與歐洲媒體機構的合縱連橫，搭建了跨大西洋的媒體網絡。

後者，即三邊委員會（The Trilateral Commission）分為 "北美集團" "歐洲集團" 和 "亞太集團"。委員會成員中企業高管最多，其次是來自政界的顯要，以及大銀行家、著名學者以及新聞界、工會、律師等代表人物。

表 8-2 　三邊委員會下屬的三大集團成員中，有大量新聞界高管

集團	覆蓋國家	成員數量（名）	來自新聞界的部分會員
北美集團	加拿大、美國和墨西哥	135	TikTok 副總裁兼美洲公共政策負責人貝克曼（Beckerman） 《華盛頓郵報》專欄編輯達菲（Duffy） 《紐約時報》專欄作家克里斯托夫（Kristof） 美國有線電視新聞網高級政治分析師格根（Gergen）
歐洲集團	芬蘭、法國、德國、希臘、意大利、瑞士、英國等 27 國	184	英國《金融時報》週末版前主編丹尼爾（Daniel） 東歐 N1 電視台國際新聞的執行製片人德拉吉切維奇（Dragičević） 法國《世界報》編輯部主任考夫曼（Kauffmann） 芬蘭廣播公司首席執行官安蒂拉（Anttila）
亞太集團	澳大利亞、中國、印度、日本、新加坡、韓國、泰國等 11 國	96	日本《朝日新聞》前總編輯船橋洋一

資料來源：The Trilateral Commission 官網

（四）國會：不斷立法，保證輿論霸權體系運行的 "合法性"

為維護輿論體系正常運轉，美國政府不斷推出相關法案，優化組織框架，保障相關主體運行的合法性。

一方面，二戰期間推出的《史密斯—蒙特法案》，基本奠定了美國開展對外輿論宣傳的法律基礎。1948 年，美國國會通過《史密斯—蒙特法案》（The Smith–Mundt Act），宣稱其目的是 "為了推動政府去促進其他國家對美國的更深理解。這是國會第一次在非戰爭狀態下授權政府在全球範圍內從事國際信息、教育和文化交流活動，為美國政府在二戰後廣泛開展文化傳播交流、國際教育等公共外交活動奠定了重要的法律基礎。

此後，美國國會相繼通過《美國國際廣播法》（將美國新聞署、聯邦關係與媒體培訓辦公室整合，成立美國廣播理事會）、《美國外交事務改革和重組法案》（將美國美國廣播理事會由新聞處下轄的部門，轉為國務院直屬的獨立機構）等一系列法案，開展輿論相關部門業務和組織架構的整改，有效集中資源，更好鞏固美國在國際輿論上的主導地位。

另一方面，為防止他國媒體突破美國政府對本國新聞的控制，美國國會試圖推出相應法案進行反制。例如，2016 年美國總統奧巴馬簽署《波特曼—墨菲反宣傳法案》，為美國國防部在 2017 財年和 2018 財年分別撥款 8000 萬美元專門建立一個反宣傳中心，對抗外國對美國的宣傳。根據該法案，美軍可通過資助方式吸納國內外專家及私人機構幫助政府制定更有效的"反宣傳"措施，進一步確保國內輿論導向的穩定性。該法案的提出者——參議員波特曼（共和黨）和墨菲（民主黨）宣稱該法案的目的是幫助美國和盟國反制來自如俄羅斯和中國等外國政府的政治宣傳。

我們的敵人正在使用政治宣傳和謠言來打擊我國和我國的盟友，而目前美國政府卻對此在裝睡。但是今天，合眾國決定邁出關鍵一步來反制這些行為。我們還將採取手段削弱敵人對我們進行政治宣傳的行動。有了這個法案，我們終於可以讓敵人們知道我們受夠了。合眾國不會再坐視不管。我們將要直面衝突。當我們有了這個跨黨派的法案之後，我們有信心外國的謠言和政治宣傳將會失效。

—— Rob Portman

此外，近年來一系列法案提出要美國政府要為媒體撥款，支持其有目的性的負面報道中國。從表 8-1 可以看到，《2021 戰略競爭法案》《2022 美國競爭法案》《2022 年綜合撥款法》和 2023 年《中華人民共和國惡意影響基金授權法案》等多法案都明確提出要為國內媒體提供數千萬到數億美元的經費，支持其報導與中國相關的負面新聞，抨擊中國"一帶一路"等經濟倡議，抹黑中國的國際形象。

二、美國輿論霸權怎樣具體運轉？

（一）行動手段：軟硬兼施，包括直接造勢和間接影響

從手段來看，美國全球輿論戰略的行動手段主要有兩種：一是進行直接輿論打擊，甚至直接切斷打擊對象的輿論發聲渠道，即硬的手段，往往

在戰爭期間使用；二是進行輿論引導，擴大對方的輿論壓力，即軟的手段，往往在非戰爭期間使用。針對不同的國家，美國會使用不同的手段，或者軟硬兼施。

硬手段主要對象往往是針對與美國有過直接武裝衝突，並且經常在國際外交舞台與美國政府"大唱反調"的國家。在輿論打擊過程中，往往是由美國政府主導，進行統一規劃，美國媒體則聽命於政府需求，進行國際輿論造勢。同時，美軍還會運用技術優勢主導戰爭電子信息權，限制對方的輿論空間，進行輿論電子戰和網絡戰。

就軟手段而言，針對的對象往往是美國想避免發生直接對抗和衝突的國家。例如對於中國，美國政府通過炮製"中國威脅論""中國經濟威脅論""中國軍事威脅論"等議題，拉攏盟友，抹黑中國，實現干擾中國與世界其他國家的正常交往的目的。

表 8-3　美國對外實施輿論戰的兩種主要方式

手段	針對目標	行動主體	效果	主要舉措
輿論打擊	戰爭期間敵對國家的設施、關鍵決策者	國家主導，媒體聽從於政府指揮	擾亂、限制和破壞	電子戰、網絡戰、軍事外交、國際輿論造勢、抨擊敵對國
輿論引導	和平時期的敵對方的中立和關鍵群眾	媒體主導，政府提供相應扶持	接觸、滲透和誘導	公共事務、心理戰、對公共外交的國防支援、意識形態滲透、文化外交

資料來源：作者整理

（二）戰爭期間的硬手段：管控、封鎖發聲渠道

硬手段往往由國家主導，媒體聽從於政府指揮。戰爭期間，美國輿論戰的首要目標就是在國際輿論上壓制敵國首腦和政權，置敵方於"不義境地"，同時運用軍事手段摧毀對方的輿論平台，置敵方於"輿論孤島"。在這個過程中，美國政府往往首先設置議題，媒體持續跟進，引導輿論走向。

對於媒體而言，美國政府通過確立新聞管控制度，確保其輸出對自身

有利的戰爭報導。

　　一方面，在戰場之上，美國政府所採取的措施包括控制記者的活動範圍、為戰地記者配備陪同、發放新聞報道規則和統一報道口徑等。通過對記者及其媒體的控制，美國政府把戰時的信息傳播的主動權掌握在自己的手中。

　　在 1989 年入侵巴拿馬期間和 1991 年的海灣戰爭中，美國政府引入"消息源共享"制度，允許記者報導戰爭情況，但實際上美軍僅有選擇地允許（實際上是嚴格限制）新聞記者接近士兵和戰場，同時政府還派出媒體公關官員"監護"記者，確保他們在"安全區域"內採訪。

　　在 2003 年的伊拉克戰爭中，約有 600 名來自世界各地的記者成為隨軍記者。但美國防部公佈了長達 13 頁的"戰地報道規則"（ Ground Rules），規定了 28 項禁止報道的內容，如禁止記者拍攝敵方電子戰效果和美軍傷病員照片等。

　　另一方面，在戰場之外，美國實行戰時新聞檢查制度，管控輿論輸出。例如在一戰期間，威爾遜總統設立公共新聞委員會，該委員會制定了一系列新聞檢查制度，並要求各個報紙的主編都必須遵守這些規定，不刊登有利於敵方的消息。

　　在"9·11"事件發生後，美國政府要求新聞媒體絕對聽從指揮，不能播出本·拉登和塔利班領導人講話，當時美國的媒體幾乎是清一色的反恐報道。但由於美國之音播出了對塔利班領導人奧馬爾的採訪錄，台長被撤職，政府削減了幾百萬美元的經費，以示懲罰。

　　同時，美軍會利用軍事及非軍事手段，封鎖敵對國的"發聲渠道"。

　　一方面，美軍在戰時運用軍事技術優勢摧毀對方的信息渠道，主導電子信息權。運用軍事打擊手段摧毀敵方的新聞傳播媒體讓對方"閉嘴"，是美國在現代戰爭中頻繁運用的輿論戰形式。例如，海灣戰爭開戰不久，美軍就炸毀了伊拉克國家電視台。科索沃戰爭期間，美軍為首的北約先後向南聯盟新聞機構投射了 1000 多枚炸彈，其中 19 個廣播電視傳播站有 17 個被摧毀。阿富汗戰爭中，美國開戰不久就炸毀了喀布爾東郊的"沙利亞"電台，接著又摧毀了塔利班組裝的移動廣播站。通過切斷敵方新聞資源的方式，美國進一步削弱敵方的輿論發聲能力，更好地操控國際輿論導向。

另一方面，美軍基於其對全球互聯網的主導權，在戰時屏蔽他國網絡發聲渠道。當前，全世界管理互聯網主目錄的 IPv4 根服務器有 13 台，1個主根服務器在美國，其餘 12 個均為輔根服務器，其中美國佔有 9 個。如果美國政府停止根服務器對某國提供域名解析服務，那麼該國家境內的互聯網就將無法使用。例如，在伊拉克戰爭爆發之前，時任美國總統小布什發佈了 "16 號國家安全總統令"，在這一指令下，美國負責提供互聯網域名管理的機構 ICANN 在戰爭期間中斷了對伊拉克國家頂級域名 ".iq" 的解析，一夜之間，所有以 ".iq" 為後綴的網站從互聯網世界蒸發。

（三）和平期間的軟手段：美式價值觀的 "軟輸出"

軟手段往往由美國媒體主導，藉助在全球輿論的壟斷地位，實現美國價值觀的軟性輸出。在國際交往中，美國政府想要實現壟斷全球話語權的目標，核心就是扶持美國媒體企業的發展壯大。在此基礎上進行輿論輸出，實現對他國的輿論打壓，干擾他國的正常國際交往。

美國媒介機構力量強勁，確保其擁有絕對的宣傳優勢和信息強權。據世界媒體實驗室發佈的《世界媒體 500 強（2020 年）》，在報紙出版、廣播電台 / 電視兩大傳統傳媒領域的 TOP10 公司中，美國均佔有 5 席，其餘入榜企業也大多為英國、日本、加拿大、澳大利亞等西方大國。全球四大通訊社 —— 路透社、美聯社、合眾國際社和法新社中，美國獨佔兩家。

美國媒體的成功離不開美國政府的扶持。一方面，與金融業、互聯網業頻繁受到反壟斷調查不同，美國政府對傳媒行業更為包容。美國聯邦通訊委員會（FCC）曾於 1941 年頒佈《全國電視台所有權規則》，規定任何個人或團體不得擁有 3 家以上的電視台或者超過 25% 的電視受眾。自上世紀 80 年代以來，美國的廣播電視業開始了大規模的放鬆管制，如將每家公司所能擁有的電視台限額增加到了 12 家。到了 1996 年，隨著新《電信法》的通過，美國廣播電視業管制放鬆達到了高潮。這項新修改的法律為媒體的跨行業兼併重組打開了大門，並且把每家公司可擁有受眾的限制從 25% 提高到了 35%。此外，該法律規定只要全國受眾數不超過 30%，就不會限制各傳媒集團所能擁有的電視台數量。

圖 8-3　美國在報紙出版領域營收 TOP10 企業中佔 5 席

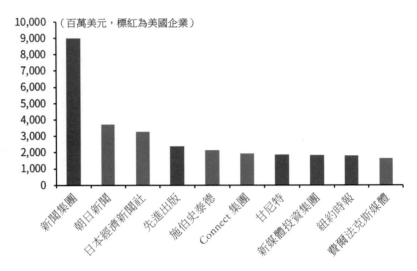

（百萬美元，標紅為美國企業）

資料來源：世界媒體實驗室 2020 年《世界媒體 500 強》

圖 8-4　美國在廣播電台／電視領域營收 TOP10 企業中佔 5 席

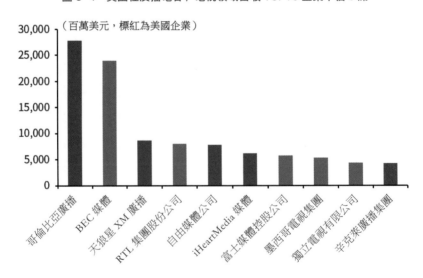

（百萬美元，標紅為美國企業）

資料來源：世界媒體實驗室 2020 年《世界媒體 500 強》

　　管制的放鬆讓美國的媒體業出現明顯的所有權集中化趨勢。據 Bagdikian 的《媒體壟斷》所述，控制著媒體產業的大型公司由 1983 年的 50 家驟降至 6 家。媒體市場的高度集中，不僅有助於幫助頭部傳媒企業做大做強，使其更有能力擴張至海外市場，佔據國際輿論主導地位，同時企業數量的降低，也可以降低政府對傳媒市場的管理難度，防止有些中小傳媒企業發出"不和諧"的聲音。

另一方面，美國政府也在不斷增加對國際媒體的資金投入。以美國國際媒體署為例（前身為美國新聞署，在吸收美國廣播理事會後，於2018年由特朗普更名為美國國際媒體署），作為負責美國聯邦政府對外廣播事務的機構，下轄美國之音（VOA）、歐洲電台（RFE）、亞洲自由電台（RFA）等眾多傳媒機構，其獲得的財政撥款近年來也在持續增加。2022 2023 財年，美國國際新聞署獲得的財政撥款分別為 8.54 億美元、8.84億美元，而 2023 年 3 月拜登提交的 2024 財年預算將其經費進一步增至9.44 億美元，增長 6.7%，高於上一財年 3.5% 的增幅。

圖 8-5　美國國際媒體署組織架構

資料來源：美國國際媒體署官網

其中，美國政府高度重視對華宣傳投入。從撥款方向來看，根據美國之音（VOA）的 2024 財年預算，漢語宣傳經費以 1501 萬美元居首位（若加上藏語則為 1989 萬美元），遠高於阿富汗語（978 萬）、俄羅斯語（945萬）、朝鮮（684 萬）等，佔總預算的 6.9%（含藏語），是第二名（阿富汗語）的兩倍，並在近五年一直維持該高水平。從成效來看，美國國際媒體署下屬的媒體覆蓋中國聽眾最多，2018 至 2022 年期間平均達到 0.65 億人 / 週，收聽人數佔比達到 16.0%，高於其他國家。

圖 8-6　2024 財年預算中，按語種劃分，美國之音（VOA）對華經費達到 1501 萬美元（若含藏語則為 1989 萬美元），居首位

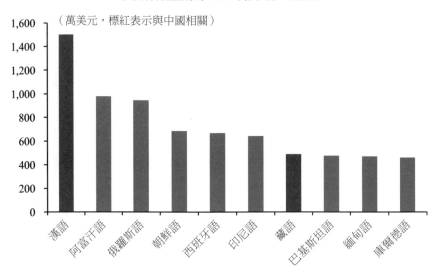

資料來源：2024 財年美國國際媒體署預算報告

圖 8-7　2018—2022 年，美國國際媒體署下屬的媒體覆蓋中國聽眾最多，收聽人數佔比達到 16%

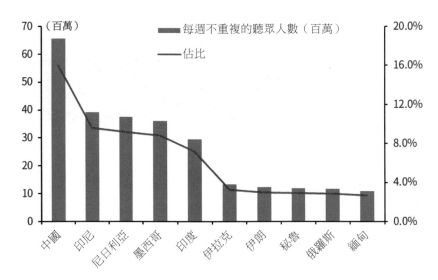

資料來源：2024 財年美國國際媒體署預算報告

三、美國輿論霸權霸在何處？

（一）對內：重重限制下的"言論自由"

美國的輿論霸權的"霸"體現在對內的高度控制輿論，為新聞工作者設置重重限制，同時把媒體機構異化為維護自身統治的穩定器，並將其與財團利益捆綁，讓社會底層人民失去發聲的機會。同時，美國境內的他國媒體也常常面臨審查、管制與制裁的威脅。

（1）新聞工作者：在有限的自由下"戴著鐐銬跳舞"

美國的言論自由並非絕對，存在例外情況。儘管美國憲法第一修正案明確提出"禁止政府制定任何剝奪人們言論自由的法律"，但實際上，美國最高法院卻有一條非常不著名的隱藏條文："言論自由的例外"。美國司法部檢察官在一份向國會的報告《Freedom of Speech and Press: Exceptions to the First Amendment》中總結，"煽動""造謠""淫穢""恐嚇""仇恨"的言論是被排除在《修正案》保護範圍外的。

在此基礎上，美國政府可以出於國家安全和國家利益的需要，在法理上對新聞內容做出種種限制。例如《煽動法》《叛國法》以及《檔案管理條例》等，都限制公民宣傳危害國家安全、涉密等內容。在 20 世紀上半葉的五十多年時間裏，凡宣傳暴力革命、反政府的報紙、言論和刊物，以及發表這些言論的社會主義者、共產黨人、反戰積極分子、外國僑民和工會人士凡乎無不例外地被判犯有"反政府罪""叛國罪"和"陰謀以暴力推翻美國政府罪"等罪名。

一旦新聞工作者的報導內容違反了美國的主流價值觀，那麼其報導將被雪藏，甚至被直接解僱。例如，普利策獎的知名記者彼得·阿內特，因為在 2003 年伊戰期間接受伊拉克電視台採訪時說了幾句誇獎對方的話語，即"美國正在重新制定戰爭計劃……顯然原來的戰爭計劃錯誤地估計了伊拉克軍隊的抵抗決心"，就立即被美國全國廣播公司（NBC）解僱。可以說，美國新聞工作者在種種限制下，只能在限定的主流選題和價值導向下進行新聞創作。

（2）傳媒公司：在監管下被財團和政黨利益深度捆綁

除了受政府的監管，美國的媒體公司也被利益集團深度捆綁。在美國，頭部媒體公司股權主要席位由金融家佔據，包括各類養老基金、信用基金、私人基金等。例如，旗下擁有《華爾街日報》《紐約郵報》的美國規模最大的新聞企業——新聞集團（News Corporation），其在 2022 年末持股超 5% 的 4 家大股東均為金融企業，四家累計持股比例超 4 成；擁有美國廣播公司（ABC）的華特迪士尼（The Walt Disney Company）64% 股份控制在機構投資者手中，其中至少有七家是銀行：Fidelity、巴克利、State Street、北部信託、黑石、JP 摩根、Mellon。

因此當出現涉及資本主義制度深層弊端的問題時，美國主流媒體往往輕描淡寫、冷漠消極，底層人民鮮有發聲的權利。例如，2011 年美國發生 "佔領華爾街" 運動，當運動已經擴展到全美國 120 多個城市時，西方的主流媒體仍然保持沉默。美國皮尤研究中心的調查顯示，在 9 月 25 日至 10 月 2 日佔總量 14% 的關於經濟報道的新聞版面和新聞編排中，關於 "佔領華爾街" 的報道僅佔了這 14% 中的 12%（即佔這段時間新聞總報道量的 1.68%）。且報道多持消極評價，指責示威者是 "用幼稚的手法示範進步主義"。可以說，在示威過程中，資本家享有通過媒體為自己辯護並攻擊示威者的 "新聞自由"，而示威者卻不享有通過媒體為自己辯護的 "新聞自由"。

圖 8-8　2022 年末新聞集團持股超 5% 的 4 家大股東均為金融企業，股權合計佔比超 4 成

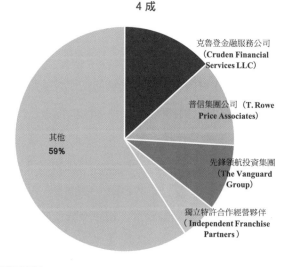

資料來源：新聞集團官網

　　此外，美國的媒體企業也要服從於政客的競選利益，難以維持中立、客觀的初衷。一方面，共和民主兩黨為爭奪選票，在政治廣告上投入了巨額資金。例如，美國無黨派廣告追踪機構 AdImpact 估算，2022 年中選期間兩黨在政治廣告上的投入達到 89.2 億美元，是 2018 年中期選舉（39.6 億美元）的 2.3 倍，僅次於 2020 年總統選舉（90.4 億美元），是美國歷史上第二貴的選舉週期。為了在這龐大的宣傳經費中"分一杯羹"，美國媒體不得不參與政治活動，這也必然在一定程度上影響報道的客觀公正。

　　前文所提到，2023 年聯邦法案禁止拜登政府為刪帖而聯繫社交媒體公司，一定程度上也體現了兩黨在社交媒體監管上的權利爭鬥。該禁令的源頭是，2022 年起密蘇里州、路易斯安那州等紅州的州檢察長針對拜登提起訴訟，指控拜登政府正在與美國的社交媒體公司一起打壓"言論自由"。有意思的是，發出此禁令的聯邦法官道蒂本人也是由美國前共和黨籍總統特朗普提名後任職的。共和黨人一直指控拜登在通過社交媒體打擊和管控不利於己方的言論，此次聯邦禁令也被共和黨人視為一次社交媒體的"初步勝利"。

　　另一方面，美國主流媒體的話事人，也希望通過媒體力量介入美國政治運行，高管政治取向往往會影響媒體的政治立場。例如支持共和黨的福克斯新聞前負責人羅傑·艾爾斯，曾擔任美國前總統尼克松、里根和老布什的顧問，而這些總統都是共和黨人，相應大選期間福克斯新聞也成為"特朗普全時段網絡"。此外，美國媒體高管也通過政治獻金支持自己偏好的黨派，如美國新聞公司 USA TODAY 發現，2020 至 2021 年有大量媒體高管進行過政治捐贈，給支持的黨派站隊。

表 8-4　美國媒體高管為自己偏好的黨派提供大量政治捐款

捐贈對象	高管	金額	任職
民主黨	喬治‧索羅斯（George Soros）	3,679,800 美元	維基百科的主要捐助者
	勞倫娜‧鮑威爾‧喬布斯（Laurene Powell Jobs）	超過 200 萬美元	華特迪士尼、美國廣播公司（ABC）大股東
	羅伯特‧艾格（Robert A.Iger）	超過 100 萬美元	華特迪士尼公司執行主席
	詹姆斯‧默多克（James Murdoch）	超過 225 萬美元	曾出任天空廣播公司的主席，並負責新聞集團的歐洲和亞洲業務。
	阿夫薩內‧貝施洛斯（Afsaneh Beschloss）	614,300 美元	美國全國公共廣播電台（NPR）董事會成員
	謝麗爾‧桑德伯格（Sheryl Sandberg）	500,000 美元	Facebook 首席運營官
共和黨	魯伯特‧默多克（Rupert Murdoch）	超過 250 萬美元	美國新聞集團主要股東，董事長兼行政總裁
	克里斯‧拉迪（Chris Ruddy）	365,000 美元	美國有線新聞和數字媒體公司 Newsmax Media 的首席執行官和大股東
	愛德華‧阿辛格（Edward Atsinger）	30,000 美元	美國保守派網站、印刷雜誌和廣播新聞服務機構 Townhall Media 的聯合創始人
	菲利普‧安舒茨（Philip Anschutz）	168,500 美元	美國保守派社論報紙 Washington Examiner 所有人

資料來源：The Trilateral Commission 官網

（3）境內他國媒體：審查、管制與制裁

對於境內的他國媒體，美國政府往往將其定義為"外國代理人"或"外交使團"，並根據法律進行管控。其中，"外國代理人"和"外交使團"監管的對象都是接受外國資助，在各種場合發表不同意見的機構。

從監管內容看，兩者都大大加強了美國對外國媒體的審查和監督，涉及要求媒體組織公佈所有員工的薪資、家庭電話及地址等數據，登記旗下所有租賃或擁有的物業，將所有採訪以及與當局代表談話的內容上報美方有關部門等。但前者主要歸屬美國司法部管轄和實施，後者則歸美國國務院直接管理，也意味著被歸類為外國使團會使新聞機構受到更嚴格的監控。

總體來看，被列為"外國代理人"或"外交使團"名單將會對極大威脅到媒體機構在美國的正常運營。一方面，公信力是新聞媒體的立身之本。如果某家媒體被貼上"境外勢力代表"的標籤，那麼其公信力便會大打折扣，甚至可以說是在全球輿論場被"出示紅牌"而"罰出場外"。另一方面，按照新聞自由和媒體獨立的原則，美國政府部門很難對媒體機構進行公開和直接地監管。但如果某家媒體按照"外國代理人"或"外交使團"來登記，就必須定期向主管部門申報財務、人事和活動，這實際上是將美國政府對外國媒體機構的"定向監控"合法化，大大限制其運營的自主性。

近年來，美國頻繁把境內的中國媒體列入管制名單。自 2017 年 11 月，美國司法部把"今日俄羅斯（RT）"電視台列入"外國代理人"名單後，美國政府便將目光聚焦中國，如美國國會特設的美中經濟安全審查委員會在 2017 年的年度報告指出，中國媒體的工作人員不在《外國代理人登記法》的範圍內是一個"漏洞"。此後數年間，中國有近 20 家媒體被列入管控名單，涉及新華社、中央電視台、《人民日報》等多家權威媒體，覆蓋廣泛，甚至美國政府以此為由，變相驅逐中方記者，以及拒絕其在國會、白宮的採訪活動，干擾來自中國的媒體機構在美國進行的正常活動。

表 8-5　近年來，美國政府頻繁將境內的中國媒體列入管制名單

時間	針對媒體機構	內容
2018 年 9 月	新華社、中國環球電視網	美國司法部通知新華社和中國環球電視網，它們必須根據"外國代理人註冊法"註冊為"外國代理人"。
2018 年 12 月	中國國際電視台北美分台	美司法部將中國國際電視台北美分台登記為"外國代理人"，並以此為理由，拒絕部分中國記者申請美國會記者證件，要求部分中國記者定期向白宮提交僱傭證明。
2020 年 2 月	新華社、《中國日報》美國發行公司、中國國際電視台（CGTN）、中國國際廣播電台、《人民日報》海外版美國總代理	美國將 5 家中國媒體駐美機構列為"外國使團"，並於 3 月 2 日宣佈削減作為"外國使團"列管的這 5 家中國媒體駐美機構 40% 的中國籍員工，變相驅逐 60 名中國駐美記者。

時間	針對媒體機構	內容
2020 年 6 月	中央電視台（CCTV）、《人民日報》、《環球時報》、中國新聞社	將中央電視台（CCTV）、《人民日報》、《環球時報》和中國新聞社等 4 家中國媒體增加列管為 "外國使團"。
2020 年 10 月	第一財經英文版、《解放日報》、《新民晚報》、中國社會科學雜誌社（SSCP）、《北京週報》、《經濟日報》	美國務院宣佈（認定）六家總部位於中國的媒體為外國使團。這些媒體全部屬於或者被外國政府控制。
2021 年 8 月	《星島日報》	將香港歷史最悠久的中文報紙之一《星島日報》美版列為 "外國代理人"。

資料來源：央視網、觀察者網

此外，中國媒體在美國的社交媒體上也被區別對待。例如，X（推特）2022 年開始在轉發中國媒體報道的推文下添加標註："這條推文鏈接到了中國國家附屬媒體的網站"。X 表示通過上述做法能使中國發佈內容影響力減少了 30%。但是，X 卻對英國 BBC、美國 NPR 等西方主流媒體另當別論，認為他們是 "具有 '編輯獨立性' 的國家資助媒體機構"，因而不需要專門標註。

（二）對外：輿論操縱與意識形態滲透

二戰結束後，為解決公海航行自由的問題，各國開始重新建立世界海洋秩序。在此期間，聯合國先後召開三次海洋法會議，並在 1982 年最終通過了《聯合國海洋法公約》，確立毗鄰區（領海基線以內 24 海里）、專屬經濟區（領海基線以內 200 海里）概念，明確沿海國在以上區域內享有美國的輿論霸權的 "霸" 還體現在對外的輿論操控，美國政府首先通過收購盟國的媒體公司，操縱盟國輿論，以便聯合盟友對競爭對手進行統一的輿論打擊。同時，美國還會基於自身的輿論力量優勢，在全球範圍內進行意識形態滲透，將本應獨立自主的媒體機構變為干涉他國內政的利器。

一方面，美國通過一系列收購，控制了大量盟友，特別是歐洲地區的媒體企業，以便更好引導盟國的輿論。其中，美國的頭部媒體企業往往踐行全球化經營戰略，通過收購的方式，控制了歐洲、澳大利亞等的當地知名媒體公司。具體來看：

‧ 創辦美國第一家全國性日報的甘尼特集團，在 20 世紀 90 年代收購了英國最大的地方報業集團——新聞公眾股份有限公司，從而在英國擁有了 15 家日報和一批週報，其中包括收購了世界現存連續出版時間最久的報紙《沃爾塞斯特日報》。

‧ 美國最大的報紙出版商新聞集團，前身即澳大利亞新聞有限公司，於 2004 年將總部搬至美國，旗下擁有《先驅太陽報》《每日電訊報》《黃金海岸消息》等多家澳大利亞本土報刊。此外，新聞集團旗下還擁有英國知名報刊《泰晤士報》《太陽報》等。

‧ 美國第一大有線電視和家庭互聯網接入服務商康卡斯特，在 2018 年 4 月以 307 億美元成功收購歐洲最大付費電視集團天空廣播公司（Sky）後者同期在英國、愛爾蘭等歐洲五國擁有超 2300 萬訂戶。

對此，澳大利亞前總理 Malcolm Turnbull 反思道："默多克的新聞集團對澳大利亞的民主構成了真正的威脅，新聞集團已經超過了聯合政府或工黨，成為澳大利亞最強大的政治力量，但與政黨不同的是，它並不對澳大利亞的公眾負責。"

另一方面，美國通過在影視產品、圖書等各種媒體中植入美國價值觀，進行意識形態層面的"媒介滲透"。美國文化的全球擴張是其對外戰略的重要組成部分，通過在各類媒體中嵌入美國價值觀和生活方式，打造出以美式文化為主導的文化和輿論空間，為霸權服務。正如美國學者約翰‧耶馬在其《世界的美國化》一文中指出，關於文化擴張，美國真正的武器是好萊塢的電影業、麥迪遜大街的形象設計廠和馬特爾公司、可口可樂公司的生產線。

在向全球輸出意識形態後，美國就可以塑造所謂的"普世價值"，對不符合本國價值觀的國家進行打擊。例如，美國以"自由民主"為旗號，在國際輿論上把阿富汗、伊拉克、利比亞和敘利亞等國稱作"失敗國家"，強行干涉他國內政，令這些國家陷入長期戰亂，給當地人民造成深重災難，而其真實意圖則在於控制石油資源和維護自身霸權。主權以及專屬管轄權。

四、美國踐行輿論霸權的代表

（一）俄烏衝突：封禁限流與網絡空間信息戰

美國雖然沒有直接參與俄烏軍事衝突，但卻利用輿論優勢深度插手其中。可以說，俄烏衝突是社交媒體時代第一場被 "全網直播" 的大規模戰爭，烏克蘭作為戰爭代理人在前方衝鋒陷陣，歐美國家則站在其身後，不斷向烏援助軍事武器、資金、輿論以及信息支持，達到虛擬戰場與實體戰場攻防積極配合。

在俄烏軍事衝突中，美國不再秉持 "媒體中立和客觀公正" 的準則，而是對俄進行輿論打擊，把俄置於國際輿論的對立面。俄羅斯聯邦社會院數據顯示，在俄烏衝突發生後不到一週時間裏，已經出現約 131 萬條關於烏克蘭和頓巴斯局勢的虛假報道。例如，西方媒體編造了 "基輔幽靈" 戰機讓俄軍喪膽的新聞（後被證實是遊戲畫面經配音剪輯等方式合成），烏克蘭駐守蛇島烏軍寧死不降的 "蛇島 13 烈士" 新聞（後被俄方曬出他們投降被俘照片）等。此外，烏東火車站、馬里烏波爾劇院和婦產醫院、扎波羅熱核電站遭襲等事件，美西方都稱是俄方所為，這些新聞被美國有線電視新聞網（CNN）、紐約時報、泰晤士報、華爾街日報等西方媒體轉載，迅速引發國際輿論對烏方的同情及對俄方的譴責。

從成效來看，通過引導輿論，歐美贏得了國內民眾支持，也讓俄羅斯在 "道義" 上佔據下風。一方面，通過各類真真假假的報道，美國和西方國家政府把俄與 "暴力" 直接掛鈎，極大調動了國內民眾的反對情緒，成為美西方民眾支持對烏軍事、經濟援助以及對俄制裁的重要因素。

另一方面，烏方也據此向國際法院訴訟俄犯下 "種族滅絕罪" "戰爭罪和危害人類罪"。特別是在 2022 年 4 月，美國以 "烏克蘭持續的人權和人道主義危機" 為由，向聯合國提出暫停俄羅斯在人權理事會的成員資格，並以 93 票贊成、24 票反對、58 票棄權的表決結果通過。此後，"人權" 問題就成為了歐美幫扶烏克蘭、打擊俄羅斯的重要旗幟，也讓俄方在 "道義" 中落入下風。

在俄烏衝突的輿論戰中，為了讓來自西方的報道更能獲得國際輿論優勢，美國在封禁俄羅斯媒體的同時，也打響了網絡空間信息戰，主要採取了以下三個手段：

一是社交媒體成為美國輿論博弈的重點。在美國政府壓力下，Twitter、Facebook 等多家社交媒體對俄媒體進行限流，限制封禁相關賬戶，阻斷俄羅斯一方的信息輸出。例如，Facebook 和 Instagram 均對來自俄羅斯國家媒體的內容進行降級，並且標註相關標籤。Twitter 則封禁 100 多個推送 #I Stand With Putin 標籤的賬戶，並限制了包括普京賬戶在內的 300 多個俄羅斯政府官方賬戶的內容。YouTube 也宣佈在全球範圍內屏蔽與俄羅斯國家資助媒體相關聯的頻道。

表 8-6　俄烏衝突以來，一系列社交媒體對俄媒體進行限流

平台類型	社交媒體	媒介屬性	手段	主要功能	制裁舉措
社交網絡	Twitter	圖文媒介	#tag、網絡水軍、社交機器人、模因漫畫、海報、攻擊廣告	電子戰、計算機網絡戰、作戰保密、心理戰、國際輿論造勢、抨擊敵對國	嚴打俄烏軍事衝突期間出現在其平台上的"虛假信息"，暫停其平台上面向這兩個國家的廣告內容，以免干擾重要資訊的傳播
	Facebook	社交性圖文媒介			禁止和審查多個俄羅斯國家媒體賬戶，刪除俄羅斯政府於 Facebook 上發佈宣傳戰爭的新聞及錯誤信息
即時通訊	Skype	視頻語音通話媒介	即時消息（IM）、IP 語音（VoIP）	招募、文宣、社會動員	母公司微軟宣佈暫停在俄羅斯的所有新產品和服務的銷售
串流媒體	ROKU	長視頻傳播媒介	視覺技術、深度造假	視覺宣傳、公民新聞、文宣、追蹤對方軍事行動	從其歐洲頻道商店移除"今日俄羅斯"電視台
	網飛				將不會在俄羅斯發行一些國營頻道，同時暫停未來所有關於俄羅斯項目的收購
視頻社交平台	YouTube	短視頻傳播媒介			限制俄羅斯和衛星通訊社發佈消息，封禁俄羅斯國營媒體賬號，並刪除了數千個"違反規定"的視頻
	Instagram				停止向所有用戶推薦俄羅斯官方媒體的內容

資料來源：蔡潤芳：〈從"推特革命"到"WarTok"——社交媒體如何重塑現代戰爭〉，《探索與爭鳴》，2022 年。

二是以技術手段封鎖俄國互聯網，掐斷俄羅斯的信息傳播渠道。在美國政府壓力下，多家外國互聯網服務運營商對俄羅斯發起了"斷網行動"，

例如 Cogent 通信幹線切斷了與俄羅斯供應商的聯繫、Sectigo 停止了向俄羅斯人發佈 SSL 證書、Namecheaper 也停止了對俄羅斯域名的維護等。

2022 年 3 月，世界上最大的互聯網骨幹網供應商之一的 Cogent 切斷了俄羅斯客戶的數據傳輸服務，影響到俄羅斯電信巨頭 Rostelecom、俄羅斯搜索引擎 Yandex，以及俄羅斯最大的兩家移動運營商 MegaFon 和 VEON 的正常運營。

2022 年 3 月，世界上最大的認證中心之一的 Sectigo 宣佈停止接受俄羅斯區 .Ru 和 .RF 域名的 SSL 證書申請。作為防範網站免受木馬病毒和黑客攻擊的重要保障，缺少 SSL 證書會讓俄羅斯境內上至政府下至個人的各類網站將完全暴露在互聯網風險之中，外界可以輕而易舉地對網站發起攻擊，企業機密信息和用戶數據也存在被截取的風險。

2022 年 3 月，美國域名註冊服務商 Namecheap 停止為俄羅斯域名提供服務，要求俄羅斯在 2022 年 3 月 6 日之前將註冊的域名轉移給其他註冊商。其中，所有到期未進行轉移的域名都顯示 403 Forbidden HTTP 錯誤信息，不再能正常顯示。

三是網絡攻擊在俄烏軍事爭奪和輿論信息戰中達到了空前規模，並發揮著重要作用。俄羅斯政府在 2022 年 3 月公佈的清單顯示，有 17500 多個 IP 地址和 174 個互聯網域名參與了針對俄境內目標的持續 DDoS 攻擊（分佈式拒絕服務攻擊），攻擊方來自美國聯邦調查局、中央情報局等，對俄的航天控制中心、國防、能源、金融、電信等要害部門造成嚴重影響，相應美國網絡司令部司令兼國家安全局局長保羅·中曾根在 2022 年 6 月接受採訪時承認，美國網絡司令部的"專家"早在 2021 年 12 月就被部署到烏克蘭，針對俄羅斯進行了"進攻性和防禦性行動，以及信息行動"。

國際黑客組織"匿名者"也在 2022 年 3 月宣佈對俄開展"網絡戰爭"，如俄羅斯衛星通訊社在正常播放的過程中，會被黑客切入烏克蘭國歌和俄羅斯入侵烏克蘭的圖像，其他政府網站如克里姆林宮官網、俄羅斯外交部、俄聯邦委員會、大型銀行等多個網站也受到 DDoS 攻擊，連接不穩定，用戶無法正常打開頁面。

（二）封禁 TikTok 事件：輿論打壓與圍堵

早在特朗普政府時期，美國就以維護國家安全為由，對 TikTok、微信等進行大肆打壓。對此，TikTok 的母公司字節跳動採取了把美國用戶的數據隔離至由甲骨文公司運營的本土獨立設施、將 TikTok 的在美運營全權交給基於加州洛杉磯的本土團隊，以及組建"透明度和問責中心"和內容顧問委員會等措施，不斷提高數據合規工作的"本地化"與"透明化"。

但 TikTok 維護數據安全的一系列操作，並沒有打消美國政府的顧慮，相反不斷施壓。從管制手段來看，從一開始限制 TikTok 投資，到禁止政府人員的使用，直至最後總統被賦予在全美範圍內封禁 TikTok 的權力，拜登政府對 TikTok 的限制不斷加深。

圖 8-9　拜登政府自 2022 年以來對 TikTok 進行頻繁管制，且限制程度不斷加深

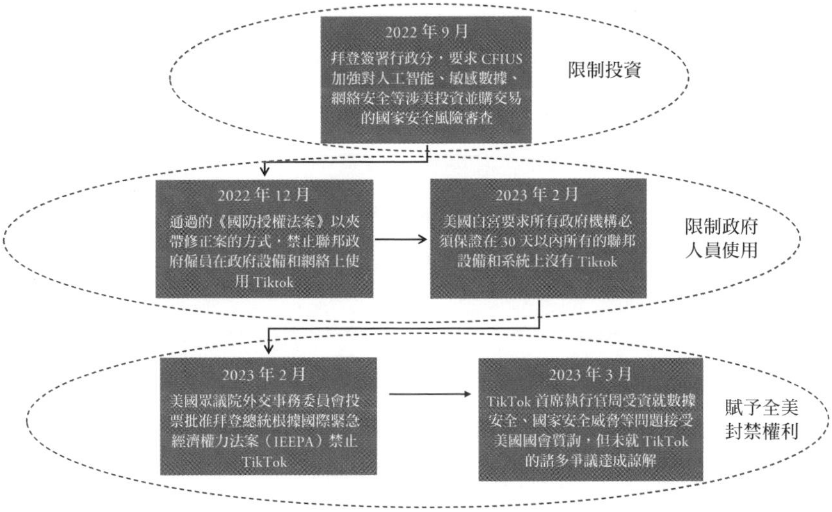

資料來源：新華網，央視網

與在芯片、電池等領域對中國進行直接圍堵不同，TikTok 用戶基數龐大，貿然大規模封禁容易引起選民不滿，拜登的態度也更為謹慎。根據 Data Reportal 發佈的報告，截至 2023 年 1 月，TikTok 的美國用戶數量已高達 1.13 億，佔 2022 年美國總人口數量（3.33 億）的 34.0%。此外，華盛頓郵報在 2023 年 3 月開展的民意調查也指出，只有不到一半的美國人（41%）支持政府全面封禁 TikTok，在日常使用 TikTok 的人群中，反對封

禁的人數佔比高達 54%。

圖 8-10　截至 2023 年 1 月，TikTok 的美國用戶數量已高達 1.13 億，居全球首位

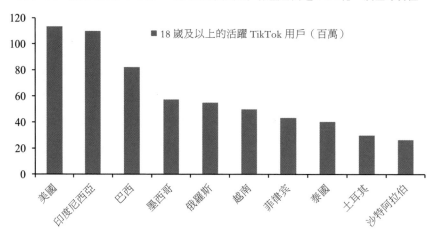

資料來源：DataReportal

　　為了獲得國內選民認同，美國媒體開始頻繁向民眾揭露 TikTok 的 "威脅"，為政府對 TikTok 進行管制造勢。當前，美國媒體主要關注 TikTok 對未成年人不良影響、數據安全和隱私，以及中美競爭三個方面，並提出質疑。但實際上，美國媒體質疑的邏輯往往是 "疑罪從有"，即 "由於中國政府對其管轄範圍內的企業享有重大影響力，因此從理論上講，字節跳動以及 TikTok 可能被迫進行安全活動，包括可能的 TikTok 數據傳輸。" 因此，儘管美國媒體們沒有發現中國政府通過 TikTok 監視美國民眾的事實證據，但仍通過一系列具有引導性的報道，挑撥美國民眾與 TikTok 的關係，為政府對 TikTok 進行管制造勢。

表 8-7　自 2022 年以來，美國媒體頻頻發佈 TikTok 與未成年人、數據安全、隱私與
　　　　投資安全相關的負面報道

領域	時間	媒體	內容
未成年人不良影響	2022 年 3 月	美聯社	加州與各州就 Tiktok 對兒童健康的影響展開調查，稱其做法和計算機驅動的內容推廣可能危及年輕用戶的身心健康。此外，得克薩斯州對 TikTok 涉嫌侵犯兒童隱私和協助人口販運的行為展開調查。
	2022 年 10 月	福克斯 FOX	TikTok 成癮：專家對社交媒體熱潮以及該應用 "巨大" 影響力背後的原因進行權衡。
	2023 年 4 月	華盛頓郵報	TikTok 讓很多女孩上癮，尤其是那些有抑鬱症的女孩。
	2022 年 12 月	CNN	CNN：研究發現，TikTok 可能會在幾分鐘內將潛在有害內容推送給青少年。
	2023 年 3 月	紐約時報	TikTok 聲稱它正在限制青少年看屏幕的時間，但實際上並不是。
數據安全和隱私	2022 年 6 月	華盛頓郵報	海地幫派使用 TikTok、Instagram、Twitter 進行招募和恐嚇。
	2022 年 10 月	福克斯 FOX	TikTok 算法中的人工智能讓中國能夠控制輿論。
	2023 年 4 月	華爾街日報	TikTok 禁令無法解決隱私問題。
	2022 年 12 月	華爾街日報	TikTok 是一家中國公司，美國讓其收集和分析可能提供給中國政府的個人數據是有風險的。
中美競爭	2023 年 3 月	晨星	TikTok 成功打破了美國競爭對手 YouTube 和 Meta 的壟斷，比如著名說唱歌手兼演員 Snoop Dogg 與 TikTok 而非 Spotify 或 Apple Store 簽署了獨家協議。鑒於巨大的利潤潛力，就像之前華為（5G）的情況一樣，華盛頓希望通過禁止中國競爭對手來防止美國企業失去這些獲利機會。
	2023 年 3 月	CNBC	圍繞誰主導技術領域與中國展開競爭，這確實是未來國家安全的關鍵所在。

資料來源：美聯社、華爾街日報、紐約時報等

　　此外，美國也會裹挾盟國輿論，聯合盟友對 TikTok 共同進行的輿論打壓。例如，美國新聞集團企下的英國《泰晤士報》在 2023 年 3 月的報道中稱 TikTok 的 Bold Glamour 濾鏡 "威脅心理健康"，澳大利亞《先驅太陽報》則在 3 月發佈《你應該刪除 TikTok 嗎？》，宣傳 TikTok 對普通

人構成的隱私風險。此外，被美國康卡斯特集團收購的歐洲天空廣播公司（Sky）也在 3 月發佈視頻，解釋為什麼政府要對 TikTok 採取行動，是出於哪些擔憂。

甚至美國媒體還會向盟友進行輿論施壓，督促盟友跟進對 TikTok 禁令。例如，《華爾街日報》在 2023 年 3 月發佈《美國主要盟友沒有遵守政府範圍內的 TikTok 禁令》中，指出澳大利亞和新西蘭尚未在所有政府機構中禁止 TikTok，而是將其留給各個部門來決定其員工是否可以安裝該應用程序，沒有跟從美國，並強調缺乏全面禁令會造成不必要的國家安全風險。對此在 4 月，澳大利亞宣佈禁止在聯邦政府擁有的所有設備中使用 TikTok，進一步加強禁令。

值得關注的是，與針對 TikTok 不同，美國對於盟國的新媒體公司非常寬容，支持其在美國本地開展業務。例如，總部位於法國的全球視頻流媒體服務商 Dailymotion，每月為近 3.5 億全球用戶提供視頻播放服務，並且該流媒體平台對美國民眾具有較大影響力，據 SimilarWeb 提供的數據，在 2023 年 3 月該平台約有 15.3% 的訪問流量來自美國，超過了第二名法國（9.2%）。同時，但美國也支持 Dailymotion 在美國本地擴展業務，例如在 2022 年 10 月，Dailymotion 宣佈與擁有 12 萬名獨立攝像師的美國新聞公司 Stringr 合作，實現將新聞報道覆蓋至全美數百萬觀眾，對美國民眾的影響力進一步擴大。

總體看，目前美國和盟友對 TikTok 的圍堵已經形成，TikTok 的國際業務面臨新一輪挑戰。在美國的禁令和輿論呼籲之下，截至 2023 年 4 月上旬，多國已經開始效仿美國禁用 TikTok，但出於選民和對華關係等考量，仍有部分國家對執行禁令表態猶豫。總體來看，儘管 TikTok 已經在隱私保護與信息安全方面做出大量努力，但並沒有得到上述國家的信任，都對 TikTok 採取或多或少的措施進行限制。

向前看，未來 TikTok 在多國政府層面被禁用，或沒有太大懸念，但要實現全國層面的禁用，在短期內還很難形成共識。以美國為例，2023 年 2 月麥考爾提出 HR 1153 號法案，要求授權美國總統拜登實施 TikTok 禁令，儘管該法案以 24 票贊成，16 票反對通過，但民主黨人大多看法謹慎。新媒體企業、互聯網公司普遍是民主黨人的政治獻金來源，可見當前圍繞著對華競爭，兩黨共識與分歧並存，利益訴求點也存在區別，一旦涉華法案與美國自身的經濟利益、國際聲譽和人權問題等領域掛鈎，則相關法案的進度就會受到多方牽制。

表 8-8　2023 年上半年以來，多國宣佈在政府系統中禁用 TikTok

時間	國家	內容（紅色表示態度相對強硬，藍色表示相對溫和）
2023 年 4 月	澳大利亞	由於"廣泛收集用戶數據並暴露於與澳大利亞法律相衝突的外國政府的法外指示"，TikTok 構成了安全和隱私風險，禁止在聯邦政府擁有的所有設備中使用 TikTok。
2023 年 3 月	愛沙尼亞	愛沙尼亞 IT 和外貿部長克里斯蒂安‧耶爾萬（Kristjan Järvan）接受採訪稱，TikTok 將被禁止在國家向公職人員發放的智能手機上使用。然而，部長也補充說："如果公職人員在工作時使用他們的私人電話，我們真的不會調查這個問題。
2023 年 3 月	英國	英國內閣辦公室大臣奧利弗‧道登（Oliver Dowden）在向英國下議院發表的一份聲明中宣佈，立即禁止在政府官方設備上使用該應用程序。
2023 年 3 月	歐盟	歐洲議會、歐盟委員會和歐盟理事會這三個歐盟最高機構都以網絡安全問題為由，禁止員工在官方設備上使用 TikTok，並"強烈建議"議員和工作人員也從他們的個人設備中刪除該應用程序。
2023 年 3 月	法國	禁止在 5 萬公務員的工作手機上安裝和使用 TikTok、Netflix 和 Instagram 等"娛樂"應用程序，但不適用於國家僱員的個人電話。
2023 年 3 月	荷蘭	不鼓勵在政府分發的手機上使用來自"針對荷蘭或荷蘭利益的積極網絡計劃的國家"的所有應用程序，但沒有直接透露 TikTok 的名字。
2023 年 3 月	挪威	挪威議會規定政府人員禁止在工作設備上使用 Tiktok。如有必要，公務員仍然可以出於專業原因使用 TikTok，但只能在未連接到政府網絡的設備上使用。
2023 年 3 月	比利時	宣佈禁止 TikTok 在比利時聯邦政府擁有或支付的設備使用至少六個月，理由是對網絡安全、隱私和錯誤信息的擔憂。
2023 年 3 月	丹麥	國防部員工"必須盡快在服務電話和其他官方設備上卸載 TikTok，如果他們以前安裝了它"
2023 年 2 月	美國	出於數據安全問題，要求政府機構在 3 月底之前從聯邦設備和系統中刪除 TikTok。
2023 年 2 月	加拿大	宣佈禁止 TikTok 使用所有政府發行的設備，稱該應用程序對隱私和安全構成"不可接受的"風險。
2023 年 2 月	新西蘭	宣佈 TikTok 將在月底被禁止使用政府立法者的電話，但該禁令並不影響所有政府工作人員，僅適用於議會大樓中的約 500 人。

資料來源：歐洲新聞，美聯社

第九章

金錢永不眠：遊說如何影響美國政治？

遊說，作為一種古老的政治活動，曾經出現過在各國的內政和外交的舞台上。遊說一詞的英文 Lobby，其本意為輝煌的大廳、大堂，用作“遊說”的含義最早出現於 1215 年頒發《自由大憲章》的英國。美國建國後，首府定於華盛頓，不少議員下榻於希拉德飯店，飯店大廳也成為了各路人馬見縫插針對議員進行遊說的場所。

對於遊說活動這一政治領域的灰色地帶，美國政府並沒有令行禁止，而是試圖通過法律法規予以監管。然而，從 1946 年的《聯邦遊說管理法》，再到 2007 年的《誠實領袖及公開政府法》，美國政府用了半個多世紀對遊說法條修修補補，為遊說活動劃定了明確的界限，但終沒有給出有力的配套的監管和懲罰措施。

法律和監管的缺失，也使得日益強大的美國利益集團通過遊說，與政客結成了巨大的利益共同體，遊走在美國政壇的暗處，並對美國內政外交都帶來了巨大的影響。本章將通過案例、數據、事件，來拆解這一操縱和影響美國政壇的“無形之手”。

一、美國政壇無形之手：遊說制度總覽

在美國，遊說的定義是相當寬泛的。不能簡單直觀的認為，遊說就是一場利益集團與政客們綁定、交換利益訴求的政治鬧劇。在美國政治體系中，無論是三權分立還是選舉人團制度，權利的制衡思想都體現的淋漓盡致。遊說，同樣也是美國政治體系中，公民爭取權利、影響政策的合法

正當途徑，美國憲法也明確規定人民有請願的權利，賦予了遊說活動合法性。

從範圍來說，美國遊說活動，包括外國利益集團遊說美國政府、美國國內利益集團遊說議員、總統競選人遊說選民等等。大選之前總統在各地演講，公民自由集會爭取權利，同樣可以理解為是一種 "遊說" 活動。當然，利益集團遊說議員是大眾最為熟知的遊說活動，包括經濟利益集團、政治利益集團、宗教利益集團、公共利益集團等等。其中，經濟利益集團的數量最多、影響力最大且穩定性最高。

（一）美國遊說基本要素：合法性、盈利性、權力制衡

總結來看，美國遊說活動之所以能夠繁榮發展，得益於三個要素的支撐：

要素一，合法性。美國法律體系為遊說活動描述了一個合法的邊界，而配套的監管力度卻相對較弱，這也使得遊說活動中的腐敗活動屢見不鮮。

起初在二戰前，各國政府在美國的遊說活動明顯增多。為將遊說活動公開化、保護公眾的知情權，美國政府出台 1938 年《外國代理人登記法》及 1946 年《聯邦遊說管理法》，規定遊說者要主動在國會登記，並報告各種遊說活動及開支。但是，由於該法律依賴於遊說者的自願報備，存在懲罰和監督機制上的漏洞，大量的遊說組織和活動實際上並未向國會如實報備。

二戰後美國經濟蓬勃發展，催生出了一大批壟斷利益財團，這些財團資本雄厚，也逐步深入到美國政壇，通過培養政治代理人、影響政策和法律，從而維護其壟斷地位。隨著上世紀 80 年代末接連發生了多起說客賄賂議員醜聞後，1995 年美國國會通過《遊說公開法》，對參與遊說活動的人員、管理機構、登記管理辦法、遊說的活動範圍、處罰機制等做出明確規定，並規定如果個人花費超過 20% 以上的有薪時間從事影響政策的活動，即為說客，並且需要接受監管。

《遊說公開法》通過後，雖然美國註冊說客的數量大幅提升，但由於監管是建立在自願申報的基礎之上，且在法律實際執行過程中，監管人員數量有限，主管機關（參議院秘書處和眾議院書記處）沒有檢察權和調查權，因此法律的約束力依然有限。

後續為了彌補《遊說公開法》的缺陷，美國又連續出台了 1998 年的《遊說公開計技術法》、2007 年《誠實領導和政府公開法》，加強遊說環節的約束。但整體來看，法律對於遊說活動的約束效應有限，只是為該活動大體描述了一個法律的框架和邊界。法律監管的弱勢，也使得美國遊說活動中出現的公職人員腐敗問題屢見不鮮。

要素二，遊說行業牽涉了重大的利益活動，專業的遊說公司分工明確，盈利機制成熟。無論是外國利益集團遊說美國政府、美國行業組織遊說議員、總統競選人遊說選民，各方都可以通過遊說這一合法通道，表達利益訴求，交換籌碼。

從事遊說的人員，也可以通過遊說活動，得到合法的報酬。美國不少前議員、政府官員，例如，前議員鮑勃・利文斯頓（Bob Livingston）、前參議院多數黨領袖喬治・米歇爾（Georges Michell）、前眾議院多數黨領袖迪克・阿梅（Dick Armey）和迪克・格布哈特（Dick Gebhardt）等人在離職後均建立了遊說公司或事務所。他們發揮自身的知名度和政治經驗，吸引了不少有遊說需求的客戶。

美國政府也允許外國利益集團在本國進行遊說活動。外國利益集團的遊說重點在於美國國會，特別是參議院的外交關係委員會、財政金融委員會等，以及眾議院的國際關係委員會、籌款委員會等。駐美使館是外國利益集團推進遊說活動的重要基地。

要素三，遊說同樣是美國維護權利制衡、提高政府效率的重要方式。

學術界普遍認為，遊說活動中雖然存在大量腐敗行為，但是也對美國民主制度帶來了積極的影響。不同參與者在遊說中相互競爭與制衡，也可以達到利益的相互調整和妥協。

美國政客們不僅在乎金錢利益，更在乎競選支持率——換句話說，只有維持較高的競選支持率，政客們才能源源不斷地謀求利益。而遊說集團想要說服政客們推動或者阻止某項法案，也必須要向政客們證明，自己本身便是多數民意的代表。因此，一方面，遊說本身就是一種社會群體向政府和政黨高效傳遞訴求的方式，為美國民眾廣泛參與政治過程提供了重要渠道。另一方面，不同的群體僱傭不同的遊說集團表達訴求，也可以達到利益集團之間的相互作用和制約，從而防止小部分人專制。為了說服政客，遊說集團需要收集大量的信息、數據，也會出席國會立法過程中的聽證會，各方在立法過程之前充分的辯證、討論，從而增加了立法的科學性和民主性。

總而言之，遊說機制已然成為了美國政治不可缺失的要素。一方面，遊說制度鞏固了美國的多樣化政治制度；另一方面，遊說作為集體化利益影響政治的體現，也遏制了少數人強權專制的野心，保證了權利的平衡，正如"美國憲法之父"詹姆斯・麥迪遜所說的，"要用野心來對抗野心"。只不過美國開國元勳們的治國巧思，卻被快速膨脹的資本集團所綁架，成為了資本操縱政治的工具。

圖 9-1　美國遊說行業總花費及遊說人員數量

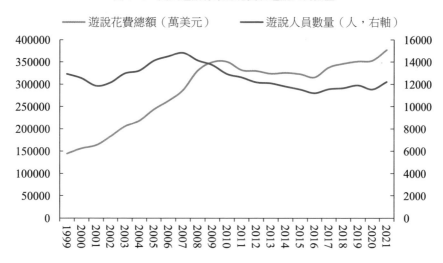

資料來源：open secrets

圖 9-2　遊說集團可以深入影響美國政治體制

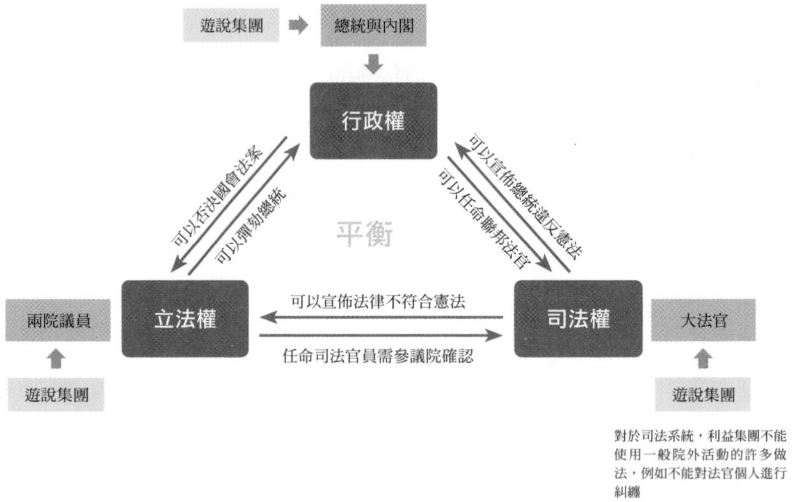

```
遊說集團 ➡ 總統與內閣
              │
              ▼
          ┌─────────┐
          │  行政權  │
          └─────────┘
   可以否決國會法案        可以宣佈總統違反憲法
   可以彈劾總統            可以任命聯邦法官
              平衡
┌───┐  ┌─────────┐   可以宣佈法律不符合憲法   ┌─────────┐  ┌─────┐
│兩院│  │  立法權  │ ◄────────────────────► │  司法權  │  │大法官│
│議員│  └─────────┘   任命司法官員需參議院確認  └─────────┘  └─────┘
└───┘        ▲                                    ▲
             │                                    │
          ┌─────┐                              ┌─────┐
          │遊說集團│                            │遊說集團│
          └─────┘                              └─────┘
```

對於司法系統，利益集團不能使用一般院外活動的許多做法，例如不能對法官個人進行糾纏

資料來源：作者繪製

（二）最常見的遊說活動：經濟利益集團如何影響立法？

在多種遊說活動中，經濟利益集團通過遊說影響立法，規模最大、影響最為深遠。說客們能發揮作用，也與美國複雜且漫長的立法過程有關。議員從提出法案到交由總統簽署，最終形成法律需要經歷多個步驟。遊說集團可以在各環節積極參與，發揮作用：

（1）立法第一步，議員構思並提出法案。遊說集團並不只影響推動或者阻止立法，他們可以直接向議員提出法案草案，並鼓勵和引導議員提出法案，還可以利用利益集團的資源，支持政策議題順利進入議程。

2021 年底，說客萊西・拜克・安德森向北達科他州的參議員凱爾・戴維森提出一項法案草案，以阻止蘋果要求開發者強迫用戶使用 App Store、Google Play Store 購買應用並抽成。說客安德森正是在 "App 公平聯盟"（Coalition for App Fairness）的資助下起草了該立法，App 公平聯盟是由 Epic Games、Spotify、Basecamp 和 Tile 等公司創建的合作組織，旨在保護軟件開發者的利益。

在與說客安德森接觸後，參議員戴維森向北達科他州的州議會提交了 SB2333 法案。該法案一經提出，就遭到了蘋果與 Google 的強烈反對，二者也紛紛派出說客遊說相關議員。2021 年 2 月，美國北達科他州參議院以 11 票贊同對 36 票失敗否決了該法案。

（2）立法第二步，法案接受國會委員會聽證會審核，並做進一步修改。

委員會是美國國會維持高效率運轉的重要一環。由於議會需要處理經濟、金融、財政、產業、環境、法律等多個方面的內容，並不是所有議員對各個議題精通，因此美國國會中成立了若干個"委員會"，國會議員根據自己擅長領域參與不同的委員會，並負責各自領域的法案審議。

表 9-1　美國國會的主要委員會

眾議院 主要小組委員會		參議院 主要小組委員會	
農業	規則委員會	農業、營養和林業	小企業和企業家精神
撥款委員會	科學、空間和技術	撥款委員會	退伍軍人事務
軍事	小型企業	軍事	
預算	交通和基礎設施	銀行、住房和城市事務	
教育和勞工	退伍軍人事務	預算	
能源和商務	籌款委員會	商務、科學和運輸	
道德		能源和自然資源	
金融服務		環境和公共工程	
外交事務		金融	
國土安全		外交關係	
房屋管理		衛生、教育、勞工和退休金	
司法		國土安全與政府事務	
自然資源		司法	
監督和改革		規定和管理	

資料來源：美國國會

一項法案被議員提出之後，將被送至小組評審委員會，並且基於聽證會的形式進行審核。說客常常可以作為領域專家，出席聽證會，並就法案進行解說和辯護。國會聽證會通過媒體向全體公眾轉播，說客也可以通過聽證會，進一步對法案進行宣傳，爭取社會輿論支持。

　　聽證會結束後，假如國會委員會駁斥法案，法案基本很難再進一步推進。如果國會委員會審核通過法案，則法案可以進一步進入修改和投票環節。當然，法案推進將面臨著來自各方勢力的阻礙，說客需繼續遊說議員、選民等群體，推動法案前進。

圖 9-3　美國立法過程流程複雜，遊說集團可以多角度參與和影響美國立法過程

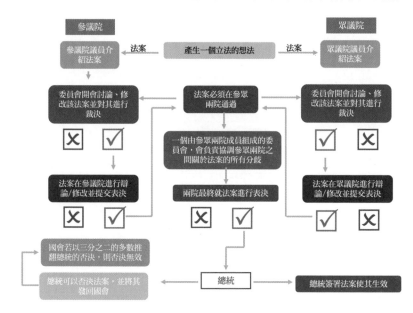

資料來源：Politico 繪製

　　（3）法案在參議院和眾議院投票，若投票通過則遞交總統簽署。法案需要在參議院和眾議院均得到通過後，才可以正式生效。法案通過眾議院和參議院審核通過後，需要參眾兩院組成委員會，協調兩院關於文本中的分歧。在這一環節中，說客也可以積極發揮效應，調和各派意見。當統一文本的法案經兩院再次通過後，將傳遞至總統處簽署。此時，法案是否能夠成功立法只差臨門一腳。說客需要聯合政治盟友遊說總統簽署政策法案，以降低總統否決法案的風險。

　　整體而言，在法案從提出立法、審議投票、到調和意見、遞交總統簽署，說客可以在每一個環節發揮作用，遊說制度與美國政治形成了互嵌交融的格局。那麼熟知這套流程、且熟悉每個議員偏好的政府官員和議員，就成為了擔任說客的最好選擇 —— 也使得美國政界與經濟領域出現了一

道 "旋轉門（Revolving Door）"，門的一頭是掌握公共權力的政府官員和議會議員，另一頭是服務於各類利益團體的遊說組織。

旋轉門的奧義就在於，門是 "雙向" 的 —— 不僅政府官員和議會議員可以在卸任後成為說客，利用自身的人際網絡和知識經驗為委託人謀取利益；說客也可以通過政治遊說獲得參與公共事務治理的機會，從門的一頭進入另外一頭。以第 115 屆國會為例，目前離任國會的議員中，目前絕大多數均進入到遊說行業。根據 OPENSECRETS 網站統計，截至 2023 年 12 月，106 個離任議員中 61 個人目前有明確的任職，其中 36 人進入了遊說相關行業。

（三）歐美政體同源，為何美國遊說強度高於歐洲？

在歐洲，遊說活動同樣是深刻影響政治的重要活動。遊說一詞也最早出現於 1215 年頒佈《自由大憲章》的英國。但是，在歐洲的遊說活動強度卻弱於美國，這是歐美同源、卻也發展相異的政治、經濟、文化等多種因素決定的。

歐洲的一體化發展，促使政治決策上升至歐盟層面，歐洲議會也成為了歐洲最重要的立法機構。歐洲議會所在的布魯塞爾，是僅次於美國首都華盛頓的世界第二大遊說者聚集地。遊說組織的重點遊說對象是歐洲議會委員會和黨團，前者負責立法事宜，後者負責設置政治議程以及協調議會委員會。據布魯塞爾市政府，2016 年當地有 2 萬名遊說者、大約 2500 家各類遊說機構，每年能帶來 3 億歐元的消費預算。

為約束歐盟機構工作人員，歐盟委員會於 2010 年 12 月頒佈並實施了一系列制度性文件，包括《歐盟委員會委員行為守則》《歐盟委員會委員與各部門關係守則》等。文件規定，歐委會委員在離職後十八個月內需向歐委會報告求職意向，若與其原來的工作職責存在利益衝突，需進一步徵求歐委會下工作倫理委員會的意見。

表 9-2　各國公司在歐洲花費的遊說金額統計（截至 2023 年 12 月）

資金排名	公司名稱	總部	金額（歐元）
1	福萊國際諮詢公司	比利時	10,170,000
2	歐洲化學工業委員會	比利時	10.000.000
3	Meta 愛爾蘭公司	愛爾蘭	8,000,000
4	FTI 諮詢	美國	7,835,000
5	微軟公司	美國	7,000,000
6	蘋果公司	美國	7,000,000
7	Burson Cohn & Wolfe Sprl	比利時	6,525,000
8	歐洲保險	比利時	6,000,000
9	拜耳公司	德國	6,000,000
10	谷歌	美國	5,500,000

資料來源：Lobbyfacts

　　雖然遊說活動在歐盟層面也非常活躍，但整體來看，強度卻不如美國。歐洲對遊說的法律監管也更為寬鬆，更依賴行業自律和說客自主申報，而美國則是嘗試通過越來越多的法律法規來對遊說活動進行監管及約束。歐美遊說出現較大區別，我們認為主要有兩個原因：

　　第一，資金流向不同。與美國普遍出現的，資金從民間利益團體向公共事業部門流入的趨勢相反，在歐洲，資金以國家援助、贈款、補貼等方式從公共部門流向民間社會的趨勢更大（Sqapi Gerti，2015）。

　　第二，選舉機制不同。美國國會議員面臨兩年或四年一次的選舉，因此其更在乎背後選盤的核心訴求和資金支持，更容易被說客影響；歐盟機構中的大多數決策者不是選舉產生的，而且由於他們不需要參選，因此他們也不需要找到大量現金來支持競選活動（Christine Mahoney，2009）。

　　除此之外，歐美對於遊說的看法也各不相同 —— 美式文化中，利益集團與政治團隊的利益交換是合理的，而歐洲人則普遍對其持懷疑態度，認為這一做法是"不道德的"。這也導致了美國政界的遊說活動比歐洲更為激烈複雜。

二、案例：遊説如何影響美國政壇決策

（一）傳統能源撬動民主黨人，"背刺"拜登新能源

美國總統拜登在入主白宮的第一天，就正式宣佈重新加入《巴黎協定》，展現了抗擊氣候變化的決心。上任以來，拜登簽署了一系列應對氣候變化的總統行政令，包括暫停北極國家野生動物保護區的油氣開採租賃，審查並暫停聯邦陸上和海上的新油氣租賃計劃等等。

拜登所做的這些都符合其自身的競選利益。在 2020 年總統大選期間，拜登陣營獲得新能源行業 87% 的捐款，而油氣公司 67% 捐款流向特朗普。在競選期間，為表示決心，拜登甚至直接退回油氣大亨 George Kaiser 捐款。

圖 9-4　2020 年大選期間，能源行業支持共和黨候選人

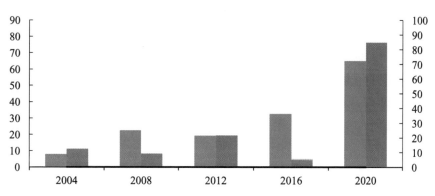

資料來源：CRP
備註：單位為百萬美元

圖 9-5　2020 年大選期間，新能源公司支持拜登，傳統能源公司支持特朗普

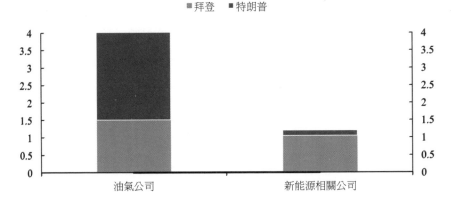

資料來源：CRP

註：單位為百萬美元

　　拜登上任以來，美國石油、煤炭等傳統能源集團，採用了一系列的遊說策略，試圖影響或者減緩拜登推動的新能源浪潮。傳統能源集團，不僅通過積極資助國會議員和地方檢察官員，批評或者起訴拜登相關策略，更是通過影響民主黨參議員曼欽，成功狙擊了拜登醞釀良久的、包含大規模新能源財政補貼在內的財政刺激法案。

　　（1）傳統能源促使民主黨人關鍵時刻"反水"，擱淺拜登"重建美好未來"法案。

　　2021 年，拜登政府提出 3.5 萬億美元"重建美好未來"一攬子支出法案（該法案前身為 2 萬億美元美國就業計劃與 2 萬億美元美國家庭計劃，兩個法案合併打包並拆分為了 5500 億元基建法案和 3.5 萬億法案）。該法案基本完整落實了拜登對於能源和氣候問題的設想，包含了對於新能源行業的大量援助和支出，和對石油和天然氣行業超額排放甲烷的費用規定。

　　然而，在經歷了兩院長達半年多的拉鋸、拜登多次妥協並削減法案規模、眾議院在 2021 年 11 月已經通過 1.75 萬億的縮水版法案之後，12 月美國民主黨人曼欽卻最終"反水"，拒絕通過拜登大規模財政刺激方案，也使得該法案因為缺失關鍵一票而意外擱淺。此後時隔半年，2022 年 7 月民主黨才通過一年一次的"預算協調"的方式，推動了更為精簡版本的《削減通脹法案》，將法案支出規模降低至 4300 億美元，趕在 12 月中期選舉

之前兑現了拜登競選承諾。總結來看，曼欽在關鍵時刻的"反水"，不僅使得拜登財政刺激法案大規模縮水，也使得法案推出節奏進一步被放緩。而深究曼欽此舉，不得不提到他與傳統能源的深度綁定。

一方面，曼欽作為紅州西弗吉尼亞州的參議員，要服從於本州選民意志。西弗吉尼亞州正是美國第二大煤炭生產州，2000年後，西弗吉尼亞州從搖擺州變為紅州，2020年總統大選中，特朗普以68.62%得票率，大幅領先拜登29.69%得票率，毫無懸念地拿下西弗吉尼亞州。曼欽作為民主黨派人士，為了在紅州贏下一席之地，就要服從於本州選民的利益，在近年來民主黨推動的多項議題中，曼欽也普遍持反對意見。曼欽"反水"拜登後，其在西弗吉尼亞州的支持率快速上行至2022年初的57%，大幅高於2021年初的40%。

另一方面，曼欽接受了大量來自於煤炭行業的捐款，持有煤炭公司股份，與煤炭行業深度綁定。在2021年7月至9月，曼欽從能源行業中獲得了超過40萬美元的捐款，捐款人包括億萬富翁石油大亨哈羅德哈姆，能源基礎設施公司Kinder Morgan的執行主席Richard Kinder，以及創立Chief Oil and Gas的Trevor Rees—Jones等人。他還收到了一系列與能源相關的政治行動委員會的捐款，包括康菲石油公司委員會和德克薩斯石油生產商先鋒自然資源公司等。

此外，曼欽在進入政界之前創辦了煤炭經紀公司Enersystems，其持股價值在100萬至500萬美元之間；文件顯示，2020年，曼欽從Enersystems持股中獲利49萬美元，這是他擔任參議員年薪17.4萬美元的兩倍多。

除了推動曼欽攔截了拜登的新能源法案，新能源方和傳統能源方也積極地在搖擺州打起"輿論戰"。2021年在拜登政府積極推進3.5萬億法案的同時，美國石油協會（API）在140多個國會選區和主要搖擺州投放了大量廣告，聲稱該法案將損害就業並提高工業生產的成本。當然，傳統石油工業的對手方同樣在積極引導社會輿論，美國清潔能源協會同樣在亞利桑那州、愛荷華州等重要的清潔能源州和搖擺州投放廣告，聲稱該法案將帶來更多的就業機會、並且改善氣候。

（2）積極資助國會議員和地方檢察官員，批評拜登政策或發起訴訟。

　　2021 年 1 月，拜登總統要求暫停發放在美國聯邦土地和水域的石油和天然氣租賃許可。3 月，美國 14 個州的總檢察長針對該禁令提起訴訟，這些州的經濟來源很大程度上依賴於石油、天然氣和煤炭的開採，控訴認為拜登無權在沒有徵求公眾意見的情況下改變 "碳排放社會成本"；8 月，包括美國石油協會在內的 12 個能源行業組織聯合在美國路易斯安那州再次提起訴訟，反對該租賃禁令。

　　據 Public Citizen 統計，發表聲明譴責拜登政府暫停租賃的 29 名國會議員，在其職業生涯中共計從石油和天然氣利益集團中獲得了 1340 萬美元的政治獻金。向拜登暫停租賃令提出訴訟的各州州長和總檢察長的競選活動中，則接受了來自石油和天然氣利益集團約 450 萬美元的贊助資金。

　　當然，拜登政府對於石油開採的看法也不是一成不變的。2022 年年初，俄烏危機爆發後全球油價快速上漲，4 月美國政府宣佈結束長達十五個月的租賃禁令，恢復在聯邦土地上進行油氣鑽探開採的租賃許可。此後美國政府反而開始向頁岩油廠商施壓，希望能夠加速供應，以降低油價上漲動力，服務於削減通脹和中期選舉的目標。2023 年上半年，美國平均原油出口量達到 399 萬桶／日，比一年前增長了 19%，更是 "如願" 成為歐盟最大原油供應國，進一步加強了對於歐洲的影響力和控制力。

圖 9-6　2021 年至 2022 年，石油行業整體遊說的支出再次增加

資料來源：Open Secrets

圖 9-7　2021 年，科赫工業的石油相關遊說花費排列全行業第一

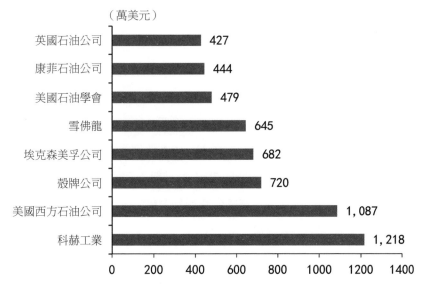

（萬美元）

英國石油公司　427
康菲石油公司　444
美國石油學會　479
雪佛龍　645
埃克森美孚公司　682
殼牌公司　720
美國西方石油公司　1,087
科赫工業　1,218

0　200　400　600　800　1000　1200　1400

資料來源：Open Secrets

（二）反壟斷浪潮下，Facebook 的遊說反擊戰

2019 年以來，美國政府對四大科技巨頭（Facebook、亞馬遜、蘋果和谷歌）展開反壟斷調查和訴訟，通過罰款、拆分以及強制技術開放等反壟斷方式，避免各大科技公司利用壟斷性市場地位謀取不合理利益。面對監管風暴，美國互聯網巨頭也並沒有坐以待斃。以 Facebook 兩個階段的遊說活動作案例分析：

第一階段：2019 年，美國眾議院啟動反壟斷調查，Facebook 積極反擊。

Facebook 在 2012 年以 10 億美元收購 Instagram，2014 年以 190 億美元收購 WhatsApp。事實證明，兩項收購進一步鞏固的 Facebook 江湖地位，2020 財年 Facebook 營收和淨利潤分別達到 859.65 億美元及 291.46 億美元，而 2014 財年僅為 124.66 億美元營收和 29.4 億美元淨利潤，年化增速分別高達 38% 和 47%。

2019 年 6 月，美國眾議院司法反壟斷小組委員會開啟對蘋果（Apple）、亞馬遜（Amazon）、Facebook 和谷歌為期十六個月的反壟斷調

查（該審查調查報告在 2020 年 10 月發佈）。據華盛頓郵報，監管認為，Facebook 在其近十七年的歷史中一直在系統地尋求收購或消滅其所有競爭對手，以賺取壟斷利潤。

隨著議會展開反壟斷調查，Facebook 快速加大對政府的遊說力度。2020 年，Facebook 政府遊說開支高達 1970 萬美元，同比增長 18%，成為華盛頓遊說支出最多的公司之一，超過了洛克希德馬丁公司和波音。2020 年 4 月，Facebook 還聘請了 FTC 前首席反壟斷律師 Barbara Blank 擔任公司的副總法律顧問，其曾經帶領團隊參與 FTC 對谷歌的調查活動。FTC 全稱 Federal Trade Commission，美國聯邦貿易委員會，是執行多種反托拉斯和保護消費者法律的聯邦機構。

除了遊說活動之外，Facebook 在 2020 年 8 月啟動一項名為 "美國邊緣（American Edge）" 項目。該項目旨在通過政治遊說和政治獻金等方式，對美國政府進行遊說。"美國邊緣" 的董事會中有一名美國前共和黨州長、聯邦監管機構和民主黨國會議員，該組織的顧問團隊也基本由民主黨和共和黨的資深顧問構成。該組織註冊為非營利組織，這也使得 American Edge 可以避免披露其所有捐贈者。

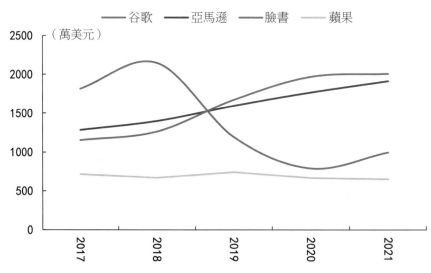

圖 9-8　大型科技企業遊說金額

谷歌　　亞馬遜　　臉書　　蘋果

資料來源：Open Secrets

在反壟斷監管浪潮下，除 Facebook 外，其他的科技公司也紛紛發動"金錢攻勢"。據 Public Citizen 統計，臉書、亞馬遜、谷歌和蘋果在 2020 年共增加了 40 名新遊說者，從 2018 年的 293 人增加到 333 人。在對隱私和反壟斷問題擁有管轄權的國會議員中，94% 的人接受了大型科技公司政治行動委員會或遊說者的資助。僅在 2020 年，大型科技政治行動委員會和遊說者就向負責監督和監管他們的立法者捐贈了 300 多萬美元（2020 年為大選年，各大公司增加遊說活動支出也與大選年有一定關係）。

第二階段：2020 年底以來，FTC 與 Facebook 展開訴訟"拉鋸戰"。

2020 年 10 月，眾議院小組發佈長達 449 頁、為期十六個月調查的反壟斷審查報告。報告稱，Facebook、亞馬遜、谷歌和蘋果四家科技公司擁有壟斷權力，並提出了一些解決方案：業務分拆，不同業務線與母公司分離、阻止平台公司優先推薦自己的服務業務等等。

2020 年底至今，FTC 與 Facebook 展開訴訟"拉鋸戰"。2020 年 12 月，FTC 針對 Facebook 在 2013 年及 2014 年對 Instagram 和 WhatsApp 的重大收購發起指控。該壟斷訴訟可能會導致 Instagram 和 WhatsApp 兩大業務部門從母公司 Facebook 中被強制剝離。2021 年 3 月，Facebook 以沒有證據為由，要求法院駁回反壟斷訴訟。2021 年 6 月，美國哥倫比亞特區地方法院以 FTC 未能證明 Facebook 的壟斷地位，證據不足，駁回 FTC 的此項控訴。

2021 年 8 月 FTC 再次向法院提交訴狀，針對 Facebook 的壟斷行為提供更加具體的證據和論證。2022 年 1 月，美國哥倫比亞特區地方法院認為 FTC 成功證明了 Facebook 具有壟斷地位，該訴訟可以繼續進行。

雙方法庭對峙以來，Facebook 繼續加強遊說活動，而且把遊說活動擴大到更大範圍的社會輿論上。

一是吸納前任政府官員。2021 年 9 月，Facebook 聘請前國會高級助手 John Branscome 對民主黨人和拜登政府進行遊說。

二是加大金錢攻勢。2021 年 Facebook 遊說資金超過 2000 萬美元，並且超過亞馬遜（1912 萬美元）、谷歌（994 萬美元）、蘋果（650 萬美元）。2022 年一季度，Facebook 遊說資金支出繼續維持高位，達到 539 萬美元（2021 年 10 月 Facebook 母公司改名為 Meta，為便於理解，依然按照 Facebook 稱呼）。

三是利用其資助的 "美國邊緣" 組織，引導社會輿論。據華盛頓郵報報道，2022 年 3 月，"美國邊緣" 發動一場公關活動，資助一些小企業在美國全國多家小型出版物上發表文章，警示新立法將 "剝奪我們每天使用技術"，是 "誤入歧途的議程"。儘管這些廣告和專欄文章的作者自稱是來自代表小企業的組織，但實際上卻是由 Facebook 資助的 "美國邊緣" 所發起的。

現在，Facebook 依然被監管緊緊咬住不放。2022 年 5 月 23 日，美國社交媒體平台 Facebook 的母公司 Meta 首席執行官扎克伯格被美國華盛頓特區總檢察長卡爾·拉辛（Karl Racine）起訴，指控扎克伯格直接參與了導致與劍橋分析公司相關的數據洩露決策，從而影響了 2016 年的總統大選結果。2023 年 12 月，來自美國 41 個州和華盛頓特區的總檢察長組成的聯盟指控 Meta 旗下的社交平台臉書和照片牆非法收集 13 歲以下用戶個人賬戶信息和數據，對兒童心理健康造成危害。不知道為應對這些訴訟，扎克伯格又要通過遊說集團，向華盛頓輸送多少資金？

（三）生命價值幾何？奧巴馬醫保法案下的遊說博弈

美國是全球醫療體系最發達的國家之一 —— 但只有進入醫保的美國家庭可以享受。美國醫保體系由商業醫保和公共醫保構成，但公共醫保僅負擔一小部分，大部分的醫療費用則由商業醫保負責。當然，家庭支出的醫保費用越多，享受的報銷比例也更高。對於沒有進入醫保的普通美國人而言，高昂的醫藥費用則會令家庭舉步維艱、雪上加霜。

醫療問題一直是美國社會熱點話題，背後的公共政策也牽動著美國各方勢力的心弦。近年來，醫藥行業也逐漸成為美國政治遊說開銷最大的行業，2021 年美國醫藥和衛生行業的遊說總支出超過 2.6 億美元，其說客人數更是達到國會議員人數三倍之多。

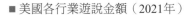

圖 9-9　醫藥行業是目前美國政治遊說開銷最大的行業

■ 美國各行業遊說金額（2021年）

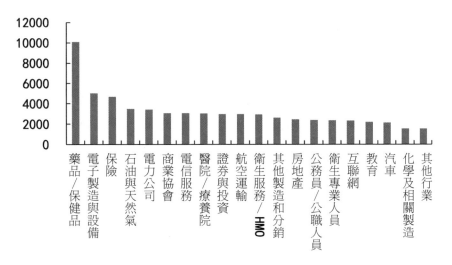

資料來源：Open secrets

　　2010 年，奧巴馬總統和民主黨人推動近年來美國醫療行業最大的事件 ——"奧巴馬醫改"。美國總統奧巴馬 2008 年競選成功後，便推動新的醫療改革，試圖擴大公共醫療保險的覆蓋範圍，讓保險商相互競爭以降低保費。2009 年奧巴馬政府提出法案草案，並且最終在 2010 年 3 月簽署《平價醫療法案》（Affordable Care Act，簡稱 ACA，該法案更為廣泛的稱呼則是奧巴馬醫改）。該法案簽署後，沒有保險的人數佔比從 2013 年的 18.0% 下降至 2016 年的 11.9%。

　　奧巴馬醫改激起了美國商業保險公司，和醫藥公司等利益集團的極大反對。私營商業保險公司為美國人民提供了超七成的醫療保險，它們是美國 "私營為主、公共為輔" 醫療體制的最大受益者。而奧巴馬的醫改計劃將推動大量商業醫保投保人，轉向購買公共醫療保險。而且，法案要求保險公司不得對有病史或健康狀況差的受保人實施歧視性條款，這必然直接限制私人保險機構的營業利潤。

　　當然，法案也有積極的支持者，如包括美國藥物研究人員和製造商、美國醫學協會和美國醫療保健未來合作夥伴關係組織在內的行業巨頭，都支持奧巴馬醫改法案。但是他們也認為，奧巴馬醫改初期關於醫療成本管控的相關設計，也會損害醫院和製藥商的利益。因此製藥公司也積極地參與了立法的遊說博弈中。

為支持或反對奧巴馬醫改法案的推進，利益集團發動了不同的遊說活動，甚至持續到了 2020 年前後。

（1）2009 年，奧巴馬醫改法案推出前後：

2009 年，圍繞著奧巴馬醫改法案，超過 1500 多個機構或個人與遊說公司簽訂了合同，投入了超過 11 億美元的遊說資金，僱傭了 5300 多名說客。其中，最大的一筆捐款，總額接近 150 萬美元，捐給了起草新法律的參議院委員會主席。

但是，美國商業醫保公司的金錢狙擊戰卻以失敗告終。民主黨近八成選民支持醫保改革，基於對選舉利益的考量，民主黨人在 2010 年 3 月推動兩院通過奧巴馬《平價醫療法案》。原因在於，2010 年美國參眾兩院中民主黨顯著佔優，因此民主黨人發動 "預算協調" 程序，不顧共和黨人反對強行推動法案通過投票。據 Morning Consult，民意調查顯示接近八成的民主黨支持者支持該法案，而共和黨支持者中這一比例僅卻不足兩成。即使是面對私人保險公司拋出的金錢誘惑，但各州民主黨議員無論是為了黨派集體利益，還是為了 2010 年 10 月中期選舉中的個人連任利益，也最終多數對法案投出贊成票。

這也說明，相互嵌套的美國的遊說與政治體系中，遊說集團並不是萬能的。雖然美國民眾在政治中的話語權被不斷削弱，但議員和黨派，還是要依賴於選民的一張張選票，才能最終得以獲得更長久的政治利益。近年來，隨著美國社會極化加重，這也使得黨派的政治立場進一步極端化，利益集團與各自利益一致的黨派進一步深度捆綁，甚至出現了一黨完全拒絕對立面利益集團政治獻金的現象（拜登拒絕石油大佬政治捐款）。

當然，為了調和各方意見以獲得較大的勝算，奧巴馬政府也不得不做出妥協，例如不得干涉醫療成本管控，以獲得醫藥行業的支持。

圖 9-10　民主黨選民和共和黨選民，對 ACA 法案的支持率

—— 民主黨選民　　　—— 共和黨選民

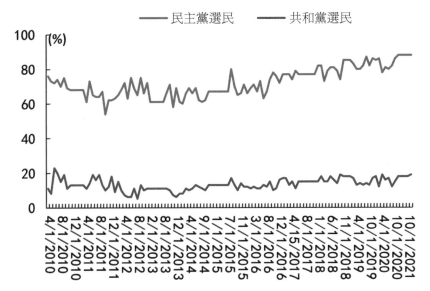

資料來源：Kaiser Family Foundation（更新截至 2022 年 3 月）

（2）2012 年和 2015 年：反對派聯合共和黨人，對奧巴馬醫改提起訴訟

法案通過後，反對派和共和黨人也並沒有放棄。2012 年，一個非盈利組織，全國獨立企業聯合會（National Federation of Independent Businesses，簡稱 NFIB）聲稱奧巴馬《平價醫療法案》違法憲法並向法院提起訴訟。根據稅務文件顯示，NFIB 在 2012 年接受了美國科赫家族約 260 萬美元的資金支持。

NFIB 看似是一個獨立的企業聯盟，但其接受了大量科赫家族的捐款，NFIB 自己的捐款也主要流向了共和黨人。美國政府監督組織 Public Citizen 的 Lisa Gilbert 評論道，NFIB 是"徒勞地冠以小企業的名義"。

美國科赫家族主張支持自由市場，並且資助了卡托研究所、傳統基金會、自由工廠和美國繁榮等組織，這些都是支持茶黨政治、反對奧巴馬醫改的最活躍團體。在 2017 年 6 月，科赫家族宣佈將在 2018 年中期選舉年，撥款 4 億美元用於兩個核心政策目標，一個是廢除 ACA，另一個則是修改稅法。除醫療改革外，科赫家族和相關團體還花費了數千萬美元來反對環境監管、工會、社會服務及幾乎所有其他由政府稅收所資助的項目。

2015 年，共和黨智囊團 Competitive Enterprise Institute，在美國藥品研究與製造企業協會（PhRMA）的資助下，再次對奧巴馬醫保法案提起訴訟。不過，這一訴訟再次被最高法院駁回。

表 9-3　全國獨立企業聯合會 2022 年捐獻投向

資金接收人	金額（美元）	個人捐款（美元）	組織捐款（美元）
全國共和黨參議員委員會	61454	1454	60000
全國共和黨國會委員會	45358	358	45000
共和黨人 Schrader, Kurt	6000	0	6000
民主黨人 Rice, Tom	6000	2000	4000
共和黨人 Scott, Tim	5005	5	5000
共和黨人 Grassley, Chuck	5000	0	5000
共和黨人 Thune, John	5000	0	5000
共和黨人 Johnson, Ron	5000	0	5000
共和黨人 Murkowski, Lisa	5000	0	5000
共和黨人 Rubio, Marco	5000	0	5000

資料來源：OpenSecrets

（四）中美科技博弈下，美國跨國企業的進與退

拜登總統上台以來，與特朗普總統採取了完全不同的對華策略。特朗普總統對華政策重心在於貿易逆差，主要施壓手段是加徵關稅配合以實體清單、涉台法案等；而拜登總統對華重心在於遏制中國科技發展、拉動美國製造業回流，以"小院高牆"為綱領，圍繞著"半導體製造和先進封裝、大容量電池、關鍵礦物和材料"四大核心供應鏈，加大對中國的技術封鎖，並且垂直整合產業鏈，拉動半導體、新能源等企業前往美國建廠。對於關稅問題，例如耶倫等拜登政府大員反而多次公開提及對華關稅傷害了美國企業和消費者，應考慮降低或取消加徵關稅。

拜登與特朗普總統對華策略出現鮮明區別，尤其是在對關稅方案呈現出冷熱不同的態度，主要在於其選舉基本盤的差異。民主黨人代表了受益

於全球化的一方，既想利用全球產業鏈賺取利潤，又想在前沿科技領域保持霸主地位。所以，美國既在非核心產品的領域對華釋放緩和信號，包括推出關稅排除清單、釋放取消關稅的信號，又在核心領域上加大對中國的封鎖，聯合盟友在供應鏈上意圖實現"去中國化"。

但是，拜登政府的"小院高牆"戰略，也遭遇來自美國產業界、共和黨以及美國國內經濟的多重壓力。尤其是美國產業界方面，一方面對華的技術管制直接減少了美企對華的市場份額。2022年，美國半導體企業中，中國大陸營業收入在全球各地區中佔比第一的有高通（67.1%）、邁威爾科技（44.2%）、恩智浦半導體（37.8%）、拉姆研究（35.1%）、應用材料（32.7%）、英特爾（26.8%）、科天半導體（26.5%）。另一方面，拜登政府朝令夕改、持續加碼的出口管制，使得企業配合對華封鎖政策的能力和意願日漸下滑。拜登政府以所謂"新華盛頓共識"作為指導思想，泛化國家安全概念，罔顧美國企業利益，自上而下強制推行，已引發美國產業界的質疑和不滿。正如1980年代的美國半導體巨頭，為維護自身利益而推動美日半導體貿易戰，當今的美國半導體巨頭，也為維護自身利益，開始反對拜登政府過於嚴苛的對華半導體封鎖。圍繞著對華科技博弈，美國半導體企業也在頻頻發動遊說攻略，以尋求更大的市場空間。

第一，半導體企業抱團向美國政府遊說，以行業形式發聲引起重視。2023年7月，美國三大半導體巨頭英特爾、高通和英偉達的首席執行官與國務卿布林肯等美國高官會面，遊說拜登政府放棄對華半導體新限制政策。三大半導體巨頭高管在會議上表示，拜登對華半導體的限制政策沒有達到預期，並沒有顯著減緩中國發展人工智能的速度。反而，美國企業的退出可能會加快中國發展獨立自主的芯片產業的進程，為中國創造的芯片主導世界鋪平道路。同月，美國半導體行業協會（SIA）發表聲明，表示美國政府反覆採取過於廣泛、模糊不清、有時是單方面的限制措施，可能會削弱美國半導體行業的競爭力，破壞供應鏈，引發重大市場不確定性。

第二，找到對政府影響力更大的"幫手"。除了直接向白宮遊說，三大巨頭的CEO還會見了谷歌前CEO兼董事長埃里克‧施密特，後者自卸任後已成為華盛頓的重要智囊人物，他在兩個國防部顧問委員會任職，並出資成立了自己的智庫"特別競爭研究計劃"。

然而，拜登政府的對華科技封鎖並未因美國產業界的反對而相應止步。2023 年 8 月，拜登政府推出半導體、人工智能等領域的對華投資禁令；2023 年 10 月，拜登政府進一步收緊對華半導體出口管制；2023 年 12 月，美國商務部稱將於 2024 年開始對半導體供應鏈和國防工業基礎展開調查，並將重點關注中國製造的傳統芯片在美國關鍵產業供應鏈中的使用和採購情況。

美國政府的態度強硬，這也使得美國企業被迫要通過其他方法來繞過美國政府監管。12 月 1 日，英偉達 CEO 黃仁勳在公開講話中，表達了對中國市場的高度重視，並透露英偉達正在開發符合美國政府最新出口管制要求的特供產品。次日，美國商務部長雷蒙多予以嚴厲駁斥，表示繞開出口管制的"第二天"就會施加新的出口管制，"美國仍有必要針對對華科技出口實施更多管制"。對此，黃仁勳並沒有做出明顯退讓，而是表示"英偉達現在的計劃是繼續與政府合作開發新產品，這些產品將符合美國商務部新法規的要求"。隨後，雷蒙多也相應表示"英偉達能夠、將會而且應該向中國出售人工智能芯片，因為大多數人工智能芯片將用於商業應用"。

雷蒙多的態度出現一定軟化，反映出在半導體企業持續遊說和發聲下，拜登政府在推進對華半導體出口管制時逐步面臨更大約束。與美國半導體產業堅定維護自身利益，適度保障國家安全相反，拜登政府在推進對華半導體出口管制時，不僅需要照顧產業界利益，還需要顧及政策本身的執行成本，以及政策可能帶來的負面外溢效應。